MAR 0 8 2016

Cuando te envuelvan las llamas

Cuando te envuelvan las llamas

DAVID SEDARIS

Traducción de
Victoria Alonso Blanco

LITERATURA RANDOM HOUSE

El papel utilizado para la impresión de este libro ha sido fabricado a partir de madera procedente de bosques y plantaciones gestionadas con los más altos estándares ambientales, garantizando una explotación de los recursos sostenible con el medio ambiente y beneficiosa para las personas. Por este motivo, Greenpeace acredita que este libro cumple los requisitos ambientales y sociales necesarios para ser considerado un libro «amigo de los bosques». El proyecto «Libros amigos de los bosques» promueve la conservación y el uso sostenible de los bosques, en especial de los Bosques Primarios, los últimos bosques vírgenes del planeta.

Papel certificado por el Forest Stewardship Council®

Título original: *When You Are Engulfed in Flames*
Primera edición: mayo de 2015

© 2008, David Sedaris
© 2015, de la presente edición en castellano para todo el mundo:
Penguin Random House Grupo Editorial, S. A. U.
Travessera de Gràcia, 47-49. 08021 Barcelona
© 2015, Victoria Alonso, por la traducción

Printed in Spain – Impreso en España

ISBN: 978-84-397-2541-1
Depósito legal: B-9087-2015

Compuesto en La Nueva Edimac, S. L.
Impreso en Cayfosa (Barcelona)

RH25411

Penguin
Random House
Grupo Editorial

Para Ronnie Ruedrich

ÍNDICE

TODO SE PEGA

Mi amiga Patsy estaba contándome una historia. «Un día en el cine —me dijo—, estaba yo sentada con el abrigo bien colgado sobre el respaldo de mi butaca, cuando me viene uno y me dice...» En ese punto tuve que interrumpirla, porque el asunto este de los abrigos siempre me ha dado que pensar. Yo cuando voy al cine o al teatro dejo el abrigo doblado sobre las rodillas o colgado del reposabrazos. Patsy, en cambio, cubre el respaldo de la butaca con el suyo, como si la pobre tuviera frío, y ella no pudiera disfrutar con la función de imaginársela sufriendo.

—¿Y por qué haces eso? —le pregunté.

Patsy me miró extrañada.

—Por qué va a ser, por los microbios, tonto —dijo—. Piensa en la cantidad de gente que apoyará ahí la cabeza. ¿No te da repelús?

Tuve que confesar que nunca se me había ocurrido.

—¿Verdad que cuando estás en la habitación de un hotel no te tumbas sobre la colcha? —me preguntó.

—¿Por qué no? —insistí—. En la boca quizá no me la metería, pero tumbarme sobre ella mientras hablo por teléfono... es lo que hago siempre.

—Pero limpiarás antes el auricular, ¿no?

—Mmm... No.

—Pues que sepas que es... peligroso —advirtió Patsy.

En la misma línea, un día acompañé a mi hermana Lisa a comprar, y me fijé en que estaba empujando el carrito con los antebrazos.

—¿Te pasa algo? —pregunté.

—¿Eh? No —dijo—, es que no se debe tocar nunca la barra del carrito con las manos si no llevas guantes. Estos carros están infestados de microbios.

¿Serán manías propias solo de norteamericanos o pasa lo mismo en todo el mundo? Una vez en París, en el supermercado del barrio, vi a un hombre que hacía la compra con su cacatúa, un pajarraco del tamaño de un águila adolescente encaramado sobre la barra del carrito.

—¿Ves? —me dijo Lisa cuando se lo conté—. A saber qué enfermedades podría llevar en las patas ese animal.

Algo de razón tenía, pero tampoco es que sea muy habitual ir al supermercado con una cacatúa. En toda mi vida de comprador, era el primer pájaro exótico que había visto curioseando en el mostrador de las carnes.

La única medida preventiva que yo aplico es lavar las prendas que compro en las tiendas de segunda mano; y eso solo porque una vez pillé ladillas por culpa de unos pantalones usados. Tendría yo unos veinticinco años por aquel entonces, y de no ser porque un amigo me condujo a una farmacia, donde adquirí un frasco de un producto llamado Quell con el que, como su propio nombre en inglés indica, exterminarlas, a buen seguro habría acabo rascándome hasta el tuétano. Tras aplicarme la loción, me pasé una lendrera por el vello púbico, y lo que encontré entre sus púas fue toda una revelación: allí estaban aquellos monstruitos que llevaban semanas cebándose en mi carne. Supongo que son bichos así los que Patsy imagina cuando tiene una butaca delante, o los que Lisa ve acechando en su carrito del supermercado.

Pero esos bichos son una nadería comparados con los que atacaron a Hugh. Cuando tenía ocho años y vivía en el Congo, advirtió que le había salido una roncha roja en la pierna. Nada del otro mundo; una picadura de mosquito, supuso. Al día siguiente, la roncha empezó a dolerle, y al otro, cuando se miró la pierna, vio una larga lombriz asomando por ella.

A las pocas semanas, lo mismo le ocurrió a Maw Hamrick, que es como yo llamo a la madre de Hugh, Joan. Su lombriz no era tan larga como la de su hijo, aunque en realidad el tamaño es lo de menos. Si yo de niño llego a ver un bicho asomando por la pierna de mi madre, me voy directamente a un orfanato o me ofrezco en adopción. Quemo todas las fotos de mi madre, destruyo todo lo que haya pasado por sus manos y empiezo desde cero, porque, la verdad, no se me ocurre nada más repugnante. No sé por qué pero que un padre vaya por ahí infestado de parásitos tiene un pase, pero que sea una madre, o cualquier mujer, la verdad, no tiene perdón.

—Un poco machista por tu parte, ¿no? —objetó Maw Hamrick. La madre de Hugh había venido a París a pasar las navidades con nosotros, al igual que mi hermana Lisa y su marido, Bob. Ya habíamos abierto los regalos, y Joan estaba recogiendo los envoltorios usados y los planchaba con las manos—. Solo era un gusano de Guinea. En el Congo todo el mundo los tenía. —Miró hacia la cocina, donde Hugh estaba haciendo no sé qué con un ganso—. Cariño, ¿dónde quieres que ponga estos papeles?

—Quémalos —respondió Hugh.

—Uy, con lo bonitos que son. ¿Seguro que no vais a querer volver a usarlos?

—Quémalos —insistió Hugh.

—¿Qué decíais de un gusano? —preguntó Lisa, adormilada. Estaba tumbada en el sofá, donde se había echado a dormir la siesta, tapada con una manta.

—Aquí Joan, que tuvo una lombriz viviendo en la pierna —contesté.

Maw Hamrick tiró un envoltorio a la chimenea y dijo:

—Hombre, tanto como viviendo…

—¿Pero la tuviste dentro metida? —quiso saber Lisa, y yo imaginé lo que se le estaría pasando por la cabeza: «¿He ido alguna vez al váter después que ella? ¿He tocado alguna vez su taza de café o comido de su plato? ¿Cuándo podría hacerme un análisis? ¿Habrá algún hospital abierto en 25 de diciembre o tendré que esperar a mañana?».

–Fue hace mucho tiempo –dijo Joan.

–¿Cuánto? –quiso saber Lisa.

–Yo qué sé… en 1968, quizá.

Lisa movió la cabeza arriba y abajo, como uno suele hacer cuando está calculando mentalmente.

–Vale –dijo, y yo lamenté haber sacado a relucir el tema.

Lisa ya no miraba a Maw Hamrick, la traspasaba con los ojos, como a través de una máquina de rayos-X: el desnudo rompecabezas de huesos y, pululando entre ellos, los miles de parásitos que no habían abandonado aquel hábitat en 1968. Yo había reaccionado de la misma manera, pero después de casi quince años de conocerla, lo tenía superado; ya solo veía a Maw Hamrick. Maw Hamrick planchando, Maw Hamrick lavando los platos, Maw Hamrick sacando la basura. Maw quiere ser una invitada ejemplar y siempre está buscando cosas que hacer por casa.

«¿Te importa si…?», pregunta, y antes de que termine la frase, ya le he contestado que no, claro, adelante.

–¿Tú le has dicho a mi madre que se arrastrara por el salón a cuatro patas? –me pregunta Hugh, y yo respondo:

–Bueno, no, yo no he dicho eso exactamente. Solo he sugerido que si iba a limpiar el polvo del zócalo, que mejor lo hiciera de rodillas.

Cuando Maw Hamrick está en casa, no muevo un dedo. Todos mis quehaceres domésticos pasan automáticamente a sus manos, y yo me limito a sentarme en una mecedora y levantar de vez en cuando los pies para que pueda pasar el aspirador por debajo. Es muy cómodo, aunque no da muy buena impresión de mí, sobre todo cuando se ocupa de tareas pesadas, como, por ejemplo, bajar muebles al sótano, otra ocurrencia que, una vez más, partió enteramente de ella. Yo solo había mencionado de pasada que aquella cómoda apenas se usaba ya, y que algún día habría que llevarla abajo. No me refería a que la bajara ella precisamente, aunque a sus setenta y seis años, la mujer tiene más fortaleza de la que Hugh le atribuye. Como buena oriunda de Kentucky, Maw está acostumbrada a dar el callo. A talar, cavar, a todo lo que conlleve arrimar el hombro: para mí que esas cosas se llevan en la sangre.

El único inconveniente es cuando vienen invitados a casa y se encuentran a aquella menuda ancianita de pelo cano con la frente chorreando sudor. Lisa y Bob, sin ir más lejos, que se habían alojado en el apartamento desocupado de Patsy. Cada noche, cuando venían a cenar a casa, Maw Hamrick les colgaba el abrigo y luego se iba a planchar las servilletas y poner la mesa. Después servía las copas y se metía en la cocina con Hugh para echarle una mano.

—Qué suerte has tenido —decía Lisa, entre suspiros, viendo a Maw correr a vaciarme el cenicero. La suegra de Lisa acababa de ingresar en una residencia asistida para ancianos, una institución de esas que reniega de la expresión «tercera edad» y se refiere a sus residentes como «nuestros lozanos veteranos»—. La madre de Bob es un encanto, pero la de Hugh... ¡qué mujer! Y pensar que los gusanos se la comían.

—Bueno, comérsela no se la comían —repliqué.

—¿Y de qué crees que se alimentaban los bichos aquellos si no? No me irás a decir que entraron en su cuerpo cargando con su propia comida.

Supongo que tenía razón, pero ¿de qué se alimentan los gusanos de Guinea? De grasa no, desde luego, porque entonces no habrían recurrido a Joan, que pesa cuarenta kilos, como mucho, y todavía cabe en el vestido que estrenó para el baile de gala del instituto. Y de músculo tampoco, porque entonces no habría podido hacerse cargo de mis tareas domésticas. ¿Beben sangre? ¿Perforan el hueso y succionan el tuétano? Me disponía a preguntarlo, pero en cuanto Maw Hamrick regresó al salón el tema de conversación saltó de inmediato al colesterol.

—No quisiera ser indiscreta, Joan —dijo Lisa—, pero ¿tú qué índice tienes?

Era una de esas conversaciones de las que yo estaba condenado a quedar excluido. No solo nunca me he hecho una analítica, sino que a decir verdad ni siquiera sé muy bien en qué consiste eso del colesterol. Cada vez que oigo la palabra me imagino una salsa blancuzca hecha a mano y llena de grumos.

—¿Has probado el aceite de pescado? —preguntó Lisa—. Bob estuvo tomándolo un tiempo y le bajó el colesterol de tres ochenta a dos veinte. Antes estaba con el Lipitor.

Mi hermana se sabe el nombre y la medicación correspondiente de toda enfermedad identificada por el ser humano, una proeza impresionante teniendo en cuenta lo autodidacta de sus conocimientos. Ictiosis congénita, miositis osificante, espondilolistesis, y sus respectivos tratamientos a base de Celebrex, Flexeril, hidrocloruro de oxicodona. Al bromear yo de que ella no había comprado en su vida una revista, porque las leía gratis en las salas de espera de las consultas, me preguntó qué índice de colesterol tenía.

—Pues ya puedes estar yendo al médico, guapo, porque no te creas que eres tan joven. Y de paso, a ver si te echan un vistazo a esos lunares.

No eran temas en los que apeteciera mucho pensar, sobre todo en pleno festejo navideño, con la chimenea encendida y el olor a asado que invadía el apartamento.

—¿Y si hablamos de accidentes? —propuse—. ¿Sabéis de alguno bueno?

—Bueno, accidente exactamente no es —dijo Lisa—, pero ¿sabíais que hay cinco mil muertes infantiles al año a consecuencia de sustos? —Era un concepto difícil de asimilar, así que Lisa se quitó la manta de encima y se dispuso a representarlo—. Imaginad a una niña que corretea por el pasillo, jugando con sus padres, y de pronto el papá va y se asoma por una esquina y le grita: «¡Buuu!» o «¡Te pillé!» o algo por el estilo. Pues, resulta que a esa niña de hecho podría darle un síncope y morirse.

—No tiene ninguna gracia —dijo Maw Hamrick.

—No, claro —repuso Lisa—. Yo solo digo que por lo visto ocurre cinco mil veces al año como poco.

–¿En Estados Unidos o en todo el mundo? –quiso saber Maw Hamrick, y mi hermana llamó a voces a su marido, que estaba en la otra habitación.

–¡Bob! ¿Los cinco mil niños que mueren de un susto al año es en Estados Unidos o en todo el planeta? –En vista de que su marido no contestaba, Lisa decidió que la cifra se refería exclusivamente a Estados Unidos–. Y eso contando solo los casos de los que se tiene constancia –añadió–. Seguro que muchos padres no querrán admitirlo, y la muerte de sus hijos se atribuirá a otras causas.

–Pobres criaturas –dijo Maw Hamrick.

–¡Y pobres padres! –añadió Lisa–. ¿Os imagináis?

Trágico es para ambos bandos, pero a mí me dio por pensar en los demás hijos de esas parejas o, peor aún, en los que llegaran para reemplazarlos y crecieran en un ambiente de preventiva sobriedad.

«A ver, Chiqui Dos, cuando entremos en casa habrá un montón de gente escondida detrás de los muebles que saltará de pronto y te gritará "¡Feliz cumpleaños!". Te aviso de antemano porque no quisiera que te alteraras demasiado.»

Nada de sorpresas, nada de bromas pesadas, nada inesperado, pero ningún padre es capaz de controlarlo todo, y hay un mundo ahí fuera con el que lidiar, un mundo de coches con tubos de escape petardeantes y sus equivalentes humanos.

Tal vez algún día bajen ustedes la vista y descubran la triste y fálica cabecita de una lombriz asomando por una escotilla excavada en su pierna. Si eso no les provoca un síncope, ya me dirán qué, aunque tanto Hugh como su madre parecen haber sobrevivido. Revivido, incluso. Los Hamrick están hechos de una materia muy superior a la mía. Por eso dejo que sean ellos quienes preparen el ganso, quienes cambien los muebles de sitio o eliminen los horripilantes parásitos que infestan mis prendas de segunda mano. Si hay algo que puede matarles del susto es que yo me ofrezca a arrimar el hombro, de ahí que siga recostado en el sofá con mi hermana y agite la taza en el aire, como indicando que quiero otro café.

A LA ZAGA

La calle de París donde vivo lleva el nombre de un cirujano que impartía clases en la cercana facultad de medicina y a quien se debe el descubrimiento de una rara afección dermatológica, una contractura que hace que los dedos de la mano se doblen hacia dentro y con el tiempo termina cerrándolos permanentemente en un puño. Es corta, la calle, ni más ni menos interesante que el resto de la zona, sin embargo parece ejercer cierta atracción para los turistas americanos, que se empeñan por algún motivo en venir a darse gritos bajo la ventana de mi despacho.

Hay casos en que las discusiones se deben a cuestiones lingüísticas. Antes de emprender el viaje, la consorte pretendía conocer el idioma. «He estado escuchado unas cuantas cintas», o tal vez «Estas lenguas romances son todas muy parecidas, y con mis conocimientos de español no tendremos ningún problema». Pero luego a los lugareños les da por hablarte en argot o preguntarte cosas inesperadas, y la cosa se complica. «¿No decías que sabías francés?» Esa frase la oigo a todas horas, y cuando me asomo a la ventana me encuentro a la pareja de turno mano a mano en la acera.

−¡Qué quieres! −salta la mujer−. Yo al menos hago un esfuerzo.

−Pues esfuérzate un poco más, maldita sea. Nadie te entiende una palabra.

El segundo puesto lo ocupan las discusiones geográficas. Los turistas reparan en que ya habían pasado por mi calle, tal vez media hora antes, cuando su único pensamiento era el cansancio, el hambre y la necesidad de encontrar un cuarto de baño.

—Por amor de Dios, Phillip, es solo una pregunta, no se te van a comer.

Y yo, tumbado en mi sofá, pienso: «¿Y por qué no preguntas tú? ¿Por qué tiene que hacerlo Phillip?». Pero estas cosas suelen ser más complejas de lo que parecen. Quizá Phillip había pasado por aquí de visita veinte años atrás y pretendía conocer la ciudad. O tal vez sea uno de esos que se niegan a ceder el plano, o a desplegarlo, no vaya a parecer un turista.

El deseo de hacerse pasar por nativo es un terreno minado susceptible de desembocar en la más desagradable de las trifulcas. «El problema, Mary Frances, es que te las quieres dar de francesa, y no ves que eres una americana más». Ese día me acerqué a la ventana y vi desmoronarse un matrimonio ante mis propios ojos. Pobre Mary Frances, con su boina beige. Seguro que al encasquetársela en el hotel le pareció muy apropiada, pero de pronto resultaba estrafalaria y ridícula, una crepe de fieltro barato resbalándole por la coronilla. Por si fuera poco, se había anudado el clásico pañuelito al cuello, y eso que era verano. Aún podría haber sido peor, pensé. Podría haberse colocado la típica camiseta marinera a rayas también; pero, en fin, el atuendo, el disfraz de hecho, ya era bastante ridículo de por sí.

Hay turistas que se pelean a voz en grito —les da igual que los oigan—, pero Mary Frances hablaba entre susurros. A su marido también eso se le antojó pretencioso y no consiguió sino encolerizarlo más todavía.

—Nosotros somos americanos —insistió—. No vivimos en Francia, vivimos en Virginia. En Vienna, Virginia. ¿Entiendes?

Miré al tipo aquel y tuve la certeza de que si alguien nos hubiera presentado en una fiesta él habría dicho que vivía en Washington capital. Y si le hubiera preguntado en qué calle, habría desviado la mirada, farfullando: «Bueno, en las afueras de la capital».

Cuando se discute en casa, la parte afectada puede retirarse a otro extremo de la vivienda o salir al jardín y liarse a tiros contra una lata, pero al otro lado de mi ventana las opciones se limitan a llorar, enfurruñarse o regresar encorajinado al hotel.

—Por el amor de Dios —oigo—. ¿Es que no podemos intentar pasarlo bien o qué?

Decir eso es como exigirle al otro que te encuentre atractivo, y no funciona. Lo sé por experiencia.

La mayoría de las discusiones en las que Hugh y yo nos enzarzamos cuando vamos de viaje están relacionadas con el paso. Yo ando deprisa, pero él tiene las piernas más largas y le gusta ir seis metros por delante de mí como poco. Un transeúnte cualquiera podría pensar que intenta darme el esquinazo, viéndolo doblar esquinas como una flecha, intentando perderse a propósito. Cuando me preguntan por mis últimas vacaciones, siempre respondo lo mismo. No importa si he estado en Bangkok, Liubliana, Budapest o Bonn: ¿Que qué he visto? La espalda de Hugh, fugazmente tan solo, desapareciendo entre el gentío. Estoy convencido de que antes de salir de vacaciones, llama a la oficina de turismo del destino en cuestión y pregunta por el estilo y color de abrigo más popular entre los lugareños. Pongamos por ejemplo que le dicen que las cazadoras azul marino, pues eso que lleva. Es asombrosa la capacidad que tiene para mimetizarse. Cuando estamos en una ciudad asiática, juro que se hace más bajito. No sé cómo, pero se le ve más bajito. En Londres hay una librería que vende guías de viaje acompañadas de novelas que se desarrollan en tal o cual país determinado. La idea es que uno busque la información práctica en la guía y el ambiente en la novela; todo un detalle, aunque a mí con leer *¿Dónde está Wally?* me basta y me sobra. Toda la energía se me va en seguirle la pista a Hugh, con lo cual no consigo disfrutar de nada.

La última vez que eso sucedió fue cuando estábamos en Australia, donde yo tenía que asistir a un congreso. Hugh disponía de todo el tiempo libre del mundo, pero el mío se limitaba a cuatro horas un sábado por la mañana. En Sidney hay montones de cosas que ver, pero mi lista la encabezaba una visita al Taronga Zoo, donde tenía la ilusión de ver un dingo. Como nunca había visto la película aquella con Meryl Streep, la criatura era todo un misterio para mí. Si me hubieran dicho «Me dejé la ventana abierta y entró un dingo volando», me lo habría creído, igual que si me hubiesen dicho «¡Dingos! En casa tenemos el estanque infestado de ellos!». Dos patas, cuatro patas, aletas, plumas: no tenía ni remota idea de cómo sería el animal, lo cual, por otra parte, añadía aún más emoción al hallazgo, todo un acontecimiento en estos tiempos que corren, cuando uno tiene a su disposición documentales televisivos veinticuatro horas al día. Hugh se ofreció a dibujarme el animal, pero después de haber cruzado el charco y llegado hasta allí, prefería prolongar mi ignorancia un poco más y plantarme ante la jaula, la pecera o lo que fuera y ver a aquella criatura con mis propios ojos. Era una oportunidad única, y no deseaba estropearla en el último momento. Tampoco deseaba ir solo, y ahí empezó la discordia.

Hugh se había pasado gran parte de la semana nadando y tenía dos rodales oscuros bajo los ojos, dos marcas idénticas que le habían dejado las gafas de natación. Cuando nada en el mar, Hugh se lanza hacia lo hondo durante horas, más allá de las boyas, hasta adentrarse en aguas internacionales. Da la impresión de que quisiera volver a casa nadando, lo cual es una vergüenza cuando tú te quedas en la orilla con los anfitriones. «Le encanta este país, de verdad —digo—. En serio.»

Si aquel día hubiera amanecido lloviendo, quizá me habría acompañado de buen grado, pero así las cosas, Hugh no tenía el menor interés por los dingos. Tras una hora de lamentos conseguí que cambiara de opinión, pero aun así, no lo veía muy dispuesto. Ni yo ni nadie. Tomamos un ferry para llegar hasta el zoo, y durante la travesía Hugh se entretuvo mirando lánguidamente el agua y chapoteando en ella con las manitas. Su tensión iba en aumento por segundos, y en cuanto desembarcamos tuve que correr literalmente para seguirle el paso. Vi los koalas como en una nube borrosa, y lo mismo a los visitantes que se encontraban ante ellos, posando para la foto. «¿No podríamos…?», dije entre jadeos, pero él ya había pasado de largo los emúes y no podía oírme.

Hugh posee el sentido de orientación más extraordinario que jamás he visto en un mamífero. Incluso en Venecia, donde se diría que las calles han sido diseñadas por hormigas, fue salir de la estación de tren, echar un vistazo al plano, y conducirme directo al hotel. No llevábamos una hora en la ciudad, y ya estaba indicando el camino a los turistas, y cuando nos marchamos incluso sugería atajos a los gondoleros. Es posible que Hugh oliera los dingos. Es posible que hubiera divisado su redil desde la ventanilla del avión, pero fuere cual fuese su secreto, el caso es que enfiló directo a ellos. Yo le di alcance un minuto después y me quedé doblado un momento, tomando aliento. Luego me tapé la cara con las manos, me erguí, separé lentamente los dedos y vi primero una valla y a continuación, detrás de ella, un foso no muy profundo cubierto de agua. Vi unos árboles —y una cola— y luego, no pudiendo soportar la intriga por más tiempo, bajé las manos.

—Pero si parecen perros —observé—. ¿Seguro que era aquí?

No recibí respuesta, y al volverme me encontré junto a una japonesa avergonzada.

—Disculpe —le dije—. Pensé que era la persona que me he traído desde el otro lado del mundo. Y en primera.

El zoo es un lugar idóneo para montar un espectáculo, puesto que la gente que te rodea dispone de cosas más repugnantes o fotogénicas a las que dirigir su atención. Un gorila dándose gustito mientras mastica un cogollo de lechuga iceberg resulta mucho más entretenido de contemplar que un cuarentón que va de acá para allá como una exhalación hablando solo. En mi caso, el monólogo siempre es el mismo, el ensayo de mi discurso de despedida: «…porque esta vez, amigo, se acabó. Hablo en serio». Me imagino haciendo la maleta, echando mis cosas en ella sin molestarme en doblarlas siquiera. «Si por casualidad me echaras de menos, te sugiero que te busques un perro, un chucho gordo y viejo que tenga que correr para darte alcance y emita esos jadeos lejanos a los que tanto gusto les has tomado. Pero lo que es conmigo no cuentes, porque hemos terminado.»

Saldré por la puerta y nunca volveré la vista atrás, nunca le devolveré las llamadas, nunca abriré sus cartas. Los cacharros de cocina, todas las cosas que hemos ido adquiriendo juntos, ya se las puede quedar todas, así de insensible seré. «Vida nueva», ese es mi lema, ¿qué necesidad tengo yo de esa caja de zapatos llena de fotos o del cinturón color habano que me regaló cuando cumplí los treinta y tres, en la época cuando acabábamos de conocernos y él aún no comprendía que los cinturones te los regala tu tía y no tu novio, sean de la marca que sean. Aunque, a decir verdad, después mejoraría mucho en lo tocante a obsequios: un verosímil cerdo mecánico en piel de cerdo auténtica, un microscopio profesional que me regaló cuando yo estaba en plena fase aracnológica y, el mejor de todos, una pintura del siglo XVII en la que se ve a un campesino holandés cambiando un pañal sucio. Todo eso sí me lo quedaría… ¿por qué no? Y también aquel escritorio regalo suyo, y la repisa de la chimenea y, aunque solo fuera por principio, la mesa de dibujo, que claramente compró para él pero intentó que colara como regalo de Navidad.

Si seguía así, iba a tener que marcharme de casa en furgoneta en lugar de a pie, pero de todos modos, me marcharía, vaya que sí, me juré a mí mismo. Me imaginé alejándome del portal de casa al volante de la furgoneta, y de pronto me acordé de que no sé conducir. Tendría que ayudarme Hugh con el traslado, y vaya si lo haría después de lo mal que me lo había hecho pasar. El otro inconveniente que se me presentó fue hacia dónde encaminarme con la furgoneta. A otro apartamento, evidentemente, pero ¿de dónde iba a sacar yo un apartamento? Si casi no me sale la voz del cuerpo cuando voy a la oficina de correos, ¿cómo voy a comunicarme con un agente inmobiliario? Y no porque existan barreras lingüísticas, eso no tiene nada que ver, pues es tan poco probable que yo me atreva a buscar casa en Nueva York como en París. En cuanto se manejan cantidades superiores a los sesenta dólares, ya me pongo a sudar. Y no solo por la frente, sudo todo yo. Cinco minutos en el banco, y se me transparenta la camisa. Diez minutos, y me quedo pegado al asiento. Cinco kilos y pico perdí con la búsqueda del último apartamento, y lo único que tuve que hacer fue estampar mi firma. Hugh se encargó de todo lo demás.

Mirando el lado positivo, dinero tengo, aunque no sé muy bien cómo acceder a él. Recibo extractos bancarios regularmente, pero no abro ninguna carta que no venga dirigida a mí en persona o parezca una muestra gratuita. Hugh se encarga de todo eso, de abrir el correo molesto y hasta de leerlo. Él sabe cuándo vencen las pólizas del seguro, cuándo hay que renovar la visa, cuándo caduca la garantía de la lavadora. «No creo que haga falta ampliarla», dice, a sabiendas de que si el aparato deja de funcionar será él mismo quien lo arregle, como suele arreglarlo todo. Pero yo no. Yo si viviera solo y se me estropeara algo, saldría del paso como pudiera: usaría un cubo de pintura por váter, me compraría una neverita portátil y convertiría el frigorífico inservible en armario. Pero ¿llamar yo a un técnico? Jamás. ¿Arreglarlo yo personalmente? Ni soñarlo.

Llevo en el mundo casi medio siglo, y aún me asusta todo y todos. Se me sienta un niño al lado en el avión y si entablo conversación con él, no hago más que pensar en lo tonto que estaré sonando. Los vecinos de abajo me invitan a una fiesta y, después de declinar el ofrecimiento alegando algún compromiso previo, me paso toda la noche confinado en la cama no sea que me oigan deambular por el piso. No sé cómo subir la calefacción, ni cómo enviar un correo electrónico, ni cómo acceder al contestador automático cuando estoy fuera de casa para escuchar mis mensajes, ni tampoco sé hacer nada remotamente imaginativo con un pollo. Hugh se encarga de todo eso, y cuando él está fuera de la ciudad, me alimento como un animal salvaje, la carne rosa aún, con sus pelos o sus plumas inclusive. ¿Cómo no va a echar a correr el pobre? Ya puedo enfadarme que al final siempre acabo planteándome lo mismo: Me marcho, vale, pero ¿y después qué? ¿Me voy a vivir con mi padre? Treinta minutos de cólera absoluta, y cuando por fin lo diviso me doy cuenta de que nunca en mi vida me he alegrado tanto de ver a nadie.

–Míralo –digo. Y cuando me pregunta dónde estaba, le contesto, sinceramente, que me había perdido.

LA SUPLENTE

En la primavera de 1967, mis padres se fueron a pasar el fin de semana fuera y nos dejaron a mis cuatro hermanas y a mí al cuidado de una tal señora Byrd, una mujer mayor, negra, que trabajaba como señora de la limpieza en casa de unos vecinos. La señora Byrd se presentó en casa un viernes por la tarde y, después de subirle las maletas al dormitorio de mis padres, le enseñé sus dependencias, como según tenía entendido hacían en los hoteles. «Aquí tiene su televisor, aquí su solárium, y aquí un cuarto de baño; solo y exclusivamente para usted.»

La señora Byrd se llevó la mano a la mejilla.

—Que alguien me pellizque. Me voy a desmayar.

Luego volvió a quedarse extasiada cuando le abrí un cajón de la cómoda y le expliqué que en cuanto a abrigos y demás en casa utilizábamos preferentemente un cuartito llamado ropero.

—Hay dos en esa pared de ahí, puede usar el de la derecha.

Aquello tenía que ser, así lo veía yo, como un sueño para ella: «su» teléfono, «su» cama gigantesca, «su» ducha con puerta de cristal. Lo único que había que hacer era dejarlo un poquito más limpio de lo que lo había encontrado.

Unos meses más tarde, mis padres volvieron a ausentarse y nos dejaron a cargo de la señora Robbins, que también era negra y que, al igual que la señora Byrd, me permitió verme a mí mismo como un ser capaz de obrar milagros. Al caer la noche, me la imaginaba postrada de hinojos en la moqueta, con la frente rozando la colcha dorada de la cama de matrimonio de mis padres. «Oh, Dios, gracias por esta familia blanca tan maravillosa y por todos los dones que me han concedido este fin de semana.»

Con la típica canguro adolescente, uno armaba alboroto y saltaba sobre ella para darle un susto cuando salía del cuarto de baño, cosas de esas, pero con la señora Robbins y la señora Byrd nos comportamos como niños respetuosos y bien educados, es decir, como todo lo que no éramos. Gracias a eso, la escapada de fin de semana de nuestros padres acabó siendo una escapada también para nosotros, porque ¿qué eran unas vacaciones sino la oportunidad de ser otro?

A principios de septiembre del mismo año, mis padres se fueron de viaje una semana a las islas Vírgenes con mi tía Joyce y mi tío Dick. Dado que ni la señora Byrd ni la señora Robbins estaban disponibles para quedarse con nosotros, mi madre encontró a una tal señora Peacock. El lugar exacto donde encontró a aquella mujer daría lugar a toda índole de conjeturas durante el resto de nuestra infancia.

—¿Creéis que mamá ha estado alguna vez en una cárcel de mujeres? —preguntaba mi hermana Amy.

—Dirás de hombres —replicaba Gretchen, que nunca estuvo convencida de que la señora Peacock fuera de verdad una mujer.

El tratamiento de «señora» al menos no procedía, porque aquella mujer no estaba casada ni mucho menos, de eso estábamos seguros.

«¡¡¡Se hace <u>pasar</u> por casada solo para dar el pego!!!» Esta fue una de las observaciones que registramos en una libreta durante su estancia. Había páginas y páginas de ellas, garabateadas todas con desesperación, con profusión de signos de exclamación y subrayados. Eran la clase de anotaciones que uno haría si su barco estuviera al borde de un naufragio, esa clase de anotaciones que a buen seguro habrían de poner los pelos de punta a los seres queridos que hubieran sobrevivido a la catástrofe. «Si lo hubiéramos sabido —se lamentarían—. Oh, Dios mío, si lo hubiéramos sabido…»

Pero ¿qué había que saber en realidad? Cuando una quinceañera se ofrece a hacerte de canguro una noche, preguntas a sus padres cómo es la chica, naturalmente, haces tus indagaciones. Pero a una señora mayor no se le pedían referencias, y menos si era blanca.

Nuestra madre nunca conseguiría recordar de dónde salió la tal señora Peacock. «Algún anuncio en la prensa —decía—. O yo qué sé, le haría de canguro a alguien del club.»

Pero ¿qué miembro de aquel club podría haber contratado a semejante criatura? Para formar parte de él había que cumplir ciertos requisitos, entre ellos no conocer a nadie como la señora Peacock. Uno no frecuentaba los sitios donde ella comía o rezaba, y desde luego no la dejaba a cargo de su casa.

La señora Peacock me olió a chamusquina desde que la vi llegar en aquella tartana, con aquel joven descamisado al volante. El chico parecía estar justo en la edad de empezar a afeitarse y se quedó sentado mientras su acompañante abría la puerta y se apeaba trabajosamente del vehículo. El acompañante era la señora Peacock, y lo primero que me llamó la atención de ella fue su pelo, una melena ondulada del color de la margarina que le caía hasta media espalda. El tipo de melena que luciría una sirena, totalmente inapropiado para una sexagenaria que no era ya corpulenta sino gorda, y que se movía como si cada paso que daba fuera el último.

—¡Mamá! —exclamé, y mientras mi madre salía a abrir, el joven descamisado dio marcha atrás para acceder nuevamente a la calle y salió zumbando.

—¿Era su marido? —le preguntó mi madre, y la señora Peacock miró hacia el espacio donde momentos antes había estacionado el vehículo.

—Qué va —dijo—. Era solo Keith.

No dijo «mi sobrino Keith» o «Keith, el que trabaja en la gasolinera y tiene una orden de busca y captura en cinco estados», sino «solo Keith», como si hubiéramos leído la biografía de aquella mujer y se diera por sentado que conocíamos a todos los personajes.

Eso se repetiría bastantes veces a lo largo de aquella semana, y me haría detestarla. Llamaban por teléfono y, nada más colgar, la señora Peacock decía «Hay que ver este Eugene» o «Le dije a Vicky que no se le ocurriera llamarme aquí otra vez».

«¿Quién es Eugene?», preguntábamos. «¿Qué ha hecho Vicky de malo?»

La señora Peacock se las daba de algo, no de que fuera mejor que nosotros sino igual que nosotros; y eso, sencillamente, no era cierto. ¡Mirad la maleta esa que ha traído, atada con una cuerda! ¿La habéis oído farfullar? No se le entiende una palabra. Cualquier persona bien educada habría manifestado su admiración al serle enseñada la casa, pero salvo un par de preguntas sobre la placa encimera de la cocina, la señora Peacock apenas dijo esta boca es mía, y se encogió de hombros sin más al serle mostrado el cuarto de baño principal, que dado el calificativo de «principal» debía hacerte sentir importante y agradecer la suerte que tenías de estar vivo. «Los he visto mejores» pareció querer decir con la mirada, pero a mí no me engañaba.

Las primeras dos veces que mis padres se marcharon de vacaciones, mi hermana y yo los escoltamos hasta la puerta y nos despedimos diciendo que los íbamos a echar muchísimo de menos. Fue una simple pantomima, con la que pretendíamos hacernos pasar por niños sensibles, a la inglesa, pero la tercera vez lo dijimos completamente en serio. «Venga ya, no seáis críos –replicó mamá–. Si solo vamos a estar fuera una semana». Luego lanzó la típica mirada a la señora Peacock como diciendo: «Los niños. ¿Qué piensa hacer?».

Aquella mirada tenía su típica réplica en otra que indicara: «Usted dirá», pero la señora Peacock no precisó de ella, pues sabía perfectamente lo que iba a hacer con nosotros: esclavizarnos. No se le podía llamar de otra manera. A la hora de que se hubieran marchado mis padres, ya estaba tumbada boca abajo en la cama de matrimonio, con la combinación por toda vestimenta. Una combinación que, al igual que su piel, era de color vaselina, un nocolor, la verdad, y con la melena amarilla aún sentaba peor si cabe. Y encima, las piernacas al aire, con aquellos hoyuelos en las corvas y aquel entramado de venillas color púrpura rabioso.

En un principio mis hermanas y yo nos armamos de diplomacia.

—¿No habrá nada que hacer en casa, por casualidad?

—Tú, la de las gafas. —La señora Peacock apuntó a mi hermana Gretchen—. Tu madre ha dicho que había refrescos en la cocina. Anda, ve y me traes uno.

—¿Quiere decir una Coca-Cola? —preguntó Gretchen.

—Eso mismo —respondió la señora Peacock—. Y me la echas en una taza con unos cubitos de hielo.

Mientras Gretchen iba a por la Coca-Cola, recibí órdenes de correr las cortinas. A mí me pareció todo un disparate e hice lo posible por disuadirla.

—Pero si la terraza privada es lo mejor que tiene la habitación —repliqué—. ¿Está usted segura de que quiere quedarse a oscuras ahora que todavía es de día?

Estaba segura. Luego pidió que le subiéramos la maleta. Mi hermana Amy se la dejó sobre la cama, y todos la observamos mientras desataba la cuerda, metía la mano dentro y extraía de su interior una varita de treinta centímetros de largo terminada en forma de mano de plástico. El extremo útil tenía aproximadamente el tamaño de una patita de mono, con los dedos ligeramente en garra, como inmovilizados pidiendo una limosnita. El artilugio, con sus uñas relucientes de pringue, resultaba de lo más siniestro, y en el curso de la semana nos tocaría verlo en bastantes ocasiones. A día de hoy, si a alguno de nuestros novios se le ocurre pedirnos que le rasquemos la espalda, mis hermanas y yo retrocedemos diciendo: «Frótate contra un muro de ladrillo si quieres. Contrata a una enfermera, pero a mí no me mires. Yo ya he cumplido para el resto de mis días».

A finales de los sesenta no se hablaba del síndrome de túnel carpiano, lo que no quiere decir que no existiera. Solo que aún no se había designado con tal nombre. Una y otra vez, los cinco tuvimos que recorrer la espalda de la señora Peacock con la manita aquella, cuyos dedos dejaban surcos blancos y a veces verdugones en su piel. «Más suave —decía, con los tirantes de la combinación bajados hasta los antebrazos y la cara aplastada contra la colcha dorada—, que una no es de piedra, ¿eh?»

De eso no cabía duda. Las piedras no sudaban. Las piedras no apestaban; a las piedras no les salían sarpullidos y mucho menos pelillos negros entre los omóplatos. Cuando llamamos la atención de la señora. Peacock sobre este último particular, replicó: «Pues igualitos que los que tenéis vusotros, ¡no te joroba!, será que entavía no os han salido».

Aquella respuesta sería anotada al pie de la letra y leída en voz alta durante los gabinetes de crisis que mis hermanas y yo dimos en celebrar a diario en la arboleda que había detrás de casa. «Pues igualitos los tenéis vusotros, ¡no te joroba!, será que entavía no os han salido.» La sentencia nos heló la sangre cuando salió de sus labios, pero aún resultaba más escalofriante cuando se recitaba con normalidad, sin aquel hablar farfullero y aquel acento paleto.

«No sabe hablar», anoté en el registro de quejas. «Es incapaz de pasar dos minutos sin decir "¡no te joroba!". Cocina de pena, ¡no te joroba!»

Eso último no era del todo cierto, pero tampoco se habría quebrado la mujer por ampliar un poco el menú. Bocadillo de carne picada con salsa de tomate picante, colgando sobre nuestros hocicos como si fuera un filetón de buey, noche tras noche tras noche. Nadie podía probar bocado sin haberse ganado antes el sustento, lo que significaba irle a por bebidas, cepillarle el pelo, pasarle la pata de mono por los hombros hasta que se quejaba. Llegaba la hora de comer y como si nada: demasiado empachada ella de Coca-Cola y patatas fritas como para reparar en nada hasta que alguno nos atrevíamos a mencionarlo. «Si tenís hambre, ¿qué hacíais ahí callaos como muertos? A ver, que una no lee el pensamiento. Ni que fuera adivina, ¡no te joroba!»

Luego armaba un gran escándalo en la cocina, y los músculos de los brazos le bailaban mientras descargaba la sartén sobre la placa, echaba la carne picada y vertía el ketchup.

Mis hermanas y yo nos sentábamos a la mesa a comer, pero la señora Peacock comía de pie, «como una vaca —pensábamos—, como una vaca pegada a un teléfono».

«Dile a Curtis de mi parte que como no lleve a Tanya al juicio de R.C., se las va a tener que ver no solo conmigo sino también con Gene, y hablo muy en serio.»

Aquellas llamadas telefónicas le recordaban lo que se estaba perdiendo. La situación estaba a punto de estallar: el drama de Ray, la historia entre Kim y Lucille, y mientras tanto allí estaba ella, perdida del mundo. Así es como la señora Peacock veía nuestra casa: como el fin del mundo. Pocos años más tarde, yo habría sido el primero en darle la razón, pero a mis once años, cuando todavía se podían oler los frescos maderos de pino tras los muros de pladur, para mí era el mejor lugar del mundo.

—Su casa me gustaría ver a mí —le dije a mi hermana Lisa.

Y entonces, castigo divino, la vimos, vaya que si la vimos.

Fue el quinto día, y por culpa de Amy; al menos según la señora Peacock. Cualquier adulto sensato, cualquiera que tuviera hijos, se habría hecho responsable. «Qué le vamos a hacer —habría pensado—. Tarde o temprano tenía que ocurrir.» Una criatura de siete años, con el brazo hecho chicle de tanto masaje, lleva la pata de mono al baño principal, y la pata se le resbala de la mano y cae sobre las baldosas del suelo. Los dedos se hacen añicos y en su lugar no queda nada: un maltrecho muñón al cabo de un palo.

—Ahora sí que la habéis hecho —dijo la señora Peacock. Todos a la cama sin cenar. A la mañana siguiente llegó Keith en su tartana, todavía descamisado. Empezó a dar bocinazos, y la señora Peacock le gritó desde el otro lado de la puerta que encima metiendo prisas no te joroba.

—No creo que la oiga desde aquí —dijo Gretchen, y la señora Peacock replicó que ya se había hartado de impertinencias.

Y como se había hartado de nuestras impertinencias, nos apretujamos todos en el coche en silencio, mientras Keith se descolgaba con una historia rocambolesca con él y un tal Sherwood de protagonistas, pisó el acelerador, dejó atrás la ciudad que nosotros conocíamos y nos adentramos en un barrio de perros que ladraban y accesos al garaje sin asfaltar. Las casas eran como esas que pintan los niños, hileras de toscos cuadrados con un triangulito encima. Luego le colocas una puerta, después un par de ventanas. Te planteas poner un árbol en el jardín de la entrada, pero luego decides que no, que las ramas dan mucho trabajo.

La casa de la señora Peacock estaba partida en dos, ella ocupaba la parte trasera, y alguien llamado Leslie la delantera. Leslie, nombre ambiguo que podía hacer referencia tanto a un hombre como una mujer, resultó ser un señor vestido con traje de combate que vimos al acercarnos en el coche, forcejeando con un Doberman junto al buzón de la casa. Imaginé que al ver a la señora Peacock, el vecino la recibiría de mal talante, pero sorprendentemente le dirigió una sonrisa y un saludo con la mano, que ella le devolvió. Cinco niños apretujados en el asiento trasero, niños que se mueren de ganas de informar que acaban de ser secuestrados, pero Leslie nos prestó la misma atención que Keith: ninguna.

Cuando el coche se detuvo, la señora Peacock se volvió a nosotros desde el asiento delantero y anunció que tenía unos trabajillos que hacer en casa.

—No se preocupe —dijimos—. La esperamos aquí.

—Y una porra —dijo.

Empezamos por el exterior, recogiendo las cacas depositadas por el doberman de la casa, que resultó llamarse Golfo. El jardín delantero estaba minado; en cambio el de atrás, que era el que cuidaba la señora Peacock, ofrecía un aspecto sorprendentemente normal, mejor que normal de hecho. Tenía una zona de césped, con un estrecho arriate de florecillas a todo lo largo; pensamientos, creo. También había flores en la terraza que daba al jardín, la mayoría en macetas de plástico y acompañadas por una serie de criaturitas de barro: una ardilla con la cola partida, un sapo risueño.

Yo no tenía a la señora Peacock por alguien a quien le cuadrara ninguna «monería», de manera que me quedé atónito al entrar en su mitad de la casa y descubrirla atestada de muñecas. Había centenares de ellas, apiñadas todas en una misma habitación. Muñecas sentadas sobre el televisor, muñecas con las plantas de los pies pegadas al ventilador eléctrico y cientos de muñecas abarrotando los estantes desde el suelo hasta el techo. Me extrañó que no las hubiera ordenado por tamaño o calidad. Podías encontrarte perfectamente con una modelo vestida a la última, eclipsada por un llorón barato o por una pepona que al parecer se había acercado demasiado a la hornilla de la cocina, con el pelo chamuscado y un gesto hosco en el desfigurado rostro.

—Primera regla: aquí nadie toca nada —nos advirtió la señora Peacock—. Nadie, por nada del mundo.

Evidentemente la señora Peacock creía que su casa era algo especial, un paraíso infantil, una tierra de ensueño, pero a mí me parecía abarrotada y punto.

—Además de oscura —añadirían después mis hermanas—. Y qué calor, y qué peste.

La señora Peacock tenía un dispensador de vasitos de papel colgado sobre el tocador de su dormitorio. Las chinelas las dejaba junto a la puerta del baño, y dentro de ellas había sendos gnomos pequeñitos, con el pelo echado hacia atrás como azotado por un vendaval.

—¿Veis? —dijo—. ¡Parece que vayan en lanchas motoras!

—Sí. Qué chistosos —observamos.

Luego nos mostró una batería de cocina en miniatura que tenía expuesta en uno de los estantes de abajo.

—La neverita se me rompió y me hice otra yo misma con una caja de mistos. Acercarsus y la veis de cerca.

—¿La ha hecho usted? —preguntamos, aunque saltaba a la vista. La banda rugosa de la cajita cantaba de mala manera.

Evidentemente, la señora Peacock intentaba ser hospitalaria, pero yo hubiera preferido que se olvidara de aquel papel. Ya me había formado una opinión sobre ella, incluso había dejado constancia por escrito, y registrar aquellos detalles amables no haría sino enturbiar el informe. Como buen niño de once años, prefería que los malos fueran siempre malos y se comportaran siempre con maldad, que actuaran como Drácula y no como el monstruo de Frankenstein, que lo fastidió todo al tender la florecilla a la campesina aquella. Luego conseguiría redimirse un poco al ahogarla minutos más tarde, pero, aun así, ya no podías verlo con los mismos ojos. Mis hermanas y yo no deseábamos comprender a la señora Peacock. Lo único que deseábamos era odiarla, por lo que fue un alivio verla sacar del armario otro rascaespaldas de los suyos, el bueno, al parecer. Sería poco más o menos del mismo tamaño que el otro, pero con los dedos más finos, mejor definidos, como de señorita y no de mono. En cuanto la señora Peacock echó mano de aquel rascaespaldas, su papel de buena anfitriona se esfumó. Se quitó la blusa que llevaba sobre la combinación y se tumbó en la cama, en la postura de rigor, rodeada por aquellas muñequitas a las que ella llamaba sus «peponas». A Gretchen le tocó ser la primera en rascarle, y a los demás entretanto nos largó al jardín, a sacar malas hierbas bajo un sol de justicia.

—Menos mal —le dije a Lisa—. Por un momento he pensado que teníamos que compadecernos de ella.

Cuando éramos pequeños barruntábamos que la señora Peacock estaba loca, palabra comodín esta que asignábamos a todo el que era incapaz de vernos la gracia. Ya de mayores, sin embargo, fuimos descartando posibilidades y llegamos a la conclusión de que quizá la buena mujer estuviera pasando por una depresión. Los repentinos cambios de humor, la cantidad de horas que pasaba durmiendo, la angustiosa melancolía que la incapacitaba para vestirse o lavarse siquiera: eso explicaba lo de la combinación, y la progresiva grasa en el pelo a medida que avanzaba la semana y que dejó su indeleble mancha en la colcha dorada de nuestros padres.

−Igual había estado en un psiquiátrico −dice Lisa−. Puede que le estuvieran dando electroshocks a la pobre; es lo que se hacía antiguamente.

Ojalá hubiéramos sido tan comprensivos de niños, pero nuestra lista ya estaba redactada, y obviarla por una burda cajita de cerillas era inconcebible. Nuestros padres regresaron de su escapada, y antes de que se apearan del coche ya nos habíamos lanzado sobre ellos, los cinco en tropel, quitándonos la palabra unos a otros.

−Nos hizo ir a su chabola y nos puso a recoger cagarros.

−Una noche nos mandó a la cama sin cenar.

−Decía que el cuarto de baño principal era feo, y que menuda tontería haber puesto aire acondicionado.

−Bueno, bueno −dijo mamá−. Un poco de calma, por Dios, que me estáis aturullando.

−Nos obligaba a rascarle la espalda hasta que se nos caían los brazos.

−Nos daba bocadillos de carne picada cada noche y cuando se acabó el pan, nos obligó a comérnosla con galletas saladas.

Seguíamos con nuestra letanía de lamentaciones cuando la señora Peacock se levantó de la mesa rinconera de la cocina y entró en el garaje. Se había vestido, para variar, e incluso calzado, pero era demasiado tarde para mantener la farsa. Viéndola allí, junto a mi madre, que había vuelto toda morena y rozagante, todavía ofrecía un aspecto más enfermizo, siniestro incluso, con un rictus grotesco en la boca.

−Se ha tirado toda la semana en la cama y no puso la lavadora hasta anoche.

Supongo que yo esperaba un enfrentamiento frontal. Cómo si no explicar mi decepción al ver que, en lugar de cruzarle la cara de un tortazo, mi madre mirara a los ojos a la señora Peacock y dijera:

—Bueno, ya será menos. No me creo ni una palabra. —Era la frase que empleaba cuando se creía algo a pies juntillas pero estaba demasiado cansada para tomar cartas en el asunto.

—Un día nos secuestró incluso.

—Pues bien que hizo. —Mamá condujo a la señora Peacock al interior de la casa y nos dejó a mis hermanas y a mí plantados delante del garaje—. Son de la piel del diablo, ¿eh? —dijo—. Si le digo la verdad, no sé cómo ha podido con ellos toda una semana.

—¿Quién ha podido con quién?

«¡Pum!»: portazo en las narices, tras el cual mamá fue a sentarse con la invitada en la rinconera de la cocina y le ofreció una copa.

Enmarcadas las dos por la ventana, parecían como si estuvieran representando una función teatral, como dos personajes en apariencia antagonistas que de pronto descubren lo mucho que tienen en común: una educación parejamente estricta, un aprecio por el borgoña californiano decantado en jarra y un común desinterés por el escandaloso público de las funciones matinales, que silba y abuchea al otro lado del telón.

EL VIEJO CASERÓN

En lo tocante a la decoración del hogar, mi madre era una persona eminentemente práctica. No tardó en aprender que los niños son capaces de destrozar cualquier cosa que se les ponga por delante, de manera que durante casi toda mi infancia, el mobiliario de casa se escogió en función de su resistencia y no de su belleza. A excepción de los muebles del comedor, adquiridos por mis padres al poco de casarse. En cuanto que un invitado detenía más de un segundo la mirada en el aparador, ya estaba mi madre metiendo cuchara en busca del cumplido. «¿Te gusta? —preguntaba—. ¡Es escandinavo!» Escandinavia, supimos, era el nombre de una región, un lugar frío e inhóspito donde la gente no salía de casa y se había confabulado para declarar una guerra sin cuartel contra los pomos.

El aparador, al igual que la mesa, era un modelo de elegancia y simplicidad. El juego de muebles estaba fabricado en teka y barnizado con aceite de tung. Dicho aceite realzaba el carácter de la madera, y en ciertos momentos del día, hacía prácticamente que resplandeciera. La belleza de aquel comedor nuestro no tenía igual, sobre todo desde que mi padre decidiera forrar sus paredes con corcho. No el corcho del que suelen estar hechos los tablones de anuncios, sino una variedad rugosa y oscura, del color del mantillo húmedo del pino. Prendías las velitas del calentador de platos dispuesto sobre la mesa, ponías la vajilla color gris marengo que apenas sacábamos, y ya tenías montada la escena perfecta.

Aquel comedor, a mi modo de ver, era el vivo retrato de mi familia. A lo largo de toda mi infancia me deparó un gran placer, pero luego cumplí los dieciséis y dejó de gustarme. Lo que me hizo cambiar de parecer fue un programa de televisión, un drama que se emitía semanalmente sobre una familia muy unida de Virginia, en los tiempos de la Gran Depresión. Aquella gente no disponía de batidora de cocina ni pertenecía a ningún club de campo, pero se tenían los unos a los otros; además de poseer una casa magnífica, un caserón viejo, construido en la década de los veinte o algo por el estilo. Todos los dormitorios tenían paredes inclinadas de tablones de madera y quinqués que lo bañaban todo con su etérea luz dorada. Yo no habría descrito la casa como «romántica», pero así era como la veía.

—Esos años anteriores a la guerra te parecen muy agradables, ¿verdad? —me dijo en una ocasión mi padre—. Prueba a levantarte a las cinco de la mañana para vender periódicos por las calles llenas de nieve como tuve que hacer yo. Verás qué gracia la de aquella época.

—Vaya —le dije—, pues es una pena que no consiguieras apreciarla.

Como todo nostálgico de un pasado que no ha vivido, yo prefería pasar por alto los pequeños inconvenientes del momento: la polio, por ejemplo, o la idea de comer ardilla guisada. Sencillamente, la vida era mejor en aquel entonces, más civilizada en cierto modo, y estéticamente más placentera. ¡Y con tanta historia! ¿No era deprimente vivir en una casa que tenía casi la misma edad que nuestro gato?

—No —dijo mi padre—. En absoluto.

Mi madre compartía su opinión:

—Vivir con los vecinos pegados, tener que cruzar el dormitorio de mis padres para ir a la cocina. Si le encuentras la gracia a eso, es porque nunca viste a tu abuelo sin la dentadura postiza.

Ninguno de los dos tuvo reparo alguno en dejar atrás el pasado, y cuando a mi hermana Gretchen y a mí nos daba por devolverlo al presente reaccionaban mal.

—¿Las hermanas Andrews? —gruñía mi padre—. ¿Para qué demonios queréis escuchar a esa gente?

Cuando me aficioné a la ropa de segunda mano, papá se lo tomó fatal, y seguramente con razón. No contento con ponerme tirantes y bombachos, un día me dio por rematar el atuendo con una chistera; mi padre me interceptó en el umbral, impidiéndome salir de casa.

—Si es que no pega —recuerdo que me dijo—. Ese sombrero con esos pantalones, y encima los dichosos zapatos de plataforma... —Se quedó sin palabras, venga a hacer aspavientos con las manos, deseando seguramente empuñar en ellas sendas varitas mágicas—. Vas... vas hecho un adefesio, la verdad.

A mi modo de ver, el problema no era mi atuendo, sino mi entorno. Cómo no iba a desentonar junto a un aparador escandinavo; en el hábitat adecuado, sin embargo, indudablemente habría dado el pego a las mil maravillas.

—Un psiquiátrico, ese es el hábitat que tú necesitas —replicó mi padre—. Anda, trae esa maldita chistera antes de que le prenda fuego.

Yo anhelaba vivir en un hogar donde se respetara la historia, y cuatro años más tarde finalmente lo encontré. Fue en Chapel Hill, Carolina del Norte. En principio, había ido a visitar a un antiguo amigo del instituto, pero como yo no tenía trabajo ni obligación importante ninguna, decidí quedarme un tiempo más y buscar empleo como, por ejemplo, friegaplatos. El restaurante que me contrató era una institución en la ciudad, todo en madera oscura, con cristalitos del tamaño de naipes en las ventanas. La comida no estaba mal, pero el verdadero reclamo del lugar era la música clásica que su propietario, un señor llamado Byron, gustaba poner de fondo en el salón comedor. Otro se habría conformado con recurrir a cualquier compilación; Byron, en cambio, era un hombre tremendamente responsable y planificaba todas las comidas como si fueran veladas en el festival musical de Tanglewood. Yo confiaba en que tras un tiempo lavando platos, algún día me pusieran a trabajar en el comedor, poniendo mesas y finalmente sirviéndolas, pero no hice partícipe a nadie de dichas aspiraciones. Aunque dado el atuendo con el que me presenté, con aquellos pantalones de montar y aquel esmoquin, tenía suerte de que me contrataran.

Cuando cobré mi primer sueldo, me puse a buscar alojamiento. Los requisitos eran que fuera barato y que estuviera cerca del trabajo, y ambas condiciones se cumplieron. Lo que no podía haber soñado era encontrar una vivienda antigua y sin reformar, una auténtica casa de huéspedes. La propietaria estaba en la calle, recolocando el letrero «Se alquila habitación», en el momento en que yo pasaba por allí, y los dos cruzamos una mirada como diciendo ¡Salve, extranjero, eres mi alma gemela! Ambos parecíamos sacados de un viejo y chirriante noticiario, yo, el obrero en paro con sus gafas protectoras de concha y un tabardo de tweed dos tallas más grandes de la correspondiente, y ella, la animosa viuda que alquila habitaciones para llegar a fin de mes.

—Disculpe —le dije—, pero ese sombrero que lleva, ¿es de los años cuarenta?

La señora se llevó las manos a la cabeza y se ajustó lo que parecía un puñado de cerezas derramándose por un platito de falso terciopelo.

—Pues sí, efectivamente —dijo—. Qué buen ojo tiene.

Mientras Rosemary Trasnochada, pongamos que se llamaba, se presentaba, calculé mentalmente la edad que tendría. Lo que me confundía era el maquillaje, por el exceso y por la profusión de polvos color melocotón. A primera vista me había parecido que tenía el pelo blanco, pero al verla de cerca observé que estaba salpicado de vetas amarillas, sin orden ni concierto, como nieve sobre la que alguien hubiera echado una meada. Si su aspecto ofrecía un aire un tanto masculino, se debía más a la vestimenta que a sus facciones. Llevaba hombreras tanto en el abrigo como en la blusa, y con ambas prendas encima, apenas podía pasar por la puerta. Para otra persona quizá hubiera sido un inconveniente, pero Rosemary salía poco de casa. ¿Para qué iba a salir?

Antes de atravesar el umbral, ya tenía decidido quedarme con la habitación. Lo que me conquistó fue el aspecto de su fachada. A otro tal vez podría haberle parecido destartalada —«un antro», diría de ella mi padre más adelante—, pero qué son unos cuantos miles de desconchones de pintura. Lo mismo podría haberse dicho del porche delantero, con sus crujientes tablones de madera, cuando los había. No era difícil imaginar que la casa, ubicada como estaba a orillas de un aparcamiento de la universidad, hubiera caído de los cielos, como la de Dorothy en *El mago de Oz*, solo que con una planta arriba. Después accedimos al interior, aún mejor. La puerta de la entrada se abría a una sala de estar o, según denominación de Rosemary, el «saloncito». La palabra era antigua, pero apropiada. De las ventanas colgaban cortinas de terciopelo. Las paredes estaban empapeladas con un desvaído estampado floral, y había tapetes por todas partes, extendidos sobre las mesas y colgando como telarañas de los respaldos de las panzudas butacas. Mis ojos saltaban de una cosa a otra y, al igual que mi madre con su comedor escandinavo, Rosemary no perdía nota de donde se posaban.

—Veo que le gusta mi Davenport —dijo al verme mirando el sofá, y—: Ya no se encuentran lámparas como esa. Es una Stephanie auténtica.

No me extrañó que después dijera dedicarse a la compraventa de antigüedades, que hubiera hecho de ello su «capricho», según sus palabras. Toda superficie accesible estaba atestada de objetos: bomboneras de cristal verde, retratos enmarcados de estrellas de cine, pitilleras con el nombre grabado en la tapa. Una sombrilla descansaba inclinada contra un baúl abierto, y al comentarle yo que la empuñadura era de baquelita, mi nueva patrona extrajo los alfileres que sujetaban su platito de cerezas y vaticinó que los dos nos íbamos a llevar a las mil maravillas.

Y por espacio de muchos meses, así fue. Rosemary vivía en el piso de abajo, en una serie de habitaciones a las que nos estaba prohibido acceder y que ella denominaba sus «aposentos». La puerta que conducía a estos se abría al saloncito, y a veces desde el otro lado oíamos su televisor encendido. A mí eso se me antojaba una traición, como introducir una mesa de billar en la Gran Pirámide de Guiza, pero Rosemary me aseguró que era un aparato antiguo, un «mueble-televisor», como ella decía.

Mi habitación estaba en el piso de arriba, y en una carta que mandé a mi familia dije de ella que era «perfecta». Cómo sino captar el despegado y abombado papel de mi habitación y el modo que tenía de aunarlo todo. La cama, el escritorio, la lámpara de pie de bronce: todo estaba allí esperando a que yo llegara, y aunque parte del mobiliario estaba ya bastante deteriorado —la butaca, por ejemplo, estaba desfondada—, al menos todo era homogéneamente antiguo. Desde mi ventana se divisaba el aparcamiento, y al otro lado, la transitada carretera que llevaba al restaurante donde yo trabajaba. A Rosemary le complacía que yo trabajara en un establecimiento de semejante solera.

—Te pega —decía—, y no te avergüences de lavar platos. Creo que hasta Gable lo hizo.

—¿Ah sí?

Me sentía tan culto, pillándole todas las referencias. El otro inquilino ni siquiera sabía quién era Charlie Chan, ¡y eso que el chico era medio coreano! Nos cruzábamos en el pasillo de vez en cuando; creo que estudiaba química. La pensión disponía de una tercera habitación, pero había tenido humedades y a nuestra patrona le estaba costando trabajo alquilarla. «Aunque no es que me importe mucho —me dijo—. Yo en este negocio primo la calidad antes que la cantidad.»

Me instalé allí a primeros de enero, y durante aquel invierno mi vida fue un sueño. Llegaba a casa al final del día, y allí estaba Rosemary en el saloncito, ambos disfrazados de época de la cabeza a los pies. «¡Ajá! —decía—. Justo el jovencito que andaba buscando.» Luego me mostraba algún tesoro recién adquirido en una de sus subastas y me explicaba qué tenía de tan especial la pieza. «En la mayoría de los últimos moldes para horno de Fire King el casco símbolo de la marca está grabado en lugar de estampado.»

La cuestión era ser distintos a los demás; nosotros no éramos como el resto de nuestros compatriotas, obsesionados con sus detectores de radar, sus centros comerciales y sus cabezas de ducha giratorias. «Si no es nuevo y brillante, ya no les interesa —se lamentaba Rosemary—. Dales la Campana de la Libertad, y se te quejarán de que tiene una grieta. Así es la gente hoy día. Lo he visto con mis propios ojos.»

En Raleigh había una emisora local que emitía programas radiofónicos antiguos, y a veces, por la noche, cuando la recepción era buena, tomábamos asiento los dos en su sofá Davenport y escuchábamos a Jack Benny o seguíamos la popular comedia *Fibber McGee And Molly*. Mientras Rosemary, con su costurerito de época, se entretenía zurciendo algún uniforme del Cuerpo Femenino del Ejército, y yo me quedaba extasiado mirando la chimenea, con el anhelo de que aún funcionara. A veces hojeábamos juntos algún ejemplar antiguo de la revista *Look*. Otras, el viento hacía traquetear los cristales de las ventanas, y nos echábamos un edredón por encima y disfrutábamos con su embriagador aroma a naftalina.

Ojalá que nuestras vidas hubieran seguido así para siempre, pero, inevitablemente, el pasado vino a llamar a nuestra puerta. No ese pasado bueno que se podía coleccionar, sino el malo que padecía artritis. Una tarde de principios de abril, al volver a casa después del trabajo, me encontré a una señora de pelo blanco sentada en el saloncito con mirada ausente. Tenía los dedos rígidos y sarmentosos, así que en lugar de estrecharle la mano, le hice un saludito.

—*Sister* Sykes —dijo, presentándose.

Pensé que tal vez la denominaran así en su congregación, pero Rosemary, que salía en ese momento de sus aposentos, me dijo entre dientes que así se llamaba profesionalmente nuestra visitante.

—Mi madre era vidente —explicó—. Se agenció unas cartas del tarot y una bola de cristal y le contaba a la gente todas las pamemas que quería oír.

—Eso es cierto —dijo *Sister* Sykes, con risita sardónica.

Lo lógico sería que alguien que también gustaba de lucir turbante de cuando en cuando, estuviera orgullosa de tener a una madre que era vidente, pero Rosemary pasaba de esas cosas.

—Si treinta años atrás mi madre me vaticina que iba a terminar cuidando de ella, meto la cabeza en el horno y me suicido —dijo.

Llegado junio, el estudiante de química terminó la carrera y Rosemary alquiló su habitación a un joven llamado Chaz, que trabajaba de peón carretero. «¿Sabes los tíos esos con las banderitas? —dijo—. Pues ese soy yo. A eso me dedico.»

Chaz tenía unas facciones, al igual que un nombre, angulosas y memorables, y tras concluir que era demasiado guapo, me puse a observarle buscándole pegas. El labio inferior partido de hecho le confería atractivo, así que pasé al pelo, que a todas luces se había peinado con secador, y a aquella sarta de piedritas color turquesa que le asomaba por la camisa entreabierta.

—¿Qué miras? —me preguntó, y no me habían salido aún los colores, cuando Chaz ya estaba contándome de su ex novia. Habían vivido juntos seis meses, en un pisito anejo a Fowlers, la tienda de comestibles, pero luego ella le había puesto los cuernos con un tal Robby, un gilipollas que estaba en la universidad aprendiendo a joderle la vida al prójimo—. Tú no serás otro pedante universitario de esos, ¿no?

Probablemente debería haberle contestado «no», simplemente, en lugar de decir «En el presente, no».

—¿Y en el pasado para qué estudiabas? —replicó—. ¿Para atracador de bancos?

—¿Perdona?

—Lo digo por la ropa —contestó—. Tanto tú como la de abajo parecéis salidos de *Bonnie and Clyde*, y no me refiero a los protagonistas, sino a los otros. Los que lo joden todo.

—Sí, bueno, tenemos nuestro propio estilo.

—Estilo fantoche —puntualizó Chaz, y acto seguido se echó a reír, como si no hubiera pretendido ofender con el comentario—. Bueno, ya está bien de perder el tiempo dándole a la lengua. He quedado para ir de copas con un amigo.

Luego siempre me haría lo mismo: empezaba una conversación y de pronto cortaba en seco, como si hubiera sido yo quien le había incitado a hablar. Antes de que Chaz se instalara en la casa, la planta de arriba era de lo más tranquila. Pero ahora a través de la pared de mi habitación oía su radio, una emisora de rock que aún me hacía más difícil pretender que vivía en un amable ayer. Cuando se aburría, llamaba a mi puerta y exigía que le diera un cigarrillo. Y se lo fumaba allí mismo, criticándome porque tenía la habitación demasiado limpia, porque mis bocetos eran bocetos y porque mi albornoz antiguo era antiguo.

—Bueno, ya vale —le decía yo—, que tengo cosas que hacer.

Así, tres o cuatro veces por noche, siempre la misma historia.

Al tiempo que Chaz cambió la vida del piso de arriba, *Sister* Sykes hizo lo propio con el de abajo. Una mañana bajé a ver si tenía correo y me encontré a Rosemary vestida como cualquier señora de su edad: nada de sombreritos ni joyas de época, unos pantalones y una anodina blusa sin hombreras. Tampoco se había pintado y ni siquiera se había molestado en cardarse el pelo.

—¿Qué quieres que te diga? —explicó—. Una necesita tiempo para estar despampanante, y últimamente no sé qué pasa pero no tengo tiempo de nada.

El saloncito, siempre tan pulcro y recolocado, estaba manga por hombro también. Había latas con polvos para hacer té helado instantáneo abandonadas sobre el gramófono y cajas con cacharros de todo tipo arrinconadas en el lugar antes ocupado por el mueble aparador. Se había terminado el sentarse a escuchar a Jack Benny, porque esa era la hora del baño de *Sister* Sykes. «La abeja reina», como Rosemary la llamaba.

Ese mismo verano, justo pasado el Cuatro de julio, bajé a la planta baja y vi un par de desgastadas maletas blancas junto a la puerta de entrada. Confié en que alguien −Chaz, concretamente− hubiera decidido marcharse, pero resultó que aquel equipaje no salía sino que entraba. «Te presento a mi hija», dijo Rosemary, tan a regañadientes como el día que me presentó a su madre. La chica −llamémosle Ava− se enroscó un tirabuzón de pelo entre los dedos y se lo metió en la boca. Estaba flaca y muy pálida, y vestía vaqueros y blusa a conjunto. «En la inopia», dijo de ella *Sister* Sykes.

Cuando Rosemary me contó más tarde que su hija acababa de salir de un centro de salud mental, procuré fingir sorpresa, aunque no creo que resultara convincente. Parecía que estuviera colocada de ácido, por la manera en que se extasiaba ante las cosas largo tiempo después de que estas hubieran perdido su misterio: un cenicero, una palomilla reseca, el secador de Chaz en el cuarto de baño de arriba. Todo atraía su atención por igual, incluida mi habitación. Las puertas del piso de arriba no se podían cerrar como es debido, puesto que las llaves se habían perdido tiempo atrás, de modo que Ava entraba y salía de las habitaciones a sus anchas. A veces, volvía yo a casa al término de la jornada −con la ropa oliendo a desperdicios húmedos y los zapatos empapados de agua de fregar los platos−, y me la encontraba sentada en mi cama o plantada como un zombi detrás de mi puerta.

−Qué susto me has dado −exclamaba, y ella clavaba los ojos en mí hasta que le daba la espalda.

La situación en casa de Rosemary tocó fondo cuando Chaz se quedó en el paro. «Tenía más titulación de la requerida», me dijo, pero, a medida que pasaban los días Chaz iba añadiendo más detalles a la historia, y sentía una urgencia cada vez más apremiante por venir a contármelos. Le dio por llamar a mi puerta aún más a menudo, sin importarle que fueran las seis de la mañana o bien pasada la madrugada. «Y otra cosa más…», decía, hilando diez conversaciones distintas en una. Un día se enzarzó en una pelea y acabó con un ojo a la virulé. Otro, tiró la radio por la ventana y luego se dedicó a esparcir los pedazos rotos por el aparcamiento de abajo.

Una madrugada llamó a mi puerta, y nada más abrirle, me agarró por la cintura y me levantó del suelo. Podrá parecerles un gesto inocente, pero no hubo en él ánimo festivo precisamente. Ni él ni yo habíamos ganado partido alguno ni nos habían conmutado la pena de muerte, y alguien que acude a tu casa en son de paz no te llama «marioneta de Satán» mientras te levanta del suelo sin tu previo consentimiento. Ahí me di cuenta de que aquel hombre tenía algo grave, pero no acertaba a identificar su padecimiento. Seguramente pensé que era demasiado guapo para estar loco.

Cuando le dio por pasarme notitas bajo la puerta, decidí que había llegado el momento de replantearse las cosas. «Ahora voy a <u>morir</u> y resucitar el mismo día», me comunicaba en una de ellas. Pero no eran los mensajes propiamente dichos los que me ponían los pelos de punta, sino su caligrafía, aquellas letras temblonas, dándose topetazos unas con otras. Algunas de las misivas incluían diagramas y llamaradas perfiladas en tinta roja. Cuando le dio por dejárselas también a Rosemary, nuestra patrona lo llamó al saloncito y le dijo que se veía en la obligación de echarlo. En un primer momento, pareció tomárselo de buen talante, pero luego debió de cavilar un poco más y amenazó con que regresaría en forma de humo.

—¿Ha dicho «huno»? —quiso saber *Sister* Sykes.

Los padres de Chaz se presentaron en casa de Rosemary una semana más tarde para preguntar si alguno lo habíamos visto.

—Es esquizofrénico, ¿sabe?, y a veces no se toma la medicación.

Yo supuse que Rosemary se mostraría comprensiva con ellos, pero mi patrona estaba hasta el moño de enfermedades mentales, de ancianos y de aceptar inquilinos para llegar a fin de mes.

—Si a su hijo le faltaba un tornillo, deberían habérmelo advertido antes de que alquilara la habitación —dijo al padre de Chaz—. No puedo tener gente así corriendo por casa. Con tantas antigüedades, es un peligro.

El padre de Chaz recorrió el saloncito con la mirada, y yo vi a través de sus ojos lo mismo que él veía: un cuchitril repleto de antiguallas. Nunca había sido más que eso, pero por la razón que fuere —el calor, tal vez, o la sensación de pesadumbre y desesperación casi contagiosas que despedía la pareja— todo boquete y todo churrete en la estancia saltaron de pronto a un primer plano. Lo más deprimente si cabe fue reparar en que yo era parte integral de aquel cuadro, que encajaba en él.

La universidad llevaba años interesada en comprar la casa de Rosemary. Habían llamado a su puerta intentándolo en diversas ocasiones, y el relato que ella hacía de dichos encuentros parecía extraído de uno de esos dramones que emiten de madrugada. «Y yo le dije: "¿Pero no lo comprende? No estamos hablando solo de una casa. Esto es un hogar, caballero. Es mi hogar".»

Lo que les interesaba no era el edificio en sí, evidentemente, sino el solar. Su valor iba en aumento a cada semestre que pasaba, y Rosemary fue muy lista postergando la venta tanto tiempo. No sé cuánto le ofrecerían finalmente, pero terminó cediendo. Rubricó todo el papeleo con una antigua estilográfica, que aún sostenía en la mano cuando vino a comunicarme la noticia. Fue en agosto, y yo estaba tirado en el suelo de mi habitación, haciendo aspas con brazos y piernas para darme aire. Parte de mí sintió que se vendiera la casa, pero otra parte, la mayor parte —la que gustaba del aire acondicionado—, estaba más que dispuesta a cambiar de aires. Era evidente que en lo que al restaurante se refería, nunca iba a ascender y salir de friegaplatos. Además, se hacía difícil vivir en una ciudad universitaria y no ir a la universidad. Los estudiantes que veía por la ventana de mi habitación me recordaban a todas horas que estaba mareando la perdiz, y me había dado por fantasear cómo me sentiría al cabo de diez años, cuando aquellos estudiantes empezaran a aparecérseme como niños.

Unos días antes de mi marcha, me senté a charlar un rato con Ava en el porche delantero de la casa. Momentos antes había empezado a llover y Ava se volvió hacia mí y me preguntó:

—¿Te he contado alguna vez lo de mi papá?

Era la frase más larga que me había dirigido desde su llegada, y antes de continuar se quitó los zapatos y los calcetines y los dejó a un lado. Luego se llevó un mechón de pelo a la boca y me contó que su padre había fallecido de un infarto.

—Dijo que no se encontraba bien, y una hora más tarde cayó desplomado al suelo.

Indagando un poco, me enteré de que su padre había fallecido el 19 de noviembre de 1963. Tres días más tarde se celebró el funeral, y en el trayecto desde la iglesia al cementerio, Ava observó por la ventanilla del coche que todos los transeúntes lloraban al paso de la comitiva.

—Todos, los viejos, los jóvenes universitarios, incluso los hombres de color en la gasolinera, «nuestros hermanos africanos» o como tenga que llamárseles ahora.

La expresión estaba tan pasada de moda que no pude evitar copiársela.

—¿Y de qué conocían a tu padre aquellos hermanos africanos?

—A eso iba —dijo—. Hasta después del entierro nadie nos contó que habían asesinado a Kennedy. Le dispararon mientras estábamos en la iglesia, eso era lo que tenía a todo el mundo tan afligido. Dispararon al presidente me refiero, no a mi padre.

Ava se puso otra vez los calcetines y entró en el saloncito, dejando sus zapatos, y a mí, allí fuera.

Cuando, tiempo después, le contaba a alguien alguna anécdota sobre mis tiempos en Chapel Hill, me decían «¡Venga ya!», porque hay que reconocer que sonaba todo bastante descabellado. Una vidente artrítica, un caserón destartalado, dos o incluso cuatro inquilinos chiflados, dependiendo del nivel de tolerancia que se tenga para los sombreros. Lo más inverosímil, sin embargo, era que fuéramos todos tan prototípicos. Parecía que hubieran agarrado una novela de Carson McCullers, la hubieran mezclado con un drama de Tennessee Williams, y hubieran juntado los decorados y personajes de una y otra en una sola caja. Si antes no he mencionado que *Sister* Sykes tenía por mascota un mono ardilla, ha sido solo para no cargar las tintas. Incluso el mundo exterior parece sospechoso en esta historia: la arbolada ciudad universitaria, el restaurante con su música clásica.

Nunca consideré que el asesinato de Kennedy hubiera sido el causante de la depresión nerviosa de Ava. Muchas personas han vivido coincidencias asombrosas sin sufrir secuelas duraderas, así que imagino que sus problemas empezarían años antes. En cuanto a Chaz, más adelante me enteré de que es bastante común entre los esquizofrénicos abandonar la medicación. Lo curioso es que aquella casa de huéspedes nos atrajera tanto a él como a mí, pero es lo que tienen las pensiones baratas, que atraen a gente sin dinero. En aquella época tener un piso en propiedad era impensable para mí, y aunque hubiera encontrado uno asequible, no habría satisfecho aquella imperiosa necesidad mía de vivir en un pasado comunitario, o lo que yo imaginaba como el pasado: un mundo repleto de antigüedades. Lo que me parecía inconcebible, y me lo sigue pareciendo, era que todas aquellas cosas hubieran sido modernas en algún momento. El sibilante gramófono, el armatoste del Davenport... ¿qué diferencia había entre ellos y mi radiocasete de ocho pistas o el comedor escandinavo de mis padres? Transcurrido el tiempo suficiente, supongo que cualquier cosa puede ser agradable a la vista. Todo lo que tiene que hacer es sobrevivir.

¿TIENES UNA CORBATA QUE PRESTARME, AMIGO?

Cuando mi hermana mayor y yo éramos pequeños, nuestra madre nos escogía la ropa que nos pondríamos al día siguiente para ir al colegio y la colgaba del pomo de la puerta de nuestros respectivos dormitorios antes de que nos fuéramos a la cama. «¿Qué tal?», nos preguntaba, y los dos nos extasiábamos ante aquellas versiones vacías e impolutas de nosotros mismos. Es innegable que entonces los niños vestían mejor que ahora: nada de vaqueros deshilachados o camisetas de trapillo, falso terciopelo para todo el mundo. Los varoncitos parecían homosexuales afeminados, y las niñas, Bette Davis en *¿Qué fue de Baby Jane?* Solo en Halloween se nos permitía escoger atuendo. Yo un año me disfracé de pirata, pero a partir de entonces, de vagabundo para siempre. Vagabundo es una palabra que apenas se oye ya. Al igual que «mendigo», ha sido reemplazada por «sin techo», aunque no sea lo mismo. A diferencia del desahuciado o del que ha perdido su vivienda en un incendio, el vagabundo decidía voluntariamente errar por esos mundos sin ataduras. La libertad de movimientos y no tener que cargar con facturas e hipotecas se ajustaba mejor con sus horarios de bebidas, de manera que buscaba refugio donde podía, pero no era ni mucho menos un pordiosero, sino algo mucho menos amenazador, una figura casi dichosa.

Pero mi elección de disfraz para Halloween no tuvo nada que ver con eso. Yo decidí ir de vagabundo porque era fácil: unos tiznajos de carbón en las mejillas a modo de barba, unos pantalones agujereados, un sombrero, una camisa prestada por alguien con unas cuantas tallas más grandes que yo y un tabardo lleno de lamparones y manchas de ceniza. Quitándole el sombrero, vendría a ser el mismo atuendo que llevo luciendo desde 1978. Durante los ochenta, daba una imagen con cierto aire aventurero, pero ahora, acentuada por mis ambarinos dientes y las manchas de nicotina en los dedos, el calificativo que más a menudo suscita es el de «zarrapastroso». Si a Hugh lo paran por la calle es para preguntarle dónde está el cajero automático más próximo, a mí, en cambio, por el banco de plasma.

Eso no significa que uno se ponga cualquier cosa. El año que cumplí cuarenta, me desprendí de todas mis prendas vaqueras, y ahora en lugar de llevar vaqueros de baratillo, llevo pantalones de algodón de baratillo. No tengo gafas de sol, ni nada que lleve nada escrito, y solo me pongo pantalones cortos cuando estoy en Normandía, que a fin de cuentas es una especie de West Virginia pero sin comadrejas. No es que no me haya comprado ropa en condiciones, es que me da miedo ponérmela, convencido de que me la voy a quemar o manchar.

La única prenda cara que sí luzco es un jersey azul marino de cachemir. Me costó cuatrocientos dólares y parece que lo hubieran arrancado de las fauces de un tigre. «Qué lástima», me dijo la encargada de la tintorería la primera vez que lo llevé a limpiar. Le entregué la prenda hecha un guiñapo, doblada de cualquier manera, y ella la acarició como si tuviera un conejito recién fallecido en brazos. «Es tan suave», susurró.

No osé decirle que los desperfectos eran intencionados. El desteñido a todo lo largo del hombro izquierdo, el montón de agujeros en los brazos y el talle… todo producto de una estrategia de diseño. Normalmente, evito la ropa falsamente envejecida, pero aquel jersey más que envejecerlo, lo habían destrozado. En virtud de lo cual, ya es indestructible, de manera que puedo ponérmelo sin miedo a que se me estropee. Por la mitad del precio, podía haber comprado un jersey impecable, arrojarlo a un tigre y arrebatárselo yo mismo de las fauces, pero a partir de cierta edad, ¿quién tiene tiempo para esas cosas?

La segunda compra más cara que he hecho en mi vida son unos zapatos que parecen como de payaso. Tienen lo que mi hermana Amy denomina un «tacón negativo», lo que significa, creo, que de hecho parezco más alto descalzo que calzado con ellos. Puede que no sean los zapatos más apropiados para alguien de mi estatura, pero son los únicos zapatos que no me dejan lisiado. Yo tengo los pies completamente planos, pero durante la mayor parte de mi vida al menos tuvieron forma de pies. Ahora, gracias a los juanetes, se parecen más bien a esos anchísimos y aburridísimos estados de mi país que nadie desea cruzar en coche.

Lo único que lamento es no haberme comprado un montón de pares más como aquellos, una docena, o dos, los suficientes para que me duraran toda la vida. A algunos les parecerá un aburrimiento llevar los mismos zapatos un día sí y otro también, pero, en cuestiones de moda, yo solo me atengo a un dictado: no cambiar nunca. Dicho lo cual, las cosas cambian. He dado en creer que a mí no me afectan las tendencias, pero mi reciente encaprichamiento con el bolso bandolera sugiere lo contrario. Al parecer todavía soy propenso a pasar por vergonzosas e impulsivas fases, y aunque procuro por todo los medios resistirme a ellas, no siempre lo logro. A fin de evitar humillaciones futuras, he dispuesto algunas de mis más garrafales meteduras de pata en unas breves lecciones que intento revisar cada vez que adquiero algo nuevo. A saber:

Los hombres tienen pinta de gilipollas con gafas «a la europea»

En el instituto aprendí una valiosa lección en lo que respecta al uso de gafas: mejor evitarlo. Pero dado que las lentillas siempre me han parecido un engorro, voy por la vida entrecerrando los ojos y punto; lo que esté a más de veinte metros de distancia, ya lo veré cuando llegue. En el siglo XVIII, cuando las monturas de las gafas eran todas prácticamente idénticas, tal vez la cosa cambiara, pero con la amplia selección de la que disponemos hoy día, la selección de montura supone definirse como un modelo determinado de persona o, en mi caso, de insecto.

En 1976, usaba unas gafas tan grandes que casi podía haber empleado una escobilla limpiaparabrisas para limpiarlas. Además de enormes, eran verdes, con la marca de Playboy grabada en las varillas. Hoy podrán parecer ridículas, pero en aquella época en realidad eran muy estilosas. El tiempo, cruel con todo, parece ensañarse especialmente con las gafas. Tened por seguro que lo que hoy pueda sentaros bien, dentro de veinte años será motivo de vergüenza. He ahí el problema intrínseco de la moda. Ya puede el diseño llegar a la cumbre, que jamás se recostará dándose por satisfecho. Antes al contrario, nunca cejará en su empeño de intentar saciar nuestra insaciable necesidad de adquirir cosas nuevas. Ir por la vida con los ojos entrecerrados es un clásico, como también lo son, por desgracia, las jaquecas que conlleva.

A finales de la década de los noventa, cuando ya no podía ni verme los pies, pedí hora con un oftalmólogo de París que, tras hacerme una serie de pruebas, me mandó a la óptica a comprar unas gafas. Quisiera pensar que la culpa de que un servidor escogiera aquella montura en particular la tuvo mi defectuosa visión. Quisiera pensar que compré aquellas gafas coaccionado, pero me es imposible achacarlo a ninguno de tales pretextos. Elegí aquellas gafas libremente, y si escogí particularmente aquellas fue porque pensé que me conferían aire de persona inteligente y cosmopolita. La montura era de pasta oscura, y las lentes rectangulares, no mucho más grandes que mis ojos. Había en ellas algo que me resultaba vagamente familiar, pero no daba con qué. Después de recogerlas en la óptica, me planté ante el espejo y me miré y remiré mientras fingía entablar una sesuda conversación sobre la coyuntura europea: «Mire usted, si obviamos a nuestros vecinos asiáticos, estimo que habrá que lidiar con un gigante dormido».

Hacía ya cerca de un año que lucía aquellas gafas cuando por fin caí en la cuenta de quién las llevaba. Dicha persona no fue descubierta en la portada de *Le Point* ni de *Foreign Affairs*; de hecho, ni siquiera era una persona propiamente dicha. Me encontraba en Nueva York, dando una vuelta por el mercadillo de Chelsea, cuando pasé frente a un puesto de juguetes y de pronto vi la montura de mis gafas, en el petulante careto de plástico de la señora. Beasley, una muñeca de mediana edad que salía en una serie televisiva de los sesenta, *Mis adorables sobrinos*. Era la versión parlante, original, todavía en la caja. «¿Quiere que le tire de la cuerda?», me preguntó el encargado del puesto. Le dije que no, y mientras me alejaba del puesto a toda prisa, juro que oí una voz quejicosa diciendo no sé qué de un gigante dormido.

Mejor gafas horrorosas que postizas nalgas sudorosas

Mis mejores atributos son, sin duda, las pantorrillas. No sé si me las habré ganado a pulso o las habré heredado, el caso es que resultan casi cómicamente musculosas, el equivalente a los antebrazos de Popeye. Fueron objeto de muchos piropos durante años. La gente me paraba por la calle. Pero todo eso cambió con la disponibilidad generalizada de los implantes. Ahora cuando la gente me mira las piernas presiento que se pregunta por qué no me retocaría de paso las nalgas. Supongo que las mujeres a las que la naturaleza ha dotado de senos exuberantes tendrán la misma sensación de injusticia y rabia.

Cuando estaba en el instituto me compré unos zapatos de plataforma, en parte porque estaban de moda y en parte para ser más alto. No es que la estatura fuera objeto de mis plegarias; nunca se me pasó por la cabeza que siete centímetros más fueran a resolverme nada. Era curiosidad simplemente. Como quien vive en una planta baja y se pregunta qué vista tendrán dos pisos más arriba. Aquellos zapatos eran de ante rojo, con la suela corrida. Con un par de ladrillos atados a los pies no habría estado más ridículo, pero, claro, de eso no era consciente entonces. Los demás podían llevar zapatos de plataforma tan ricamente, pero a mí me conferían una imagen desesperada. El día de la ceremonia de graduación, me los calcé y me hice una promesa: si conseguía cruzar el estrado y volver al asiento sin pegarme un batacazo, aprendería a aceptarme a mí mismo y conformarme con lo que tenía. En los cuentos infantiles, esas lecciones se aprenden de por vida, pero en el mundo real normalmente conviene remacharlas cada equis años.

Y eso nos remonta a mediados de los noventa: mi mayor complejo en lo tocante al físico no es la estatura o la conformación de mis rasgos faciales, sino la falta de culo. El resto de mi familia no salió muy mal parada en ese terreno, mientras que yo vine al mundo con un melocotón chuchurrido por culo. Ya estaba más o menos resignado a tapármelo con americanas largas y camisas por fuera cuando un día topé con un anuncio cuyo titular en letras negritas rezaba: «¿Harto de pantalones que le sientan mal?». No recuerdo el nombre exacto del artilugio, pero venía a ser una especie de trasero postizo, con sus postizas y bien torneadas nalgas cosidas al forro de un holgado calzoncillo. Lo incluí en la lista de ideas para mis obsequios navideños y finalmente me lo regaló mi amiga Jodi, quien esperó que transcurrieran unas cuantas semanas antes de confesar que aquel obsequio de hecho era una prenda femenina, en suma, un trasero de mujer.

Y a fe mía que lo era. Aunque eso no impidió que yo lo luciera. Pese a su forma de pera, aquel trasero postizo no carecía de encanto. Logró conferirme una seguridad que hacía años que no sentía, además me sirvió de excusa para comprarme pantalones ajustados y cazadoras hasta la cintura. De camino al supermercado o a la oficina de correos, no pasaba día sin que me adelantara algún extraño, que a todas luces me había confundido con otra persona: una despampanante Chica Pirelli, o la doble de Pamela Anderson.

Aquel femenino pandero me proporcionó abrigo en invierno y a principios de primavera, pero en cuanto empezaron los calores, se volvió contra mí. El problema era que el relleno de nylon, sumado a la creciente temperatura, actuaba a modo de almohadilla térmica y con el sudor me estaba consumiendo el poco trasero real que en un principio tuviera. A principios de junio, mi escocido y raquítico trasero original parecía la ranura oxidada de una hucha.

Me había hecho un buen servicio, pero como no lograra desprenderme de él, tendría que recurrir a la ortopedia para el resto de mis días. Tras lucirlo en un último paseo, devolví mi femenino pandero a su caja y lo guardé en el armario del pasillo. Desde allí me imploraba, tentándome como una sirena varada, hasta que un día vino a casa una invitada, una chica de triste mirada y alta estatura, que comparó su culo, y no muy favorablemente, con una sartén de hierro forjado. «Pues yo tengo algo que te iría de perlas», le dije. No pretendía regalárselo, pero cuando se lo probó y vi lo contenta que se puso, no tuve más remedio. Nuestra invitada se quedó una semana en casa, y aunque lamenté su marcha, en cierto modo disfruté viéndola irse.

El fallo femenino

—Cómpratelo. —Ese es el sempiterno consejo de mi hermana Amy, se trate de lo que se trate, ya se trate de una cabeza de caballo disecada o de un tanga de camuflaje—. Cómpratelo, hombre —insiste—. Date el gusto.

En cuanto ve que me fijo en algo o lo cojo para echarle un vistazo más de cerca, enseguida entra a justificar el gasto.

—Tampoco es tan caro. Además, ¿a ti no te devuelven el IVA? Anda, hombre, date el gusto.

El artículo de marras podrá sentarme como un tiro, que ella sigue erre que erre, hasta que consigue nublarme la razón. No es mala intención lo de mi hermana, solo que le encanta presenciar el momento, el fugaz instante en que la certeza absoluta desbanca a la dubitación. «Es verdad —termino yo, dándole la razón a Amy—, he trabajado como un burro, me merezco la felicidad que esta compra va a proporcionarme.» Y finalmente entrego el dinero con la convicción no solo de que el artículo de marras es oportuno, sino encima merecido y necesario.

En el 2000 seguí una dieta con la que perdí demasiado peso. Cuando salía de compras con Amy y no encontraba nada de mi talla en la sección de caballeros, ella poco a poco iba dirigiendo mis pasos hacia la sección de señoras. «Mira qué bonito —decía—. ¿Por qué no te lo pruebas?» Una vez fue un jersey con los botones a la izquierda en lugar de a la derecha. «Pero qué dices —replicó—. ¿Tú crees que la gente se fija en esas cosas?» A decir verdad, no parecía probable que alguien prestara atención al emplazamiento de un botón. ¿Pero y las hombreras qué?

—Se las quitamos y listo —repuso—. Vamos, hombre. Cómpratelo, que te quedará estupendo.

Aunque Amy me prometía que no se notaba, saltaba a la vista cuándo había salido de compras con ella. Allí estaba yo, en el abarrotado *steak house*, quitándome el abrigo con la etiqueta «Moda Sexy». Allí estaba yo con mi blusa de pinzas, la tela abullonada en lugar de ceñida a la pechera. Me plantaba ante el urinario de los servicios y de pronto caía en que aquellos pantalones tenían la cremallera detrás. Entonces sí que se notaba. Amy me sugirió que con un chaleco largo de esos que llegan hasta la pantorrilla, problema resuelto, pero a mí se me ocurrió una solución mejor. Se llamaba sección juvenil masculina.

Con amigos así, quién necesita enemigos

Siempre me han gustado los accesorios, esos detallitos insignificantes que pueden insuflar nueva vida en lo que ha terminado por resultar soso y previsible. A las mujeres les basta con colocarse un foulard de Hermès o un vistoso cinturón de cuerda para actualizar un modelito, pero para los hombres las opciones no son ni mucho menos tan interesantes. A mí ni los gemelos ni los tirantes me hacen demasiada gracia, y aunque de vez en cuando me da por comprarme una corbata, no puedo decir que sienta ningún «subidón» con la compra. Los accesorios ocultos a veces surten efecto, pero, una vez más, son territorio esencialmente femenino. Ligueros y lencería: bien. Jarreteras y micro calzoncillos: mal.

La búsqueda del accesorio práctico, discreto y masculino fue lo que me llevó hasta el Stadium Pal, un catéter exterior dirigido actualmente a forofos deportivos, camioneros y quienquiera que esté cansado de tener que buscar un servicio público donde hacer sus necesidades. A simple vista, el artilugio cumplía todos mis requisitos:

¿Que si era masculino? Sí, y a mucha honra. A sabiendas de que ninguna mujer en su sano juicio se haría pis encima voluntariamente, los fabricantes del invento habían concebido un producto solo para hombres. A diferencia de los catéteres normales que se insertan directamente en el pene, el Stadium Pal se ajusta gracias a un condón autoadhesivo, que a su vez va conectado a un flexible tubo de goma. La orina fluye por el tubo y desemboca en la «bolsita autónoma de la pierna», ajustada convenientemente a la pantorrilla del usuario. La bolsita puede vaciarse y reciclarse hasta doce veces, lo que la hace tan repugnante como rentable. Y más masculina, imposible.

¿Era discreto? Según el catálogo, a menos que se llevara con pantalones cortos, podía pasar perfectamente inadvertido.

¿Era práctico? En su momento sí me lo pareció. Yo no paso largas horas al volante, de hecho no conduzco, ni acostumbro ver partidos de fútbol en directo, pero tenía previsto hacer la gira promocional de uno de mis libros, y aquel artefacto ofrecía posibilidades infinitas. ¿Cinco vasos de té helado seguidos de una larga lectura en público? «¡Con Stadium Pal, asunto resuelto!» ¿Largo vuelo de costa a costa en asiento ventanilla y con el avión abarrotado? «¡Que me echen lo que quieran!»

Pedí mi Stadium Pal por correo y constaté que el artefacto quizá tuviera su utilidad en un hospital, pero para un uso diario, la verdad, no parecía muy práctico. En un estadio deportivo, al aire libre, puede que esa bolsita calentorra con casi un litro de orina dentro pase inadvertida, pero en el ambiente cerrado de un avión o en una atestada librería, difícilmente. No hacía una hora que lo había estrenado, y ya olía a asilo. Por si fuera poco, descubrí que mear y simultanear otras actividades no era tarea fácil. Leer en voz alta, comentar los refrescos disponibles en el carrito de la azafata, registrarse en un buen hotel: cada actividad requería su especial concentración, y aunque nadie sabía qué estaba haciendo, saltaba a la vista que me traía algo entre manos. Creo que era la cara lo que me delataba. La cara y aquella extraña hinchazón en la pantorrilla.

Lo que finalmente pudo conmigo fue el condón autoadhesivo. Colocarlo no tenía mucha ciencia, pero retirarlo constituía lo que, en ciertas culturas, se conoce como una *bris*. Basta que te lo pongas una sola vez para que tardes un mes entero en reponerte de la experiencia. Un mes durante el que sin duda te replantearás la relativa libertad de poder mearte encima comparada con el antiestético malestar de un pene cubierto de costras, y tras el cual concluirás que, a fin de cuentas, en lo tocante a accesorios prácticos, vale más comprarse una correa nueva para el reloj.

Nunca hacer caso a mi padre

Aquel fin de semana se casaba mi hermano, y mi padre intentaba convencerme para que me comprara una pajarita. «Venga, hombre –decía–. ¡Lánzate!» Al otro lado de la ventana, las olas batían contra la orilla. Y las gaviotas sobrevolaban los cielos graznando: «Mariquita, mariquita, mariquita».

Con esmoquin, la pajarita tiene su qué, pero con un traje no me parecía lo más apropiado. El modelo que eligió mi padre era a rayas, rojas y blancas, y tenía el tamaño de una mariposa luna. Mi padre avanzó hacia mí con la pajarita en la mano, y reculé hacia la puerta.

—Pero si es un trozo de tela —decía—. Igual que una corbata normal y corriente. ¡Qué leche importa si cae recta o se abre a los lados!

El vagabundo que llevo dentro me suplicaba que no lo hiciera, pero al final cedí tontamente, pensando que al menos haría feliz al pobre hombre. Aunque también puede que fuera por cansancio y quisiera liquidar la velada sin darle demasiado a la lengua. Las pajaritas lo que tienen es que hablan por ti. «¡Eh! —exclaman—. ¡Aquí estoy, mírame! ¡Soy simpático, soy interesante!» Al menos eso creí yo estar diciendo. Fue una velada estupenda, y cuando tocó a su fin, le agradecí a mi padre la recomendación. «Sabía que te gustaría —me dijo—. A los chicos como tú les sientan de maravilla.»

Al poco de aquella boda, mientras ultimaba los preparativos para emprender un viaje por todo el país que habría de prolongarse un mes entero, me compré otra pajarita por mi cuenta y descubrí que suscitaba reacciones bien distintas. La pajarita en cuestión tenía un estampado de cachemir, y el color dominante era una especie de negro azulado, que según una señora de Columbus, me daba aire de académico intelectual; su vecina de Cleveland, sin embargo, sugirió que podría ganarme la vida vendiendo palomitas.

—Igual que el del anuncio aquel... ¿cómo se llamaba? —dijo—. El que se murió.

—¿Ha muerto Paul Newman?

—No, me refiero al otro —dijo—. A Orville, el que anunciaba las palomitas Redenbacher por la tele.

Muchos me asociaron con personajes conocidos, y otros muchos dieron por sentado mi interés por el vodevil y la política. En St. Louis afirmaron que la pajarita me daba un aire «muy a lo Charlie McCarthy», la marioneta de Edgar

Bergen, mientras que en Chicago un joven la calificó de «*piercing* en la ceja del partido Republicano». El comentario devolvió la pajarita a mi maleta, desde cuyo interior imploraba clemencia, evocando los nombres de Daniel Patrick Moynihan y el senador Paul Simon. «Venga, hombre —suplicaba—, que esos eran demócratas. Déjame salir, por favor.»

Afiliaciones políticas aparte, sé a qué se refería aquel joven de Chicago. Si llevar una pajarita se considera «rompedor», qué mundo más triste este. No sabría decir quiénes son peores, los que consideran rompedor llevar pajarita, o los que se creen rompedores por llevarla.

Lucí la mía en veintisiete ciudades, buscando reafirmación en todas ellas. «¿De verdad cree que me sienta bien? ¿En serio?» Era incapaz de saber si aquella pajarita me pegaba o no me pegaba. Cuando me encontraba solo en el ascensor, tenía momentos de lucidez, pero era llevar la mano al nudo y recordar el cumplido de algún extraño. «Pero si es divina, ¡una monada! ¡Te llevaría a casa conmigo!»

Dice mi padre que cuando yo era un bebé, la gente se asomaba al cochecito y se volvían a mi madre diciendo: «Dios bendito, qué… criatura». Si nunca en la vida me habían dicho que fuera una monada, ¿a santo de qué ahora? ¿Qué decía la pajarita de mí a mis espaldas? ¿Y cómo podía hacer que llamara la atención de marines de veintiocho años en lugar de señoras septuagenarias?

Fue mi amigo Frank, un escritor de San Francisco, quien por fin me sacó de dudas. Cuando le pregunté qué le parecía mi nueva imagen, dejó a un lado el tenedor y me miró fijamente un momento.

—Las pajaritas van pregonando por ahí que ya no puedes tener una erección.

Frank dio en el clavo, porque eso es exactamente lo que dice una pajarita. No que no tengas poder, sino que eres impotente. La gente se ofrecería a llevarte a su casa no por sexy sino por asexuado, por ser como un gato castrado que pide a gritos un achuchón. Eso no significa necesariamente que no me pegue llevar pajarita, simplemente que es un tanto prematura. Cuando así se lo expliqué a mi padre, el hombre levantó los ojos al cielo. Luego me dijo que no tenía personalidad. «Eres un pelele.»

En su opinión ponerse una pajarita es, al menos en mi caso, como atar un obsequio vulgar y corriente con un vistoso cordel. Al abrir el paquete, es normal que su receptor se lleve un chasco, así que ¿para qué exponerse? A dicha pregunta mi padre responde con la voz monocorde y compungida del juez de vigilancia penitenciara encargado de revisar la libertad condicional del preso. Según él, uno se expone para «exceder» esas expectativas. «Te vistes para darlo todo, y luego das todo y más. Pero, hombre, por Dios, que ya tienes una edad. Son cosas que tendrías que saber.»

Con edad o sin ella, yo me siento mejor —más auténtico— vestido de vagabundo. Para mí la suerte ya estaba echada en Halloween, y aunque el tiempo desde luego no lo ha confirmado, creo que lo mismo se podría decir de todos. Ahí tenemos a mi hermano, por ejemplo, que solía disfrazarse de asesino carnicero, o a mi hermana Amy, que iba de prostituta desorientada. En cuanto a los demás niños del barrio, las brujas y los fantasmas, los vampiros, los robots, y, oh Dios, las momias, solo espero que, al igual que yo, trabajen desde casa.

VIAJES POR CARRETERA

La casa donde me crié se encuentra en una urbanización, y cuando mi familia se trasladó a vivir allí, en los jardines delanteros de aquellas casas no había prácticamente vegetación ninguna. Fue mi padre quien congregó a los vecinos y organizó una campaña para plantar arces a todo lo largo de las aceras. Se cavaron agujeros, llegaron los plantones, y mis hermanas y yo observamos que, aves aparte, los árboles eran los únicos seres vivos del planeta que no podían considerarse una monería al nacer. Parecían ramitas clavadas en el suelo, y recuerdo pensar que para cuando hubieran crecido, yo ya sería un viejo.

Y más o menos así sucedió.

Durante mi primera adolescencia e incluso pasados los veinte, pensé si mi padre no habría cometido un error en el pedido y encargado arces pigmeos, si es que existe tal cosa. A mis treinta y tantos, aquellos arbolitos levantaban unos diez centímetros, como máximo, pero de ahí en adelante su crecimiento fue asombroso. La última vez que los vi, ya eran árboles en toda regla, las ramas superiores de la acera izquierda se entrelazaban con las de la derecha, formando un tupido dosel de sombra. De esto hace ya unos años. Una noche, estando de visita en Raleigh, mi padre me llevó a una fiesta que organizaba uno de sus vecinos. Yo solía conocer a todos los que vivían en nuestra calle, pero desde mi marcha había habido mucho trasiego. Unos fallecen, otros se mudan a un piso, y las viviendas se venden a jóvenes parejas que lo primero que hacen al entrar en la casa es retirar la parduzca moqueta e instalar una cocina con su isla central. Aquellas casas, que antes eran todas iguales por dentro, con el tiempo, a medida que se van comprando y reformando, terminan siendo iguales de nuevo, aunque de otra manera.

La fiesta se celebraba en la que yo tenía por «la casa de los Rosen», pero desde entonces había tenido ya otros dos propietarios. La anfitriona era nueva en el barrio, como también lo eran sus invitados, por lo que me sorprendió que mi padre se supiera el nombre de todo el mundo. Allí estaban Phil y Becky, Ashley y Dave, y un jovial quinceañero que se dejó caer en el sofá con grandes aspavientos y se refirió a mi padre como si fuera una mujer:

—¿Y a esa Lou Sedaris quién la ha invitado?

—¡Mi hijo es gay! —anunció la madre del muchacho, como si nadie hubiera reparado en ello.

Tal vez el chico hubiera estudiado en una de esas escuelas alternativas de arte, pero aun así, me pasmó que un quinceañero de Raleigh, Carolina del Norte —que había crecido en la misma calle que yo— manifestara su homosexualidad con semejante desparpajo. Me sentí como si llevara un aparato ortopédico en el brazo y acabaran de presentarme a un beneficiario de la nueva vacuna contra la polio.

—Mira por dónde, jovencito, «esa tal Lou» es mi padre, y te agradecería que mostraras un poco más de respeto.

—Sí, señora.

Cuando yo tenía su edad, te podían quemar vivo por hablar como lo estaba haciendo aquel chico. Ser homosexual era algo impensable, de manera que uno lo negaba y se buscaba una novia que apreciara la sensibilidad masculina. Cuando salías con ella, le recordabas que el sexo antes del matrimonio no era más que eso, sexo: lo que hacían los perros en la calle. Nada que ver con hacer el amor, que era lo que tú pretendías. La verdadera comunión de almas podía tardar de ocho a diez años en establecerse, pero tú estabas dispuesto a esperar, y las mamás, por consiguiente, te adoraban. A veces comentabas el tema con ellas tomando un té helado, a ser posible en el porche trasero de la casa, mientras el hermano de la novia en cuestión segaba el césped descamisado.

Yo mantuve el secreto hasta los veinte años, y podría haberlo mantenido más tiempo de no ser por la pareja que conocí una noche haciendo autostop. Era la una de la mañana, y lo último que podía haberme imaginado era que haría el trayecto a casa en Cadillac. Abundando en el asombro, al abrir la puerta trasera del vehículo descubrí que sus ocupantes eran dos señores mayores, de la edad de mis padres como poco. Dentro olía a loción capilar. Una emisora de banda ciudadana mal sintonizada sonaba a través de un receptor instalado junto al volante, y me pregunté con quién hablarían los dos a aquellas horas de la noche. Luego reparé en que la señora llevaba un picardías. Se inclinó para pulsar el mechero del coche, y me fijé en una etiqueta, del tamaño de una cartulina de papel, que se transparentaba a través de la delgada tela junto a la nuca. Discurrimos en silencio un par de kilómetros hasta que el señor se volvió en el asiento y preguntó, como quien se interesa por la salud de su interlocutor:

—¿Te apetece comerle el coño a mi señora?

La señora se volvió a su vez, y a ella fue a quien se lo solté:

—Soy homosexual.

Llevaba intentando confesarlo desde que tenía memoria, y mientras los neumáticos chirriaban sobre el asfalto y el Cadillac viraba bruscamente hacia el arcén, me sentí todo lo desahogado que había imaginado.

Unos meses después se lo conté a mi mejor amiga, Ronnie, que en un primer momento se hizo de nuevas pero luego reconoció haberlo sabido desde siempre. «Es esa manera que tienes de correr —me dijo—. Así con los brazos caídos a los lados en vez de doblados.»

«Trabaja tu *footing*», escribí en mi diario a la mañana siguiente.

A la edad que muchos considerarían su época dorada, yo aún no me había acostado con nadie. Las anteriores confesiones no provocaron ningún cambio en dicha situación, pero por primera vez en la vida sentía que alguien me conocía de verdad. Tres alguienes, para ser exactos. Dos rodaban por la autopista en Cadillac, haciendo Dios sabe qué con un aparato de radio ciudadana, pero la otra era una persona tan cercana a mí como mi propia piel, y por fin podía sentirme completamente a gusto en su compañía.

El siguiente en la lista de personas a quien contárselo era mi antiguo compañero de habitación en la residencia universitaria, Todd. Hice el viaje de Raleigh a Kent, Ohio, en autostop, pero cuando llegué allí, no me pareció que fuera el momento oportuno. Era mucho más difícil contárselo a un hombre que a una mujer, sobre todo si previamente se te ha ido la mano con el ácido y estás intentando evitar que los fantasmitas te cosan los ojos a alfilerazos.

Tras el fracaso en Ohio, emprendí el camino de retorno hacia el sur. Estábamos a primeros de diciembre, y había olvidado el frío que podía hacer en el Medio Oeste.

Todd se había ofrecido a prestarme su chaquetón de plumón, pero no me pareció nada favorecedor, así que allí estaba plantado haciendo autostop, con un abriguito de segunda mano que ni siquiera se abotonaba hasta el cuello. Todd también se había ofrecido a prestarme un jersey de lana con cinturón. Un jersey grueso, de colorines, como los que imagino llevarán los pastores andinos cuando sacan sus llamas a pastar, pero se lo rechacé. «Me haría un tipo horrible», le dije. Así mismo se lo dije, así que me estaba bien empleado por vanidoso, porque ¿a quién le iba a importar? «Ah, no, qué horror, a ese no lo llevo en mi coche. Parece un mazacote con tanta ropa.»

Salí de Kent a las ocho de la mañana, y tardé cinco horas en desplazarme ochenta kilómetros. Ya era hora de comer, aunque tampoco había donde comprar nada, ni nada con que comprarlo. Luego empezó a llover y, justo cuando estaba pensando en volverme por donde había venido, paró un camión con remolque y el conductor me indicó con un gesto que subiera al vehículo. Dijo que no iba muy lejos –a unos cincuenta kilómetros de allí–, pero dentro hacía calorcito y me monté en el asiento del copiloto dispuesto a aprovechar el cobijo de aquella cabina mientras pudiera.

–Bueno… –me abordó el camionero nada más instalarme–. ¿De dónde eres?

El hombre, según mis cálculos, era entre viejo y matusalénico, unos cuarenta y pico más o menos, a juzgar por las patillas entrecanas en forma de botas que discurrían por sus mejillas.

Al decirle que era de Carolina del Norte, dio una palmada en el volante.

–Carolina del Norte. Buen estado, sí señor. Mi hermano y yo estuvimos una vez de vacaciones por allí, Topsail Beach creo que se llamaba el sitio, y nos lo pasamos en grande.

Al volver la cabeza para dirigirse a mí, observé que tenía las orejas de soplillo y la frente como partida en dos por una hendidura vertical que empezaba en la intersección de las dos cejas y terminaba casi en el nacimiento del pelo. Era una marca de esas que uno asocia con la reflexión profunda, aunque aquella era tan honda y tenía aspecto de doler tanto que igual podía haber sido un hachazo.

–Sí, señor, un gran estado Carolina del Norte –prosiguió el camionero–. N.C. lo llaman por allí, ¿no?

Luego siguió hablando del buen clima de la región y la simpatía de sus habitantes, y miró un momento por el retrovisor para vigilar el avance de un camión de dieciocho ruedas que venía hacia nosotros.

–Yo solo sé que no tengo inconveniente en hacer una mamada, ni en que me la hagan.

Lo soltó sin venir a cuento, pero lo que me descolocó fue la observación precedente. Carolina del Norte es una zona templada, habitada por gentes de buena voluntad, consiguientemente estoy dispuesto a practicar el sexo oral con otro hombre.

—Bueno —repliqué—, *todos* no son tan simpáticos. Recuerdo que una vez iba por la calle y una pandilla de tíos me agarró por los brazos y me escupió en la cara.

La historia era verídica, y nada más mencionarla, recordé el nauseabundo olor de aquellos agrios y grumosos esputos. Supuse, con toda lógica, que el camionero desearía ahondar en los particulares: «¿Quiénes eran aquellos tíos? ¿Por qué te escupieron en la cara?».

Pero no, retomó la conversación donde la había dejado:

—Ya te digo, no tendría inconveniente en agacharme aquí mismo y hacer una felación. O en quedarme aquí sentado y que me la hicieran. De verdad que no.

—En otra ocasión —añadí—, uno me amenazó con hacerme tragar todos los dientes de un puñetazo. Yo estaba tan tranquilo sin meterme con nadie, se me plantó delante de buenas a primeras.

Esta vez era mentira, al menos la segunda parte de la historia. Es cierto que el tipo amenazó con romperme los dientes de un puñetazo, pero eso después de que mi amigo y yo le hiciéramos un gesto obsceno con el dedo y lo llamáramos chusma, carcamal y reaccionario.

—Yo tenía doce años entonces —añadí—. En Ohio nunca amenazarían así a un niño, pero en Carolina del Norte es el pan nuestro de cada día.

«El pan nuestro de cada día.» Cada vez sonaba más idiota, aunque eso era lo de menos.

—Porque, ya me dirás, no sé qué tiene de malo hacer una mamada —prosiguió el camionero—. Es solo un pene, ¿no? Dudo que sea peor que fumar.

Fuera del camión en movimiento se extendían grandes llanuras desérticas, algunas delimitadas por arboledas, otras prolongándose sin interrupción en el horizonte. Tan pronto aparecían borrosamente, como la escobilla del limpiaparabrisas trazaba su trémolo arco y de repente volvías a verlo todo con nitidez. Una ranchera se incorporó al tráfico por delante de nosotros, y los niños que iban en el asiento trasero le indicaron con gestos a mi camionero que tocara el pito. Él parecía no haber reparado en ellos, y justo cuando me disponía a llamarle la atención, caí en la cuenta de que eso de «tocar el pito» podía malinterpretarse, de modo que me callé y devolví la atención al paisaje.

Si hubiera sido capaz de afrontar la realidad, le habría dicho a aquel hombre que estaba reservándome para la persona adecuada. Yo deseaba que mi iniciación fuera algo especial, es decir, saber el nombre del otro y, a ser posible, su número de teléfono. Después del goce, yaceríamos abrazados el uno al otro, comentando los acontecimientos que nos habían llevado a aquel punto. No había previsto exactamente el desarrollo de la conversación, pero nunca habría imaginado que incluiría frases como «Sabía lo que pasaría desde hace cinco minutos, desde el momento en que subiste a mi camión». No es que la profesión de aquel hombre me importara. Lo que me molestaba era lo otro: la hendidura en la frente, su desfachatez y su empecinada negativa a cambiar de tercio. Me recordaba a mí mismo cuando olía droga alrededor: «Yo solo sé que no tengo inconveniente en que se emporre quienquiera, ni en que se queden mirando cómo me emporro. De verdad lo digo».

Me sonrojo al recordarme a mí mismo gorreando hierba a mis amigos, convencido de que todo sonaba tan natural. Encima de colarme sin invitación previa y obligar a fin de cuentas al otro a compartir su maría, me embolsaba el porro y me despedía tan campante, diciendo: «Es la última vez que me pongo ciego por tu culpa, de verdad te lo digo».

—Pues sí —insistió el camionero—. No estaría mal un pequeño intercambio oral en este preciso momento.

Pude haber zanjado la cuestión fácilmente. «No creo que a mi novia le hiciera mucha gracia», podría haber dicho, pero no quería volver a recurrir a aquella patraña nunca más. En mi vida había un *antes* del momento de decirle a una desconocida vestida con un picardías que era homosexual, y ahora vendría el *después*: dos capítulos tan distintos en estilo y contenido que podrían haber sido escritos por personas distintas.

En eso confiaba yo, pero naturalmente las cosas no iban a ser tan fáciles. Necesitaba una historia de la que no tuviera que avergonzarme, así que recurrí a una solución intermedia y le dije que tenía una exnovia.

—Justo hace una semana que cortamos, por eso voy ahora a casa, para ver si me la conquisto otra vez.

—¿Qué más da? —replicó él—. Yo tengo exmujer. Y a otra mujer en casa ahora también, pero eso no quita que disfrutes haciendo una mamada, o con que te la hagan mientras tú te repantingas tan a gusto.

Le había soltado una mentira inútil y, mientras me reprochaba el desperdicio, el camionero apartó la mano derecha del volante y la apoyó sobre el asiento entre ambos. Por un momento se quedó allí quieta, y luego comenzó su torpe avance hacia mí, tan premiosa y vacilante como una tortuga.

—Sí, señor —decía el dueño de la mano.

En el futuro habría ocasiones en las que mantendría relaciones sexuales contra mi voluntad. No es que me forzaran, para ser exactos; no era eso. Solo que no sabía cómo decir: «Vete. Largo. No quiero hacerlo». A menudo, por lástima: porque el otro era deforme sin tener culpa de ello, porque se vestía en Sears, porque me había dicho te quiero en la primera cita. En un par de ocasiones, también por miedo, pero aquel camionero no me inspiraba temor. Lo veía poco más o menos como debió de verme el quinceañero aquel, el vecino de mi padre: como una reliquia del pasado, cuando los árboles eran muñones, cuando se podía engañar a las mujeres, y cuando las casas por dentro eran todas de color óxido o tierra.

Cuando la mano tonta llegó por fin hasta mi abrigo, medité el modo de hacerme valer y decirle al conductor que aquel era el lugar idóneo para apearme de su camión.

—¿Qué? —diría él—. ¿Aquí? ¿Estás seguro?

El camionero pararía, y yo ocuparía mi lugar en el arcén, un chico virgen con tres dólares en el bolsillo y toda su vida por delante.

LO QUE APRENDÍ

Ha sido una experiencia interesante pasear por el campus universitario esta tarde, porque todo ha cambiado mucho desde los tiempos en que yo estudiaba en Princeton. Esta capilla, por ejemplo: recuerdo cuando era un descampado, acordonado con estacas. En mi época rezar era obligatorio, y no valía fingir moviendo los labios; tenías que saberte las oraciones de memoria, y pronunciarlas con sentimiento. Ya sé que me echaré años diciendo esto, pero fue antes de Jesucristo. Entonces adorábamos a un Dios llamado Sashatiba, que tenía cinco ojos, incluido uno en la nuez. Ninguno tuvimos oportunidad de conocerlo, pero se decía que podía hacer aparición en el momento menos pensado, de modo que estábamos alerta a todas horas. «Sobre todo, no se te ocurra mirarle la nuez», me decía a mí mismo.

Ahora tiene gracia, pero en aquella época yo dedicaba mucho tiempo a pensar en Sashatiba. Algunos pensaban en él incluso demasiado, lo que afectaba seriamente a su rendimiento académico. Me echaré años de nuevo, pero en aquellos tiempos o aprobabas o suspendías. Si aprobabas, te perdonaban la vida, y si suspendías te quemaban vivo en la hoguera, una hoguera que hoy es el edificio de Estudios de Transgénero. Al término de la primera evaluación, el aire estaba tan cargado de humo que casi te perdías por el campus. Algunos decían que olía a carne, lo mismo que una barbacoa, pero a mí no me engañaban. Porque, francamente, ¿desde cuándo se hacen melenas a la brasa? ¿O jerséis? ¿O aquellos absurdos zapatones que solíamos lucir todos?

Aunque uno estaba al loro, eso hay que decirlo. Si me hubieran quemado vivo por sacar malas notas, mis padres me habrían matado, sobre todo mi padre, que no era mala persona pero sí un tanto vehemente. Se había agenciado el equipo completo de la universidad, no le faltaba un detalle: la armadura de Princeton, el gorro de dormir de Princeton; se compró incluso la capa de terciopelo con aquel tigre que colgaba como una mochila entre los omóplatos. En aquella época, la mascota de la universidad era el tigre dientes de sable, así que ya imaginarán qué ridículos estábamos, y qué incómodo era reclinarse en la silla con aquella capa puesta. Por si fuera poco, mi padre llevaba la furgoneta forrada con calcomanías y pegatinas: «Para el carro, que vamos a Princeton», «Mi hijo ha entrado en la mejor universidad de Estados Unidos, ¿y yo qué me llevo? Una factura de 168.000 $». Y así sucesivamente, lo que era, en fin… una vergüenza, la verdad.

Una de las cosas que se hacían entonces a modo de iniciación era el *modesty seminar*, un seminario de ocho horas de duración, obligatorio para todos los recién llegados a la universidad, en el que se impartían lecciones de modestia. Ahora quizá sea distinto, pero en mis tiempos consistía en un juego de rol en el que mis compañeros de clase y yo debíamos hacernos pasar por licenciados universitarios, y el profesor desempeñaba el papel de ciudadano medio: soldado, carnicero, puta con corazón de oro.

—Dígame, jovencito. ¿Ha cursado una carrera en un centro de estudios superiores?

En caso de que nuestro futuro interlocutor tuviera en las manos una herramienta o un arma, se nos enseñaba a responder: «¿Qué? ¿Ir a la universidad yo? ¿De dónde ha sacado eso?». Pero si dicho interlocutor tenía carrera, se nos permitía contestar: «Más o menos» o, en ciertos casos, «Creo que sí».

El siguiente punto había que clavarlo. Todo dependía de la inflexión, algo que los estudiantes extranjeros tardaban siglos en dominar.

—¿Y dónde estudió más o menos?

Y nosotros respondíamos: «En… mmm… ¿Princeton?», como si se tratara de un examen oral, y no estuviéramos seguros de que fuera la respuesta correcta.

—¡Princeton! ¡Válgame Dios! —exclamaba entonces el profesor—. ¡Sería una experiencia formidable!

Era preciso dejar que el interlocutor se desahogara, pero en cuanto empezara a piropearte por tu brillantez y dedicación académica, tenías que levantar las manos, interrumpiéndolo:

—Bueno, tampoco es tan difícil entrar.

—¿Ah no? —decía él—. Pues he oído…

—Mal —replicabas tú—. Habrá oído usted mal. No es tan buena universidad como se cree.

En eso consistía el seminario. La idea era no darse pisto, tarea nada fácil cuando tenías un padre que iba por ahí leyendo a golpe de megáfono tu carta de aceptación en Princeton.

A fin de calmar un poco su entusiasmo, anuncié que me iba a especializar en parricidio. Por aquel entonces Princeton ofrecía un programa académico muy completo, el mejor de Estados Unidos, pero la materia no era como para volver loco de alegría a un padre. O al menos a la mayoría de padres. El mío se puso eufórico. «¡Asesinado por un licenciado en Princeton! —decía—. Y encima hijo mío.»

Mi madre por su parte se puso celosa. «¿Y por qué no en matricidio? —preguntó—. ¿Qué pasa, es que no te parezco una víctima de categoría? ¿Tanto se te han subido los humos que no puedes matar a tu única madre?»

Los dos se enzarzaron en una discusión y, a fin de poner paz, les prometí que plantearía la posibilidad de estudiar ambas materias.

—¿Y eso por cuánto nos va a salir? —preguntaron.

Aquellos últimos meses en casa fueron bastante duros, pero en cuanto empecé primero de carrera, la vida intelectual me absorbió por completo. Mi materia favorita era la idolatría, cosa que mi padre no entendía en absoluto.

—¿Qué demonios tiene eso que ver con el parricidio? —preguntaba.

—Pues... Todo —decía yo.

No comprendía que todo está relacionado, que una materia lleva a otra y forma una especie de cadena que asoma la cabeza y la mueve como una cobra cuando uno está amorrado a un narguile y lleva tres días sin dormir. Con ácido, el desmadre es mayor aún y parece como que la cobra comiera cosas. Pero no habiendo recibido una educación universitaria, mi padre ignoraba lo que era una formación liberal y completa en el campo de las artes. Él suponía que todas mis clases debían guardar relación con asuntos homicidas, sin descansos para comer ni nada por el estilo. Afortunadamente, sin embargo, las cosas no son así.

Les había dicho que me especializaría en asesinarlos, pero simplemente para que no me atosigaran. En verdad no tenía idea de lo que quería estudiar, de modo que los primeros años cursé asignaturas de todo tipo. Historia me pareció interesante, pero se me dan fatal las fechas y suelo confundir unas épocas con otras. Disfruté estudiando sobre saqueos y astrología, pero lo que finalmente me cautivó fue la literatura comparada. Por aquel entonces no había gran cosa que comparar, un puñado de epopeyas y una novela sobre cierta mujer detective, pero ahí radicaba en parte mi interés. Se trataba de un campo nuevo, con infinitas posibilidades. Un licenciado con cultura podía llegar *donde quisiera*, pero a mis padres no se les podía ir con esas.

—¿Insinúas que no vas a matarnos? —dijo mi madre—. Pero si le he contado a todo el mundo que ibas a hacer la doble especialidad esa.

Papá, tras el sermón sobre la gran decepción que se había llevado conmigo, me soltó una conferencia sobre salidas laborales.

—¿De qué vas a vivir si estudias literatura? ¿De «literaturizar»?

Nos pasamos todas las vacaciones discutiendo; luego, justo antes de mi regreso a la universidad, mi padre me abordó en el dormitorio.

—Prométeme que no te cerrarás a nada —dijo.

Y al salir de mi dormitorio, dejó caer una daga grabada en la cartera donde yo guardaba los libros.

Tuve muy buenos profesores durante aquellos años en Princeton, pero de quien más me acuerdo es de mi profesora de artes adivinatorias, una bruja con todas las de la ley, con sus canosas greñas y sus verrugas grandes como patatas, el kit completo. La bruja nos enseñaba a predecir el tiempo con dos semanas de antelación, pero en cuanto le planteabas algo más enjundioso, las más de las veces tenías la decepción asegurada.

El principal empeño de mis compañeros alquimistas era saber cuánto ganarían una vez licenciados. «Denos una idea aproximada», decían, y la profesora sacudía la cabeza y tapaba su bola de cristal con un pañito obsequio de los alumnos de un curso anterior. Cuando preguntábamos por nuestro futuro, se cerraba en banda, ya podíamos rogarle y suplicarle; y empecinamiento, precisamente, no nos faltaba. Yo estaba tan desilusionado como el que más, pero, mirándolo retrospectivamente, comprendo que si procedía así era por nuestro bien. Mírense el día que salieron de la universidad, luego mírense ahora. Yo hice la prueba hace poco y me dije: «¡Dios bendito, qué horror! ¿Qué demonios te ha pasado?».

¿Que qué demonios te ha pasado? Pues la vida, evidentemente. Lo que la bruja decidió no vaticinar —y lo que nosotros, pese a todas nuestras certezas, no habríamos podido desentrañar— es que en la vida suceden cosas. Se abren puertas extrañas. La gente se mete en cosas. Tal vez el ingeniero lumbrera termine dedicándose a hacer sidra casera, no por obligación, sino porque vea en ello un reto. ¿Quién sabe? Puede que el atleta lleve la paz al mundo, o que el tonto de la clase termine siendo el presidente de Estados Unidos; aunque eso tiene más probabilidades de ocurrir en Harvard o Yale, universidades que admiten prácticamente a cualquiera.

Los hubo que ascendieron como la espuma en cuanto salieron de Princeton y se instalaron en el seno del poder y las finanzas, pero no fue mi caso. Mi camino fue tortuoso, me surgieron múltiples obstáculos. Al terminar la carrera, volví a casa. Todo un licenciado de Princeton, cargado con cuatro años de ropa sucia y toda una vida por delante.

—¿Qué piensas hacer ahora? —me preguntaron mis padres.

—Ponerme a lavar unos cuantos calzoncillos de esos, por ejemplo —contesté.

Los calzoncillos me tuvieron ocupado seis meses. Luego me puse con las camisas.

—¿Y ahora qué? —quisieron saber mis padres.

Cuando les dije que no lo sabía, perdieron la poca paciencia que les quedaba.

—¿Qué clase de respuesta es esa para un licenciado de una universidad de pago? —replicó mi madre—. Has estudiado en una de las mejores universidades del país. ¿Cómo puedes decir que no lo sabes?

—No lo sé —respondí.

Con el tiempo mi padre dejó de exhibir su atuendo de Princeton. Mi madre dejó de referirse a mi «potencial», y se compraron los dos un perrito marrón y blanco. En cuestión de inteligencia, el cachorrito era del montón, pero ellos no lo veían así. «Eres el perrito más listo del mundo», decían, y el perrito les lamía los dedos de un modo inquietantemente familiar.

El primer reencuentro con antiguos compañeros de la facultad me levantó un poco la moral. Fue un consuelo descubrir que no era el único licenciado en paro del mundo, pero aquella grata sensación se esfumó en cuanto volví a casa y descubrí que mis padres habían cedido mi dormitorio al perrito. Sobre la cómoda, en lugar del banderín de Princeton que me habían regalado para mi primer cumpleaños, colgaba una banda con el lema: «El perro, el mejor amigo del hombre».

A buen entendedor con pocas palabras basta, así que lié los bártulos y me instalé en la ciudad, donde un antiguo compañero de universidad, que había estudiado filosofía, me consiguió trabajo en su brigada de traperos. Cuando el negocio se desplazó allende nuestras fronteras —gracias también a otro antiguo compañero—, yo seguí donde estaba y finalmente encontré colocación despellejando pieles para un caza ratas, un hombre serio y enjuto que tenía la barba más larga que he visto en mi vida.

Por las noches, leía y releía el puñado de libros que me había traído de casa y, finalmente, por aburrimiento más que nada, me dio por escribir. Naderías, en un principio: perfiles de personajes, anécdotas del día, parodias de artículos escritos en el boletín de noticias de antiguos alumnos de la universidad. Con el tiempo me fui haciendo más ambicioso y me dio por pergeñar historietas sobre mi familia. Un día le leí una de ellas al caza ratas, que nunca le veía la gracia a nada, y se partió de risa con la descripción de mi madre y su cachorrito. «Mi madre era igual —me dijo—. Yo estudié en Brown, y a las dos semanas de salir de la universidad, ¡mi madre ya estaba criando halcones en la litera de arriba!» La anécdota de mi padre defecando en el pozo de su vecino fue tan del agrado de mi jefe que me pidió una copia para mandársela a su propio padre.

Eso me dio alas para seguir escribiendo y, con el tiempo, completé un libro entero, que posteriormente sería publicado. Cuando les presenté a mis padres la primera edición, empezaron la lectura por el relato sobre el pozo del vecino y al momento se levantaron para correr las cortinas. Cincuenta páginas más tarde, ya estaban tapiando la puerta y pensando en posibles disfraces.

A otras personas les habían entusiasmado mis escritos, pero aquellos dos no pillaron nada.

—¿Qué pasa? —pregunté.

Mi padre se ajustó el improvisado turbante y le esbozó un bigote a mi madre sobre los labios.

—¿Que qué pasa? —dijo—. Que nos estás matando, eso es lo que pasa.

—¿Pero no era eso lo que queríais?

—Sí —dijo mi madre entre lágrimas—, pero no así.

No se me había ocurrido hasta ese momento, pero sentí como si hubiera dado la vuelta completa. Lo que había empezado como una artimaña terminó convirtiéndose sin querer en la ocupación de mi vida, una ironía que nunca habría sabido apreciar si mis extraordinarios padres no me hubieran costeado los estudios en Princeton.

THAT'S AMORE

Junto a nuestro bloque de apartamentos en Nueva York, discurría un estrecho pasadizo, y cada día, a la caída del sol, las ratas enfilaban en manada hacia los contenedores de basura pegados a la acera. La primera vez que las vi, di un grito espantado, pero tras el sobresalto decidí que desde ese día en adelante tomaría por la otra acera y así podría detenerme a observarlas. Era como si de pronto me hubiera trasladado a Alaska y tuviera ante mí una colonia de osos; sabía que tenía que toparme con ellas, pero aun así no daba crédito. De vez en cuando, alguna perecía aplastada bajo las ruedas de un taxi, y yo me agachaba a contemplar sus restos, cautivado por su repugnancia. A los veinte o quizá treinta segundos de ensoñación, el hechizo se rompía, a veces por culpa del tráfico, pero sobre todo por los gritos de mi vecina Helen, apostada en su ventana.

Al igual que aquellas ratas que salían en masa del pasadizo, Helen concordaba exactamente con el prototipo de ciudadana neoyorkina que yo tenía en la cabeza. Arrogante, prepotente y orgullosamente dogmática hasta casi rayar en el fascismo, Helen era una de esas personas cuyas anécdotas te descubrías contando cuando te invitaban a alguna cena, sobre todo si los anfitriones eran un tanto exquisitos y no te importaba demasiado que no te volvieran a invitar. Las opiniones de Helen, ya versaran sobre política, sexo o relaciones interraciales, siempre suscitaban la misma respuesta prácticamente entre los comensales: «Qué barbaridad. ¿Y de qué dices que conoces a esa mujer?».

Fue Hugh el que la conoció primero. En la calle Thompson de Nueva York, otoño de 1991. Había en dicha calle un establecimiento donde vendían carne a la vez que se despachaban comidas, y Hugh le comunicó a su propietario que buscaba un apartamento en alquiler. Mientras hablaba con él, reparó en una señora, de unos setenta años como poco pero no más alta que una niña de diez, de pie junto a la puerta. Vestía con un apretado chándal, que le marcaba barriga y caderas. Pero no un chándal femenino color pastel, sino de un gris anodino, como de boxeador. Y llevaba unas gafas mariposa, con un burujo de esparadrapo en el centro, justo sobre el caballete de la nariz. Helen, dijo llamarse la señora. Hugh la saludó con un ademán y, al darse la vuelta para salir del establecimiento, la señora apuntó con el dedo hacia unas bolsas que tenía a sus pies.

—Lléveme esa comida arriba. —La mujer tenía voz de hombre o, mejor dicho, de asesino a sueldo, áspera y grave, como de pisotones sobre gravilla.

—¿Ahora mismo? —preguntó Hugh.

—¿Qué pasa? ¿Es que tiene algo mejor que hacer?

Entraron en el portal contiguo, un bloque de apartamentos, y cuando iban por el primer piso, en lento ascenso hacia el quinto, Helen le dejó caer que en la finca había un apartamento desocupado. El antiguo inquilino había fallecido hacía un mes, y dentro de una semana más o menos la vivienda quedaría disponible. Ella no era la portera del bloque ni tampoco la administradora. No tenía un cargo oficial, pero sí buenas relaciones con el casero, que le había dado una llave del piso.

—Si quiere le dejo echar una ojeada, pero eso no significa que se lo vayan a alquilar.

En lo que a apartamentos de un solo dormitorio se refiere, era más bien pequeño, a la par que estrecho, y tenía los techos bajos como un camión. Las paredes estaban revestidas con unos oscuros paneles de imitación madera, pero eso se podía quitar sin problema. Lo que conquistó a Hugh fue su feroz luminosidad, además de su ubicación. Así que le pidió a Helen la dirección del casero y, antes de marcharse para añadir su nombre a la lista de interesados en alquilarlo, le tendió a la tal Helen setenta y cinco dólares.

—Por enseñarme el apartamento —le dijo.

La señora se metió el dinero en la pechera del chándal, y después se aseguró de que fuéramos nosotros sus inquilinos.

Yo vi el apartamento por primera vez unos días más tarde. Mientras Hugh arrancaba el revestimiento de las paredes de la sala de estar, yo me senté sobre un cubo de pintura intentando hacer de tripas corazón. Para empezar, estaba el suelo de la cocina. Las baldosas eran marrones, parduzcas y ocres, los colores aparentemente tejidos como en una mantita de ganchillo. Luego, el tamaño del apartamento. Estaba yo preguntándome cómo podrían vivir dos personas en tan exiguo espacio, cuando llamaron con los nudillos a la puerta, que no estaba cerrada con llave, y una desconocida se nos coló en casa y puso el pie en las horribles baldosas. Tenía el pelo teñido de color cobrizo refulgente, atado en una coletita no más grande que un pulgar. El peinado resaltaba sus gafas pegadas con esparadrapo, y también la mandíbula inferior, que sobresalía ligeramente, como un cajón mal cerrado.

—¿Quería algo? —pregunté, y la señora llevó la mano a un silbato colgado de un cordel al cuello.

—No me venga con tonterías que le meto el pie tan dentro del culo que me voy a quedar sin zapato.

A uno le dicen eso y, lógicamente, baja la vista, al menos yo. Aquella mujer tenía los pies minúsculos, como dos panecillos de perritos calientes, no más grandes. Llevaba unas zapatillas de deporte acolchadas, de esas baratas hechas de aire y algún tipo de plástico, y mientras las contemplaba, arrugué la frente.

—Son pequeños pero matones, pierda cuidado —dijo.

Más o menos en ese momento, Hugh salió de la sala de estar con un pedazo de panel en la mano.

—¿Ya conoces a Helen? —me preguntó.

La señora desplegó unos cuantos dedos regordetes, como efectuando una ecuación: 2 chicos jóvenes + 1 dormitorio – revestimiento feo = maricones.

—Sí, ya nos hemos conocido. —La voz iba cargada de desprecio—. Vaya que si nos hemos conocido.

Al principio de instalarnos allí, Helen se decantó claramente por Hugh. «Mi novio», lo llamaba. Luego, cuando empezaron a entablar conversación, cambió de bando. Comprendí que me había ganado su favor el día que me invitó a su cocina. Gracias a su sangre siciliana, Helen poseía un talento innato para la cocina. De eso hizo gala mientras embutía unas albóndigas en una masa de hojaldre congelado. Luego ahogó las albóndigas en una mezcla de huevos batidos y leche desnatada. «Mi famosa quiche italiana», dijo que se llamaba aquello. Otras especialidades suyas eran «Mis famosas berenjenas a la parmesana con la ternera dentro», «Mi famosa salsa de tomate con arroz y guisantes de lata» y «Mi famoso guiso de espagueti y judías enlatadas». Si la cocina de Helen tenía fama, sería por lo mismo que la tienen las quemaduras solares o los perros rabiosos, por ser cosas que uno evita si sabe lo que es bueno. Si me pillaba superemporrado, a veces le quitaba la salsa a un pedazo de ternera y me la comía con una galletita salada, pero, por lo general, sus especialidades iban directamente al cubo de la basura.

Durante los siete años que Hugh y yo vivimos en la calle Thompson, nuestras vidas se rigieron por un sencillo patrón. Hugh se levantaba temprano y salía de casa antes de las 8.00. Yo trabajaba para una empresa de limpieza y, aunque mi horario cambiaba según el día, no solía empezar la jornada antes de las 10.00. La única constante de mi vida era Helen, que esperaba atenta a que Hugh hubiera salido por el portal para cruzar el pasillo y dejarse caer sobre el timbre de nuestro apartamento. Entonces yo me despertaba y, justo cuando estaba atándome el cinturón de la bata, los timbrazos se volvían porrazos, desesperados e incesantes, como uno aporrearía la tapa del ataúd si lo hubieran enterrado vivo por error.

—Ya voy, ya voy.

—¿Qué hacías, dormido? —decía Helen cuando le abría—. Yo llevo en pie desde las cinco.

En la mano traía una bandeja de aluminio, cubierta con papel de aluminio, o bien un cazo con su tapadera.

—Es que —le decía yo— no me acosté hasta las tres.

—Pues yo a las tres y media.

Así era ella siempre: si tú habías dormido quince minutos, ella nada más que diez. Si tú estabas resfriado, ella tenía gripe. Si tú habías esquivado una bala, ella cinco. Y con los ojos vendados. Después del funeral de mi madre, recuerdo que me saludó diciendo:

—Eso no es nada. A mí se me murió mi madre cuando tenía la mitad de años que tú.

—Cielos —repliqué—. La de cosas que se perdió.

Para Helen, un regalo no era algo que le dabas a la persona número uno, sino algo que *no* le dabas a la persona número dos. Así fue como Hugh y yo acabamos con una máquina de coser Singer, de esas con mesita incluida. En el segundo vivía una vecina que se hacía su propia ropa y, tímidamente, le había pedido a Helen si se la podía dejar.

—Con que quieres mi máquina de coser, ¿no? —le dijo Helen—. Déjame que lo piense.

Luego agarró el teléfono y nos llamó.

—Tengo algo para vosotros —nos dijo—. A condición de que no se lo regaléis a nadie, sobre todo a nadie del segundo.

—Pero si nosotros no necesitamos una máquina de coser —repliqué.

—¿Qué? ¿Acaso tenéis una o qué?

—No, pero…

—Pero nada, a callar. Una máquina de coser le viene bien a cualquiera, y esta más todavía… es de primerísima calidad. No sabes la de modelitos que me he llegado a coser en mi vida.

—Sí, pero…

—Pero nada. Es un regalo que os hago.

Al ver que Hugh intentaba mal que bien entrar la máquina por la puerta de casa, intenté obstruirle el paso.

—Pero si casi ni cabemos tú y yo —protesté—. ¿Dónde vamos a meter una máquina de coser de este tamaño? Ya puestos, podría regalarnos un remolcador. Ocuparía el mismo espacio.

Pero lo de Hugh, sin embargo, es para quitarse el sombrero. Tomó asiento en aquella horripilante banquetita que venía con la máquina, y a los cinco minutos ya se estaba enseñando a coser. Él es así: no se le pone nada por delante.

—¿Y una bolsa para transportar cadáveres no podrías coser? —le pregunté.

En los seis meses siguientes, no hubo día que Helen no hiciera mención a aquel regalo.

—¿Qué, cómo va la Singer? ¿Os habéis cosido ya algún pantalón? ¿Algún vaquero?

Y con los guisos que nos traía, lo mismo.

—¿Qué, os gustó el pastel de pavo a la italiana?

—Mucho.

—No hay nadie que lo haga como yo, ¿sabes?

—Eso aquí nadie te lo discute.

Helen nos agasajaba con sus guisos para desairar a la pareja de al lado.

—Los muy hijos de puta, si supieran que os estoy haciendo este guiso, se morirían.

Las zonas comunes de nuestro inmueble estaban revestidas de pequeños azulejos de cerámica, y daba la impresión de que estuvieras en una piscina vacía. Hasta el ruido más nimio se amplificaba, por lo que con poco esfuerzo que hicieras, la voz sonaba atronadora. De pie en el pasillo ante la puerta de mi casa, Helen daba tales voces que hasta la luz de los plafones perdía intensidad.

—Llevan toda la semana embaucándome para que les haga algún plato. «¿Qué es eso tan rico que se huele?», preguntan.

«¿Tienes algunas sobras por ahí que no quieras? Aquí casi que nos morimos de hambre.»

En la vida real los vecinos de al lado eran una pareja cortés y agradable. Cuando Hugh y yo nos mudamos, ella ya estaba enferma de Alzheimer, y Joe, el marido, con sus ochenta y cinco años, cuidaba de ella lo mejor que podía. Nunca lo oí quejarse ni refunfuñar, luego, sospecho que no eran más que fantasías de Helen. No es que fuera muy buena imitando, pero hay que reconocer que tenía dotes para el espectáculo. Estaba llena de vigor, e incluso Joe, que era con quien más se ensañaba, reconocía sin rebozo su extraño poderío. «Puro nervio —decía de ella—. Muy salada, la chica.»

—Venga a gorronearme cuando el hombre tiene su pensión de ferroviario, además de seguridad social. Que les den por culo a los dos —decía Helen a voz en grito.

Hugh es de esas personas que si oyera ese género de comentarios, reaccionaría diciendo «Pero, bueno, esa no es forma de hablar de sus vecinos».

He ahí el porqué de que Helen aguardara todas las mañanas hasta que Hugh saliera a trabajar; mi compañero de piso era un aguafiestas.

—Yo me volvería loca si tuviera que vivir con alguien así —decía—. Dios bendito, no sé cómo lo soportas.

Antes de mudarme a Nueva York, residí seis años en Chicago. Durante gran parte de aquel tiempo, viví con mi novio de entonces y, entre los dos, conocíamos a bastante gente. Hacíamos cenas locas, juergas locas, siempre con diversión y droga de por medio. Nunca más he vuelto a tener tantos amigos, y tan buenos, aunque no sé muy bien por qué. Quizá me he hecho menos simpático con los años o simplemente he olvidado cómo hacer amigos. Las presentaciones iniciales —el apretón de manos— todavía se me da bien. Es el seguimiento lo que me mata. ¿Quién llama a quién y con qué frecuencia? ¿Y si después de un segundo o tercer encuentro decides que en realidad no te gusta el otro? ¿Hasta qué momento está permitido echarse atrás? Yo antes dominaba esas cosas, pero ahora son un misterio para mí.

Si hubiera conocido a Helen a los veinte años, no habríamos pasado tantos ratos juntos ni mucho menos. Yo estaría en la calle con gente de mi edad, metiéndome droga o buscándola, en lugar de tomando café instantáneo y oyéndola hablar de su colitis. Helen decía «sevicio» en vez de «servicio», en frases como «Me he pasado toda la noche yendo y viniendo del puto "sevicio", seis veces he ido. He cagado tanto que me parece que se me ha hecho un esguince en el ojete».

Si ambos encontrábamos fascinación por esas cosas es señal, supongo yo, de que algo al menos teníamos en común. Lo otro en lo que siempre coincidíamos era un serial titulado *Solo se vive una vez*. Se emitía a primera hora de la tarde, y, muchas veces, cuando yo no tenía trabajo, cruzaba el pasillo y lo veía con Helen en su casa.

Helen vivía en el mismo apartamento desde hacía casi cincuenta años, aunque al verlo nadie lo diría. El mío estaba abarrotado de cosas —entre ellas, la máquina de coser, sin ir más lejos—; en cambio su sala de estar, así como su cocina, eran espartanas. En una pared tenía un retrato suyo enmarcado, pero no había fotos de sus hijas, ni de ninguno de sus siete nietos. Tampoco había sillones, tan solo un sofá y una mesita de centro. Frente a estos, el único exceso decorativo en la sala: una torre de televisores, apilados uno encima de otro. No sé por qué los guardaba todos. El modelo blanco y negro sobre el que se apilaban los otros dos se le había muerto años atrás, y el de encima de este no tenía botón para el volumen. El único útil era el último de la pila, encendido a todas horas, pero prácticamente olvidado a favor de la ventana, desde la que Helen dominaba todo el bloque y que constituía su fuente principal de entretenimiento. Cuando estaba en aquella sala, Helen tomaba asiento sobre el radiador, con el cuerpo dentro de cintura para abajo y la cabeza y los hombros tan asomados como podía. La camarera del primero que regresaba a casa a las dos de la mañana, el tendero de enfrente recogiendo un paquete de la empresa de mensajería, una mujer en un descapotable pintándose los labios: nada escapaba a su atención.

Durante el tiempo que la conocí, calculo que Helen pasaría un promedio de diez horas diarias apostada en aquella ventana. A media mañana quizá la pillaras en la cocina, pero a las once, hora en que daban comienzo los seriales televisivos, apagaba la radio y regresaba a su atalaya. Dado que el cuello se le resentía tanto con el movimiento de la calle a la pantalla, la mayoría de programas los escuchaba en vez de verlos. Exceptuando los episodios de los viernes de *Solo se vive una vez* y, de vez en cuando, el programa de Oprah, una de las pocas personas negras por las que Helen sentía algún respeto. Quizá en el pasado hubiera sido una persona más abierta en ese sentido, pero desde que la atracaron en el portal de casa estaba convencida de que todos eran unos canallas y unos maníacos sexuales. «Incluso los que tienen la piel un poco más clara.»

Los presentadores de los programas de entrevistas eran otros canallas, a excepción de Oprah; saltaba a la vista que ella era distinta. Mientras el resto de aquella caterva hacía siempre hincapié en lo negativo, Oprah animaba a todo el mundo a sentirse bien consigo mismo, ya se tratara de madres solteras −grupo que incluía a Helen− o de niños horriblemente desfigurados.

−Nunca me hubiera fijado, pero supongo que es verdad que esa chica tiene un ojo bonito −observó Helen en una ocasión, refiriéndose a la joven cíclope que se movía nerviosa en la pantalla.

Una tarde Oprah entrevistó a un grupo de mujeres que habían superado obstáculos a primera vista insuperables. Susan, que había caído por la borda de su barco mientras estaba navegando, sobrevivió seis días en alta mar agarrada a un refrigerador. Colleen, que había aprendido a leer sola, tenía un puesto de secretaria ejecutiva. La tercera invitada, una poetisa, había publicado recientemente unas memorias sobre sus experiencias como enferma de cáncer y las múltiples intervenciones que había sufrido para que le reconstruyeran la mandíbula. Aquella poetisa y yo habíamos coincidido y conversado en varias ocasiones. De pronto la vi allí, en la pantalla, en el programa de Oprah, así que no pude contenerme y salí al pasillo para ir a contárselo a Helen. Mi vecina, que llevaba un rato apostada en su atalaya sobre el radiador, había visto el programa a medias y la noticia pareció dejarla fría.

—No lo entiendes —le dije, señalando la pantalla—. Yo conozco a esa mujer. Es amiga mía. —La expresión era una licencia hiperbólica, dado que nos conocíamos de vista y poco más, pero Helen no tenía por qué saberlo.

—¿Y qué? —replicó Helen.

—Pues que tengo una amiga que sale en el programa de Oprah.

—Vaya cosa. ¿Y te crees alguien por eso?

Si algún conocido de Helen hubiera salido en *Oprah*, mi vecina se habría hecho estampar camisetas divulgándolo, pero claro, no era lo mismo. Ella podía alardear y dejar caer nombres de gente importante, los demás, no. Le contabas de algún triunfo tuyo —que te publicaban un libro o te sacaban una reseña en la revista *Times*— y se le erizaba el lomo.

—¿Tu mierda huele mejor que la mía? ¿Es eso lo que intentas decir?

—Pero es que tú eres una persona mayor —repliqué una vez—. Te toca alegrarte por mí.

—Anda y que te den —me dijo—. Ni que fuera tu madre, no te joroba.

Exceptuando mi familia inmediata, nadie conseguía provocarme como lo hacía Helen. Una palabra malintencionada suya y al instante me transformaba en un crío de ocho años y perdía los estribos. Más de una vez salí de su apartamento jurando que no volvería a pisarlo nunca más en la vida. Un día di tal portazo que el reloj de pared se le cayó al suelo, pero aun así volví otra vez —«con el rabo entre las patas», dijo ella— y me disculpé. Me pareció feo gritarle a una anciana, pero no solo fue eso, sino sobre todo que me di cuenta de que la echaba en falta, o al menos echaba en falta alguien a quien poder hacer una visita con tanta facilidad. Lo bueno de Helen es que siempre estaba en casa, que suplicaba prácticamente que alguien fuera a molestarla. ¿Se podía aquello considerar amistad, o me había equivocado de palabra? ¿Cómo se llamaba lo que había entre los dos?

Cuando le conté a Hugh lo de Oprah, me dijo:

—No me extraña que reaccionara así. Fue pretencioso por tu parte.

La palabra me dejó descolocado. «Pretencioso» sería dárselas de conocer a alguien que se ha visto con Pina Bausch, pero no que se ha visto con Oprah.

—Eso según en qué círculos se mueva uno —replicó Hugh, y supongo que tenía razón, aunque eso no le daba derecho a Helen a ser insolente.

Servidor había perdido la cuenta de las veces que ella había sacado a colación su amistad con John Gotti, jefe del clan mafioso de los Gambino. «Es un hombre muy apuesto —decía—. Las fotos no le hacen justicia.» Sonsacándola, descubrí que por «amigo» entendía que se lo habían presentado en una fiesta treinta años atrás y a los dos minutos de bailar con él alguien los había interrumpido.

—John tiene los pies muy ligeros —me dijo—. No mucha gente lo sabe.

—Igual lo sacan a relucir cuando lo juzguen por asesinato —repliqué.

Un día Helen resbaló en la bañera y se hizo un esguince en la muñeca.

—Se acabó haceros comiditas —nos dijo—. No vais a sacarme ni un plato más.

Hugh y yo regresamos a nuestro apartamento arrastrando los pies y cerramos la puerta. ¡No más «Famosas chuletas empanadas»! ¡No más «Famosas cazuelas de salchichas»! ¡No más «Famosos pollos con sus verduritas orientales»! No dábamos crédito a nuestra suerte.

Mientras Helen estuvo convaleciente, yo me encargué de hacerle la compra. Hugh le bajaba la basura y le llevaba las cartas a la oficina de correos. Joe, ya viudo, también se ofreció a echarle una mano. «Si hay algo que pueda hacer por usted en su casa, no tiene más que decírmelo», le dijo. El hombre se refería a cambiar alguna bombilla o pasar el mocho por el suelo, pero Helen malinterpretó sus palabras y lo echó de su apartamento con cajas destempladas.

—Ese lo que pretende es bañarme —me dijo—. Lo que quiere es verme el coño.

Escandalizado al oír dicha palabra en boca de una señora de setenta y tres años, torcí el gesto.

—¿Qué? —saltó—. ¿Crees que no tengo, o qué?

Tres meses después de que Hugh se afiliara al sindicato de escenografistas, sus miembros votaron ir a la huelga. Los escenografistas son el gremio encargado de pintar los decorados de películas y obras de teatro. Yo quise apoyarles y me propuse encontrar un eslogan apropiado que lucir en la pancarta de un piquete: «¿Pintan bastos, camaradas escenografistas?», se me ocurrió, y también: «¡Broadway, queremos otra puesta en escena!».

El día que empezaba la huelga, Hugh salió de casa a las siete de la mañana. Al poco de irse, Helen me llamó por teléfono y saltó el contestador. A esas horas yo nunca solía ponerme, pero hablaba con voz balbuceante y desesperada. Desde que nos conocíamos, Helen había «superado», como ella decía, tres derrames cerebrales. Los tres, reconocía ella, de poca consideración; aun así, temí que hubiera sufrido otro; me vestí y crucé el pasillo para ver cómo estaba. Antes de que yo llamara a la puerta, esta se abrió de golpe y Helen apareció en el umbral, con la mandíbula inferior hundida y el labio de abajo invisible. Al parecer se había asomado a la ventana para ver qué pasaba abajo, y al ver que el portero del edificio de enfrente arrojaba un cigarrillo encendido en nuestro cubo de la basura, le dio tal berrido que la dentadura le salió volando por la boca.

—Ejjhtá en lojjj ajbujtos —me dijo—. Baja pog ella.

Un minuto más tarde ya estaba abajo, rebuscando en el macetero delante de nuestro portal. Encontré una botella de cerveza, un pedazo de pizza cubierto de hormigas y, por fin, la dentadura postiza de Helen, sorprendentemente intacta pese a haber caído desde un cuarto piso. Sostener en la mano los dientes calientes de otro no resulta tan desagradable, y antes de subir, me detuve un momento y examiné aquella húmeda herradura de plástico que hacía las veces de encía de Helen. Era su perfección lo que hacía de aquel aparato algo tan falso. No había ningún diente que sobresaliera o se montara sobre el contiguo. Incluso por la forma y el color, parecían una hilera de azulejos de cerámica.

Cuando volví arriba, me encontré a Helen esperando en el rellano. Se metió la dentadura en la boca, sin lavarla, y fue como si introdujera unas pilas en un juguete particularmente asqueroso.

—El cabronazo hijodeputa ese podría haber prendido fuego al edificio entero.

Por las mañanas Helen solía escuchar la radio, una emisora de grandes clásicos del ayer a la que yo denominaba «Espagueti-FM». Los cantantes parecían ser todos italianos, siempre acompañados por ampulosos arreglos de cuerda. Cuando sonaba una de sus canciones favoritas, Helen subía el volumen y nos martirizaba con una versión tras otra de «Volare» o «That's Amore».

La radio significaba mucho para Helen, pero siempre que se tratara de «su» emisora. Cuando la National Public Radio me invitó a grabar una serie de crónicas para uno de sus programas, Helen no mostró el más mínimo interés. La mañana en que se estaba emitiendo la primera de aquellas crónicas, Helen aporreó la puerta de nuestro apartamento. Yo me había quedado en la cama, tapándome la cabeza con la almohada, así que Hugh salió a abrir y, tras franquearle la entrada a Helen, hizo un ademán con la mano como abarcando el aire que lo rodeaba.

—Escucha —susurró—. Es David, por la radio.

—¿Y qué? —saltó Helen—. No será el primero que sale en la radio.

Dicho esto, le tendió un sobre y le pidió que le lleváramos una muestra de heces a la oficina de correos.

—No va el asunto entero, es solo una zurrapa —le dijo.

Cuando la emisión concluyó y finalmente salí de la cama, reparé en que Helen había franqueado sus heces con sellos de Navidad y escrito a mano en el sobre, con trazo débil e inseguro, el mensaje: «Felices fiestas».

Eran muchos los inquilinos de nuestro inmueble que, por una razón u otra, habían pasado a formar parte de la lista negra de Helen. Algunos fueron sentenciados desde el primer momento: porque a Helen le desagradaba su cara o el sonido de su voz. Porque eran arrogantes. Porque eran extranjeros. Nuestro casero tenía un pequeño despacho en una bocacalle de Bleecker Street, y Helen lo llamaba por teléfono al menos tres veces al día. Parecía una agente de la policía secreta, siempre al acecho, siempre tomando notas.

Luego el casero falleció, y el bloque se vendió a un grupo inmobiliario con sede en algún lugar de Nueva Jersey. A los nuevos propietarios del inmueble les daba igual que la señora del primero se hubiera echado un novio negro, o que el portero se dedicara a componer música electrónica en lugar de perfeccionar su inglés. De la noche a la mañana Helen perdió todo su poder, y quienes habían vivido amedrentados por su culpa, fueron envalentonándose poco a poco. Si te llaman chismosa o, peor aún, «vieja cotilla de mierda» lo lógico sería ofenderse pero, curiosamente, a Helen dichos calificativos solo le servían de acicate.

—¿De verdad creéis que ya no las vais a pasar putas? —la oía gritar—. ¡Vais a morder el polvo, cabrones!

Las primeras veces que la oí decir eso, me reí. Luego fue a mí a quien amenazó con hacerle morder el polvo, y de pronto ya no me pareció tan gracioso. Fue una de aquellas discusiones en las que nos enzarzábamos sin venir a cuento: una palabra aquí, otra allá, y de pronto estábamos tirándonos de los pelos. Esa vez fue a raíz de un fusible roto. Se nos había ido la luz en casa, y necesitaba la llave del sótano. Helen tenía una, pero se negaba a dejármela, y le dije que no hiciera el gilipollas.

—Mejor que hacer el borracho —me soltó, y aguardó a que el comentario hiciera su efecto—. Lo que has oído. ¿Crees que no te veo bajar cargado de latas y botellas vacías cada mañana? ¿Crees que no me he fijado en esa cara abotargada que llevas?

Si aquel día no llego a estar tan curda que apenas si me tenía en pie, quizá mi negativa hubiera resultado más convincente. Así las cosas, hice un papelón lamentable:

—Tú qué sabrás. No sabes nada… de. Mi. Vida.

Estábamos en el umbral de su apartamento y de pronto Helen me puso las manos en el pecho y empujó.

—¿Te crees muy duro? ¿Crees que no puedo zurrarte la badana?

Hugh llegaba por las escaleras justo en ese momento, con los oídos pitándole por el escándalo.

—Sois como niños los dos —nos dijo.

Tras aquella escenita, Helen y yo pasamos un mes sin dirigirnos la palabra. A veces la oía en el pasillo, por la mañana sobre todo, obsequiando a Joe con alguno de sus platillos.

—Es mi «Famosa pasta *fagioli*», y el vecino ese suyo, el cabrón del griego, se moriría si supiera que se la he ofrecido a usted.

Fue un extraño quien consiguió que hiciéramos las paces. En los diez años anteriores a su jubilación, Helen había trabajado como señora de la limpieza en casa de un grupo de sacerdotes de Murray Hill. «Eran jesuitas —me contó—. O sea, que creen en Dios pero no en el papel del váter. Tendrías que ver cómo dejaban los calzoncillos. Un asco.»

En su opinión, las personas que contrataban a otros para que les limpiaran se sentían superiores a los demás. A Helen le chiflaban las anécdotas en las que el snob de turno se llevaba su merecido, aunque la gente para la que yo limpiaba por lo general era bastante considerada. Me sentía muy soso contándole a Helen lo prudentes y generosos que eran siempre conmigo, de ahí que el día que me enviaron a limpiar un apartamento cercano al Museo de Arte Moderno supusiera tan grata sorpresa. La señora que lo ocupaba frisaba los setenta y tenía el pelo del color de un pollito recién salido del cascarón. Señora Oakley, pongamos que se llamara. Me recibió vestida con una faldita vaquera con su blusa a conjunto y un pañuelito rojo atado al cuello. En otra persona el atuendo podría haber sido eso, un atuendo, pero en aquella mujer parecía un disfraz, como si fuera a una fiesta de cowboys.

Por lo general, los propietarios de las casas que iba a limpiar me cogían el abrigo al llegar o me indicaban dónde estaba el armario. La señora Oakley no hizo ni una cosa ni la otra; al ver que me dirigía hacia el perchero de latón que ella misma usaba a todas luces, me ladró:

—¡Ahí no! Deje sus cosas en el aseo de cortesía. Pero encima del váter, no del lavabo. —Señaló hacia una puerta en un extremo del vestíbulo—. Baje la tapa primero y luego deje el abrigo y la bufanda encima.

Me pregunté quién podría ser tan tonto como para necesitar una explicación así y en ese momento me imaginé a un bobalicón diciendo con cara de pasmo: «Anda, pero ¿cómo es que tengo el abrigo mojado? Y ahora que veo, ¡¿se puede saber qué hace este cagarro en mi bolsillo?!».

—Parece que algo le divierte, ¿eh? —me preguntó la señora Oakley.

—No. No, qué va.

Luego tomé nota de la hora de llegada en mi ordenador portátil.

Al verme apuntando algo, la señora puso los brazos en jarras.

—No le pago para que practique su inglés —me dijo.

—¿Disculpe?

Señaló el portátil.

—Esto no es una academia de idiomas. Aquí viene usted a trabajar, no a aprender palabras.

—Pero si soy del país —repliqué—. Ya hablaba inglés antes de venir aquí. En mi casa, me refiero, de toda la vida.

La señora Oakley arrugó la nariz pero no pidió disculpas. Creo que tenía tantas ganas de que fuera un extranjero quien le limpiara que detectó un acento raro donde no lo había. ¿Cómo explicarlo si no? Dado que servidor era un pobre inmigrante desesperado, ni que decir tiene que contemplaba con avidez todo lo que me rodeaba: el blanco suelo enmoquetado, la enmarcada reproducción del Renoir *Niñata con regadera*, el toallero chapado en oro del marmóreo cuarto de baño principal.

—Esta casa está llena de cosas de valor —anunció la señora Oakley—. Y espero que lo siga estando cuando se vaya.

¿Sería entonces cuando decidí hacer las paces con Helen, o fue más tarde, cuando la señora Oakley me gritó por haberle abierto el botiquín?

—Cuando le dije que limpiara el cuarto de baño, me refería a todo menos a eso. ¿Es usted idiota o qué?

Al término de la jornada regresé a casa en metro. Cuando me acercaba a nuestro edificio, vi a Helen asomada a la ventana espiando; la saludé con la mano, y ella me devolvió el saludo. Tres minutos más tarde, estaba sentado a la mesa de su cocina.

—Y entonces la señora va y me dice: «Esta casa está llena cosas de valor. Y espero que lo siga estando cuando se vaya».

—La tía se la estaba buscando —dijo Helen—. ¿Y cómo reaccionó cuándo le soltaste el guantazo?

—No hubo ningún guantazo.

Helen me miró decepcionada.

—Bueno, algo te cargarías antes de dejarla allí plantada.

—No. Es que no la dejé plantada.

—¿No me dirás que te quedaste allí aguantando el puteo?

—Pues… claro.

—Pero ¿qué coño…? —Encendió otro cigarrillo e introdujo su mecherito de usar y tirar en la cajetilla—. ¿Para qué coño sirves entonces?

La primera vez que fui a Normandía me quedé allí tres semanas. A la vuelta, fui enseguida a casa de Helen para contarle, pero no quiso escucharme.

—Los franceses son unos maricones —sentenció.

Como prueba, sacó a relucir a Bernard, el vecino del tercero, que había nacido en Niza.

—Bernard no es homosexual —repliqué.

—Puede que no, pero guarro sí es. ¿Has estado alguna vez en su apartamento?

—No.

—Pues entonces, ya puedes callar. —Esa era su forma de zanjar una discusión y apuntarse la victoria—. Imagino que estarás contento de estar de vuelta, ¿no? Yo no iría al extranjero ni que me pagaran. A mí me gusta el mundo civilizado y poder beber agua del grifo sin tener que ir corriendo al «sevicio» cada cinco minutos.

Durante mi estancia en Normandía, le había comprado unos obsequios, nada espectacular ni de mucho valor, unos detallitos de usar y tirar. Dejé la bolsa con los regalos sobre la mesa de su cocina y Helen hurgó en ella sin demasiado entusiasmo, inspeccionando cada objeto, dándole la vuelta, poniéndolo de lado; igual que haría un mono. Un rollito miniatura de papel de cocina, servilletas de papel con la «H» estampada, esponjas de cocina que se ajustaban a la forma de la mano.

—¿Para qué quiero yo todas estas porquerías? —dijo—. Ya te las puedes llevar. No me sirven para nada.

Volví a meter los regalos en la bolsa, avergonzado de lo dolido que me sentía.

—La mayoría de la gente, de los seres humanos, dan las gracias cuando reciben un regalo —observé.

—Si les regalan porquerías así, no —replicó.

Aquellos regalos en realidad era ideales para ella, pero Helen se negaba a aceptarlos por la misma razón que se negaba a aceptar nada: el prójimo tenía que deberle y sentirse en deuda con ella. Siempre.

Agarré la bolsa y enfilé hacia la puerta.

—¿Sabes lo que te pasa? —le dije—. Que tienes un trastorno.

—¿Un qué?

—Igual que hay gente con trastornos alimenticios, tú lo tienes con los regalos.

—Vete por ahí con tus regalos —saltó.

—¿No te digo?

Dicho lo cual salí de su casa, dando un portazo.

Helen llamó a mi puerta el día 1 de enero, justo cuando salía para limpiar una casa.

—Quien trabaja en Año Nuevo, no descansa en todo el año —sentenció—. Está comprobado. Pregúntaselo a quien quieras.

Por un momento me asaltó la duda, pero luego recordé la última perogrullada con la que se había descolgado: si duermes con la tele encendida, no tienes resaca. También decía que para evitar la muerte súbita del lactante se tenía que hacer la señal de la cruz tres veces con una navaja.

—Y si estás de acampada, ¿vale con usar una navajita suiza? —le pregunté.

Helen se quedó mirándome y dijo que no con la cabeza.

—¿Quién coño va de acampada con un bebé?

Helen estaba sacando sus grajeas: para el corazón, para la tensión alta, para el dolor en el costado y para ese otro reciente en la pierna derecha. Las visitas al médico eran su único pretexto para salir de casa, y cuando volvía de la consulta, pasaba horas pegada al teléfono, leyendo la cartilla a los funcionarios del seguro. Cuando se aburría de ellos, llamaba a la farmacia y la emprendía con el farmacéutico.

—De buena gana le cortaba los huevos y se los hacía tragar —me decía.

Resulta que le habían recetado otra serie de pastillas. Yo me ofrecí a ir a recogérselas personalmente, y Helen me tendió la receta junto con un recibo. Al parecer su enemigo de la farmacia le había cobrado de más la última vez que había hecho un pedido a domicilio, así que mi encomienda consistía en recoger el nuevo medicamento y decirle al cabronazo del judío con la nariz ganchuda que le debía cuatro centavos a mi vecina. Y luego proponerle que se metiera el coste del envío donde le cupiera.

—¿Entendido? —me preguntó Helen.

Yo no tenía inconveniente en recogerle el medicamento, pero en lo tocante a la disputada factura —y al final de sus días para ella todo era susceptible de disputa—, mi intención era sacar los cuatro centavos de mi propio bolsillo e inventarme lo que fuera cuando Helen intentara sonsacarme los detalles del intercambio. «El farmacéutico me ha dicho que lo siente mucho y que no volverá a ocurrir», le diría.

—¿Le has dicho lo que tenía que hacer con el coste del envío?

—Claro.

—¿Y qué te ha dicho?

—¿Cómo?

—Que qué te ha dicho al decirle que se los metiera por el culo.

—Pues… mmm… Ha dicho: «Eso tiene que doler cantidad».

—Eso espero, que le duela cantidad al cabronazo —saltó Helen.

Cuando todavía era capaz de subir y bajar escaleras, nuestra vecina tenía encontronazos con todo el mundo: en el autobús, en la oficina de correos, donde quiera que reinara la paz, allí que iba ella a alterarla. Más adelante, sin embargo, dada su incapacidad, se vio obligada a importar sus presas, repartidores principalmente. Los de Grand Union, nuestro supermercado favorito, solían ser africanos, inmigrantes recién llegados de Chad o Ghana. «Negros de mierda —la oía gritar—. ¿Qué creéis, que no me he dado cuenta?»

Helen tocó fondo el día en que la emprendió físicamente con un sordomudo, un chico de catorce años, muy querido en el barrio, que trabajaba como repartidor para el *deli* cercano.

—¿Cómo has podido hacer eso? —la reprendió Hugh.

—¿Qué quieres que haga si me roban? —replicó—. ¿Que me quede plantada sin hacer nada?

Luego se descubrió que el «robo» en cuestión se redujo a que el chico le pidiera prestado el bolígrafo. Después de cotejar la cuenta con él, se lo metió en el bolsillo de la camisa, probablemente sin darse cuenta. Helen se abalanzó sobre él, le tiró de los pelos y le clavó las uñas en el cuello.

—Pero no con saña —puntualizó—. Casi no le hice sangre.

Cuando le preguntamos para qué podía querer aquel chico robar un bolígrafo que costaba treinta centavos, cuando seguro que podía coger todos los que quisiera gratis de la tienda de su padre, Helen dejó escapar un suspiro, como hastiada de tener que explicar obviedades.

—¡Porque es portugués! —exclamó—. Ya sabéis cómo son esos cabrones. Los habéis visto.

Había, no obstante, un deje de angustia en su voz, el temor tal vez a haber llevado las cosas demasiado lejos en esa ocasión.

A la mañana siguiente, Helen me llamó por teléfono y me pidió, tímidamente casi, si podía darle unas friegas con Bálsamo de Tigre. Crucé el pasillo y, una vez me hubo franqueado la entrada, tomó asiento y se señaló el hombro dolorido.

—Creo que me lo lesioné zurrando al canalla ese —dijo.

Era el 14 de febrero, día de San Valentín, y tras alguna que otra observación más sobre el chico de los repartos, Helen desvió sus pensamientos hacia el amor o, más concretamente, hacia mi padre. El otoño anterior había estado de visita en casa, y desde entonces no dejaba de sacarlo a colación.

—Es un señor muy apuesto el tal Lou. Lástima que no heredaras sus genes.

—Bueno, alguno habré tenido que heredar —repliqué.

—No, ni uno. Habrás salido a tu madre. Que, por cierto, está muerta, ¿no?

—Sí, ya falleció.

—¿Sabes que tenemos la misma edad, yo y Lou? ¿Está saliendo con alguien?

Solo de imaginar a mi padre y Helen juntos empezaron a sudarme las plantas de los pies.

—No, no está saliendo con nadie, ni tiene intención.

—Uy, qué picajoso —saltó—. Era solo una pregunta, hombre.

Después Helen se bajó una poco la blusa y me pidió que le diera la friega en la espalda.

Al volver de hacerle otro recado en la farmacia, Helen me pidió que le diera unos toques de betún blanco en el techo de la cocina. Se le había formado una pequeña mancha, y estaba empeñada en que eran orines de perro, que se filtraban del apartamento de arriba.

—Los muy hijos de perra creen que con desgraciarme el techo conseguirán largarme a la residencia.

No recuerdo por qué no lo hice. Quizá había quedado con alguien o simplemente ya había tenido bastante por ese día.

—Mañana te lo pinto —le dije, y cuando ya cerraba la puerta, la oí decir:

—Ya. Tú siempre mañana, mañana.

Fue Joe quien la encontró. Helen guardaba en la cocina un tablón de madera, para defenderse de posibles intrusos, y Joe se despertó al oír que Helen aporreaba la puerta de su propia casa por dentro. Joe, que tenía un juego de llaves de su casa para una emergencia, entró en el apartamento y se la encontró tirada en el suelo. Junto a ella, el taburete patas arriba, y bajo la mesa de la cocina, fuera de su alcance, el bote de betún blanco.

En *Solo se vive una vez*, al igual que en todos los culebrones, de hecho, los personajes siempre se echan la culpa de todo. El protagonista se debate entre la vida y la muerte tras sufrir un accidente de tráfico y, mientras los cirujanos hacen lo posible para salvarle la vida, la familia congregada en la sala de espera asume responsabilidades. «Ha sido culpa mía —dice la exmujer—. No debí alterarlo con la noticia del bebé.» Y luego se da cabezazos contra la pared hasta que el padre del protagonista la interrumpe. «No digas tonterías. Aquí el único culpable soy yo.» Luego mete cuchara la novia y decide que no, que en verdad la culpa ha sido suya. Al final, el único que no asume culpa alguna es el conductor del otro vehículo.

—¿Por qué demonios se subiría a una silla para limpiarse los zapatos? —se preguntaba Joe en voz alta mientras la ambulancia enfilaba ya hacia el hospital St Vincent—. Eso es lo que no acabo de entender.

—Ni yo —contesté.

En los meses siguientes Hugh y yo fuimos a verla al hospital. El problema no fue la fractura de cadera, sino los sucesivos infartos sufridos durante la intervención. Parecía que la hubiera partido un rayo, así de ida estaba. Además de ser incapaz de articular una frase completa, se había quedado, literalmente, sin colmillos que enseñar. Ya no tenía la dentadura, ni las gafas, y cuando el tinte de henna se le descolorió, los cabellos, así como la cara, adoptaron el color del cemento viejo.

La habitación en la que estaba ingresada era pequeña y calurosa. Junto a la puerta había otra cama, en la que estaba postrada una señora dominicana que había perdido una pierna recientemente. Cada vez que iba por allí, me señalaba la bandeja de comida de Helen y me decía con voz suplicante: «¿Su amiga se va a comer esa salsa de manzana? ¿Cree que querrá esas galletitas? Si no, yo me las como».

Helen ya no era ni sombra de sí misma; de lo contrario, a esas alturas a su compañera de habitación ya le habría faltado mucho más que una pierna. Dado su estado, la dominicana no causaba más impresión en ella que el televisor que colgaba del techo, permanentemente sintonizado en el Canal Basura y encendido a todas horas.

A su funeral acudieron personas que le había oído mencionar pero nunca había conocido. Helen me contó en una ocasión que de joven la apodaban Rocky, como a Graziano, el boxeador, pero según su hermana le habían puesto todo tipo de motes. «Para mí siempre fue Baby Hippo, por el enorme pandero de hipopótamo que tenía —me dijo—. ¡Le daba una rabia que la llamara eso!»

Casi todos los presentes con los que entablé conversación tenían alguna anécdota rabiosa de la difunta que contar: Helen soltando palabrotas, dando mamporros, colgándoles el teléfono bruscamente. En los primeros meses que sucedieron a su fallecimiento, también yo rememoraba momentos así. A medida que fue pasando el tiempo, sin embargo, el foco comenzó a desplazarse, y en lugar de ver a Helen arremetiendo contra un sordomudo, la veía a la mañana siguiente, sentada en la cocina y yo dándole la friega con el Bálsamo de Tigre. Era tan raro que guardara algo así en casa, y más aún que lo admitiera.

—Es oriental —me dijo—. Creo que lo inventaron los chinos.

Yo no soy físicamente muy efusivo. Helen tampoco lo era. Nunca nos habíamos dado un abrazo, ni siquiera un apretón de manos, de ahí que me sintiera tan fuera de lugar frotándole el hombro desnudo y luego la espalda. Era, pensaba, como acariciar a una especie de criatura marina, la carne resbaladiza y mantecosa bajo mis manos. En mi recuerdo, había algo cociéndose en el fuego, un caldero de salsa de tomate, y el aroma se mezclaba con el alcanfor del Bálsamo de Tigre. Los cristales de las ventanas estaban empañados, Tony Bennett sonaba en la radio y, con un «Por favor», la voz entrecortada por lo insólito de la palabra, Helen me pidió que subiera el volumen.

THE MONSTER MASH

Los muertos es lo que tienen, que parecen auténticamente muertos, casi falsos, como si fueran muñecos de cera. Esto lo sé gracias a mi paso por un instituto forense, en otoño de 1997. Los cadáveres parecían irreales, mientras que el instrumental empleado para descuartizarlos resultaba inquietantemente familiar. Quizá en otros institutos que dispongan de mejor financiación no ocurra lo mismo, pero en aquel los patólogos empleaban podaderas para abrirse paso entre las costillas. A las cajas torácicas se las vaciaba de sangre con cucharones de latón, como esos que se ven en las cantinas, y las mesas donde se practicaban las autopsias se lubricaban con un lavavajillas de saldo cualquiera. También resultaban familiares las canciones, temas antiguos sobre todo que sonaban por el transistor salpicado de sangre formando una especie de banda sonora. De joven, yo asociaba a los Three Dog Night con un profesor del primer año de instituto, que se enorgullecía de haber sido el primer fan del grupo. Ahora, en cambio, siempre que oigo «Joy to the World» veo un fibroma sobre un plato de porexpan. Es curioso cómo cambian nuestras asociaciones.

Cuando estaba en el instituto forense llevaba puesto un traje protector, con los consabidos gorritos y peúcos de plástico. Los ciudadanos eran destripados ante mis ojos, uno tras otro, y estoy convencido de que a primera vista yo parecía aguantar bien el tipo. Pero por la noche, de regreso en la habitación del hotel, daba dos vueltas a la llave y me plantaba bajo el chorro de la ducha hasta que agotaba el jabón y el champú. Los ocupantes de la habitación contigua debían de estar bastante intrigados. Una hora con el agua corriendo, y luego aquella voz entrecortada que decía: «Creo en los fantasmas, creo en los fantasmas, de verdad, de verdad, de verdad».

Tampoco es que aquel mundo me pillara de nuevas por completo. Ya desde pequeño había sentido fascinación por la muerte, no en el sentido espiritual, sino estético. Se me moría un hámster o un cobaya y, una vez enterrado el cuerpo, iba y lo desenterraba una y otra vez, hasta que no quedaba de él más que un simple pellejo. La costumbre me valió cierta reputación, especialmente cuando me dio por los animalitos del prójimo. «Igor», me llamaban. «Morboso, enfermizo.» Pero creo que aquel interés mío era bastante común, al menos entre adolescentes. A esa edad, la muerte es algo que le sobreviene a animales o ancianos exclusivamente, y estudiarla viene a ser como un proyecto escolar, pero de los buenos, los que no conllevan hacer deberes en casa. Para la mayoría de los niños la muerte es una obsesión transitoria, pero en mi caso el paso del tiempo no logró sino acrecentar la curiosidad.

De joven, con los ahorros que sacaba de fregar platos, adquirí un ejemplar de *Medicolegal Investigations of Death*, una especie de biblia para los profesionales estadounidenses de la medicina forense, que me costó setenta y cinco dólares. Allí te mostraban cómo se te quedaba el cuerpo si mordías un alargador eléctrico con los pies metidos en un charco, si te aplastaba un tractor, si te partía un rayo, si te estrangulaban con un cable telefónico espiral o con un cable telefónico plano, si te golpeaban con un martillo de orejas, si morías quemado, de un disparo, por ahogamiento, por apuñalamiento o despedazado por un animal salvaje o doméstico. Los pies de foto sonaban maravillosamente líricos; mi favorito era: «Vasta extensión de moho en el rostro de un ermitaño». Pasé horas ensimismado ante aquella foto, confiando en extraer inspiración de ella, pero la lírica no es mi fuerte, y lo mejor que se me ocurrió fueron estos pobres ripios:

Contémplese al ermitaño pensativo,
su rostro, sin embargo, enmohecido,
los hongos por doquier haciendo estragos.
Más le valiera haberse aireado.

Tampoco la biología es mi fuerte. Los forenses procuraron instruirme, pero estaba demasiado entretenido con lo siniestro: con el descubrimiento, por ejemplo, de que si saltas de un edificio alto y aterrizas en el suelo de espalda, los ojos se te salen de las cuencas y se te quedan colgando como cables ensangrentados. «¡Igual que en las gafas de pega!», le dije al jefe del equipo forense. El hombre, un profesional en toda regla, siempre respondía de la misma manera a mis observaciones: «Bueno —decía con un suspiro—. No exactamente».

Tras una semana en la sala de autopsias, seguía sin poder ver el menú de una tasca sin sentir arcadas. Por la noche, cerraba los ojos y veía los cubos llenos de manos exangües almacenados en la cámara frigorífica secundaria del despacho. Allí se guardaban también los cerebros, una pared entera de ellos, dispuestos en los estantes como conservas en un colmado. Luego estaban los restos varios: un torso suelto, una hermosa cabellera rubia, un par de ojos flotando en un potito para bebés. Si los juntabas todos podías formar una secretaria brillante, capaz de escribir a máquina a la velocidad del rayo pero incapaz de contestar al teléfono. Yo me pasaba horas desvelado pensando en esas cosas, hasta que mis pensamientos volvían con los recién fallecidos, la mayoría a menudo enteros, o casi.

Muchos llegaban desnudos, envueltos en idénticas bolsas negras con cremallera. Los familiares tenían prohibido el acceso al edificio, de manera que eran cadáveres descontextualizados. Desconectados de los vivos, parecían criaturas extrañas, que guardaban relación únicamente entre ellas. El informe policial atestiguaba que la señora Daniels había fallecido al perder el control un camión y empotrarse en el ventanal de una hamburguesería donde la finada hacía cola a la espera de su pedido. Pero ahí concluía el relato. ¿La víctima tenía hijos? ¿Había un señor Daniels? ¿Por qué se hallaba en aquella hamburguesería en particular aquella tarde en particular? En casos así, no me bastaba con el informe de rigor. Aquella mujer tenía que haber perecido por algún motivo, puesto que de no ser así, yo podría correr la misma suerte. Tres hombres mueren abatidos a disparos mientras asistían a un bautizo, y uno piensa: «Ya. Seguro que frecuentaban malas compañías». Pero ¿mientras compras una hamburguesa? Yo mismo compro hamburguesas. O, al menos, las compraba.

Aquel instituto forense estaba ubicado en la Costa Oeste de Estados Unidos, en una ciudad donde es fácil hacerse con un arma y los conductores tienen fama de liarse a tiros por una plaza libre de aparcamiento. El edificio, bajo de techo y siniestro de aspecto, se hallaba en las afueras de la ciudad, entre la vía férrea y una fábrica de sellos de goma. En el vestíbulo había una maceta con una planta y una recepcionista que guardaba un spray ambientador de ozonopino en el cajón del escritorio. «Para los putrefactos», aclaró, refiriéndose a los que fallecían solos como la una y cuando encontraban el cadáver ya se encontraba en avanzado estado de descomposición. En Halloween nos llegó un caso así, un anciano octogenario que se había caído de una escalera mientras cambiaba una bombilla. Después de pasar cuatro días y medio tirado en el suelo de un habitáculo sin aire acondicionado, nada más abrir la cremallera de la bolsa la sala se impregnó de lo que el forense de guardia calificó como «el aroma de la seguridad laboral». La autopsia se le practicó por la mañana y me convenció con más fuerza que nada en el mundo de las ventajas del compañerismo. «Nunca vivas solo —me dije—. Antes de cambiar una bombilla, avisa al de la habitación de al lado y ponlo de vigilante hasta que concluya la operación.»

A esas alturas de mi formación forense, la lista de cosas que nunca se debían hacer ocupaba ya tres páginas e incluía recordatorios como: no dormirse nunca en un contenedor, no subestimar nunca a las abejas, no circular nunca por detrás de un camión de plataforma plana cuando vayas en descapotable, no hacerse viejo nunca, no emborracharse nunca cerca de un tren y nunca, bajo ninguna circunstancia, provocarte la asfixia mientras te masturbas. Esta última costumbre constituye una epidemia nacional, y es sorprendente la cantidad de hombres que se excitan practicándola vestidos con la ropa de su mujer, la mayoría aprovechando las ausencias del domicilio de la susodicha. Para quienes sean proclives a costumbres similares, vaya por delante esta advertencia: cuando os descubran, la policía tomará fotos de vuestro cadáver disfrazado, y esas imágenes pasarán a formar parte de un álbum fotográfico que podría ser objeto de un minucioso escrutinio por parte de individuos como yo, que no pudiendo soportar el hedor del recién llegado putrefacto, se enclaustran en la sala de archivos, lamentándose, «Dios mío, qué espanto, qué espanto», no sé si refiriéndose al cardenalicio rostro del finado o al turquesa del collar indígena que se colgó para que hiciera conjunto con la blusita.

Yo no había programado mi paso por aquel instituto para que coincidiera con Halloween, pero así fue. Lo lógico sería pensar que, dada la fecha, la mayoría de las víctimas serían niños, atropellados por algún vehículo mientras iban de puerta en puerta con su «truco o trato» o envenenados tras la ingestión de caramelos en mal estado, pero de hecho el día transcurrió como otro cualquiera. Por la mañana recibimos al anciano putrefacto de turno, y después de comer acompañé a una forense citada para testificar en un juicio por asesinato. Había sido la encargada de la autopsia y se presentaba como testigo de la acusación. Debería haberme interesado por otras cosas, pues motivos de interés no faltaban en aquella vista –las pruebas manchadas de sangre, la trayectoria de las balas–, pero yo solo tuve ojos para la madre del acusado, que compareció ante los tribunales con unos shorts vaqueros y una camiseta de los *Cazafantasmas*. No tuvo que ser fácil para ella, pero aun así, uno se pregunta qué consideraría aquella mujer como ocasión digna de un atuendo formal.

Al volver del juicio, observé mientras otra forense extraía gusanos de una espina dorsal hallada en el desierto. Había también otra cabeza putrefacta y, antes de terminar su jornada, la forense tenía previsto dejarla en ebullición para examinar luego el pelado cráneo en busca de traumatismos. Se me pidió que transmitiera la información al jefe del equipo y, pensándolo ahora, tal vez debí escoger mejor mis palabras: «En marcha la hervidora —le solté—. A las cinco, ebullición craneal a la antigua usanza».

Evidentemente, fue el miedo quien habló por mí, el miedo y esa pueril necesidad de fingir que estás de vuelta de todo, que eres uno más de la pandilla. Aquella noche, en lugar de regresar al hotel, me senté a charlar con los encargados de los traslados de cadáveres, uno de los cuales había sido multado en fechas recientes por utilizar el carril especial destinado a los vehículos con más de un ocupante a bordo, pese a pretextar, en vano, que el cadáver que llevaba en la trasera bien podía considerarse un pasajero más. Yo me los había imaginado como seres lúgubres y taciturnos, esa clase de individuos que vive en sótanos y carece de aptitudes sociales, pero demostraron ser justo lo contrario. Algunos habían trabajado anteriormente como enterradores, y me contaron que los funerales gitanos eran lo peor. «Acampan en el aparcamiento, pinchan la luz, y se ponen a asar pollos sin parar.» Después rememoraron el día en que encontraron el ojo de un suicida pegado a los bajos de la puerta de un dormitorio, y seguidamente encendieron la televisión y se pusieron a ver una película de terror, que dudo les causara mucha impresión.

Estuvimos charlando los cuatro solos hasta casi medianoche, cuando un achispado sujeto con una sudadera de Daytona Beach se presentó en la verja del instituto solicitando una visita guiada por las instalaciones. Al ver que su petición no era bien recibida, señaló hacia un vehículo que aguardaba con el motor en marcha y le pidió a su novia que nos convenciera. La jovencita era una coqueta preciosa, y al verla presionar con el cuerpo contra la verja me la imaginé tumbada en la mesa de autopsias, con sus órganos a un lado, en una reluciente pila. Veía a todo el mundo de esa guisa y me preocupaba que se convirtiera en un hábito imposible de dejar. Era la consecuencia de haber visto demasiado y comprender la horrible verdad: nadie está a salvo en ninguna parte. El mundo es incontrolable. Quizá el niño que va de puerta en puerta pidiendo caramelos la noche de Halloween no caiga fulminado ese día, pero tarde o temprano le llegará su hora, así como a mí, y a todas las personas que me importan en la vida.

Huelga decir que en las semanas subsiguientes vivir conmigo no fue precisamente una alegría. A principios de noviembre, de vuelta ya en casa, espantaba a todo el que se cruzaba en mi camino. Ese talante sombrío, sin embargo, fue desvaneciéndose poco a poco. Antes del día de Acción de Gracias ya me imaginaba a la gente desnuda en lugar de muerta, todo un avance. Una semana después, ya estaba fumando en la cama otra vez, y justo cuando creía haberlo superado, fui a comprar a la tienda del barrio y vi cómo una anciana resbalaba en una uva. La pobre cayó mal, y corrí a su lado y la agarré del brazo.

—El pasillo de las frutas y verduras es peligroso, hay que ir con mucho cuidado.

—Lo sé —dijo ella—. Podría haberme roto una pierna.

—¿Una pierna? —repuse—. ¡Podría haberse matado!

La mujer intentaba incorporarse, pero yo no la dejaba.

—Lo digo en serio. No será la primera en morir por algo así. Doy fe.

La anciana mudó el semblante y su rostro dejó traslucir miedo además de simplemente dolor. Era la expresión propia de quien topa con un repentino e insalvable peligro: el vagón descarriado, la escalera que se tambalea, el chalado que te inmoviliza en el suelo de una tienda e insiste, con creciente urgencia, que todo lo que uno conoce y ama es susceptible de desaparecer por culpa de una simple uva.

EN LA SALA DE ESPERA

Cuando llevaba seis meses viviendo en París, dejé las clases de francés y opté por la vía rápida. De todos modos, me pasaba el día preguntando «¿Cómo ha dicho?», pero no sé para qué, porque aunque me lo repitieran, raras veces lo entendía, y si lo entendía solía ser alguna banalidad, como que mi interlocutor me preguntaba si quería una tostada o me anunciaba que iban a cerrar la tienda dentro de veinte minutos. Viendo que era inútil tomarse tantas molestias para tan poca cosa, opté por decir a todo «D'accord», que viene siendo algo así como «Estoy de acuerdo» y, básicamente, significa «Vale». Aquella expresión era como la llave de una puerta mágica, y pronunciarla me abría un mundo de excitantes posibilidades.

«D'accord», le dije al conserje, y al rato me encontré cosiendo el ojo al muñeco de peluche de su nieta. «D'accord», le dije a la dentista, y ella me envió a un periodoncista, que me hizo unas radiografías y luego me llamó a su despacho para comentar unas cosillas. «D'accord», le dije, y una semana más tarde, de vuelta en su consulta, me sajó las encías de arriba abajo y extrajo montones de depósitos de sarro acumulados en las raíces de mis dientes. Si llego a saber lo que me esperaba en aquella consulta, no se me hubiera ocurrido decirle «D'accord» a mi editor en Francia, que me había concertado una entrevista televisiva para la noche siguiente. Era un programa cultural que se emitía semanalmente, y que gozaba de bastante popularidad en Francia. Yo salía después de la estrella del pop Robbie Williams, y en cuanto el productor me instaló en la butaca, me pasé la lengua por los puntos de las encías. Sentía como si tuviera la boca llena de arañas, una cosa espeluznante, pero al menos me dio tema de conversación para la velada, cosa que agradecí.

Un día le dije «D'accord» a un camarero y me trajeron un morro de cerdo erguido sobre un lecho de brotes tiernos. Otro día se lo dije a la dependienta de unos grandes almacenes y salí de allí chorreando colonia. Cada día era una aventura.

En otra ocasión, sufrí un cólico renal, cogí el metro para ir al hospital y le dije «D'accord» a una simpática enfermera pelirroja, que me condujo a una habitación particular y me conectó a un gotero con Demerol. Esa era sin duda la mejor reacción que había obtenido tras un «D'accord», y tras ella vino la peor. Cuando eliminé el cálculo, hablé con un médico que rellenó un papelito programándome para una visita el lunes siguiente, día en que me practicarían lo que acababa de acordar que me practicaran. «D'accord» le dije, y para rematarla añadí «Génial!».

El día de la cita programada, regresé al hospital, donde firmé el formulario de ingreso y fui conducido por una enfermera no tan simpática a un espacioso vestidor.

—Quédense en calzoncillos —me dijo.

—*D'accord* —contesté.

Cuando se daba la vuelta para salir, me dijo algo más y, pensándolo retrospectivamente, debí pedirle que lo repitiera, la verdad, que me dibujara un croquis si era necesario, porque una vez te has quitado los pantalones, «D'accord» ya no puede significar «vale».

Había tres puertas que daban al vestidor, y en cuanto me quité la ropa, pegué el oído a una tras otra, intentando determinar cuál sería la indicada para una persona en mis circunstancias. Tras la primera se oía mucho ruido, muchos teléfonos que sonaban, así que quedaba descartada. Tras la segunda se oía poco más o menos lo mismo, de manera que opté por la tercera y accedí a una sala de espera con las paredes pintadas en colores vivos, sillas de plástico y una mesita baja con sobre de cristal sobre la que había montones de revistas apiladas. En un rincón se alzaba una maceta, y junto a esta había otra puerta, que estaba abierta y daba a un pasillo.

Tomé asiento y apenas al minuto de estar allí esperando, entró una pareja que ocupó dos de las sillas vacías. Lo primero que me llamó la atención fue que los dos vinieran vestidos, y muy elegantes, por cierto; no en chándal y zapatillas de deporte. La señora lucía una falda gris de paño que le llegaba hasta las rodillas y hacía juego con el gabán de su marido. El negro cabello de ambos, a todas luces teñido, también hacía juego, aunque le quedaba mejor a ella que a él, menos vanidoso, supongo.

—*Bonjour* —dije y pensé que tal vez la enfermera me hubiera dicho algo de una bata, quizá la que había visto colgando en el vestidor.

Estaba deseando volver dentro a por ella, pero si hacía eso, se iban a dar cuenta de que había metido la pata. Me tomarían por tonto, así que preferí darles en las narices y seguir en mi silla aparentando absoluta normalidad. *La la la.*

Es curioso las cosas que a uno se le pasan por la cabeza cuando se ve sentado en calzoncillos delante de dos extraños. El suicidio, por ejemplo, es una de ellas, pero en cuanto te lo planteas como opción viable, te das cuenta de que no dispones de las herramientas necesarias: no dispones de un cinturón que atarte al cuello, ni de un bolígrafo que meterte en la nariz o la oreja y hundirte en el cerebro. Por un instante pensé en tragarme el reloj, pero no me garantizaba la asfixia. Vergüenza me da decirlo, pero dada la manera que tengo de comer, probablemente me lo habría tragado tan campante, correa incluida. Con un reloj de pared, todavía, pero con un Timex del tamaño de una moneda, sin problema.

El señor del pelo negro teñido extrajo unas gafas del bolsillo de su americana, y al abrirlas me acordé de una noche de verano en el jardín de mis padres. Hacía ya mucho tiempo de aquello, fue una cena en honor de mi hermana Gretchen, que cumplía diez años. Mi padre nos preparó unos chuletones a la brasa. Mi madre sacó la mesa de picnic, encendió unas velitas para ahuyentar los insectos, y nada más empezar a dar cuenta de la comida, me pilló metiéndome en la boca un pedazo de ternera del tamaño de un monedero. No soportaba vernos engullir la comida, pero en aquella ocasión le molestó más de lo habitual.

–Así te ahogues –me dijo.

Yo tenía doce años y me quedé clavado en el sitio, pensando: «¿Habré oído bien?».

–Di que sí, zampabollos, atragántate.

En aquel instante, deseé ahogarme de verdad. Deseé que aquel bolo de carne me obstruyera la garganta, y mi madre cargara con la culpa el resto de sus días. Cada vez que pasara por delante de un asador o una carnicería, se acordaría de mí y reflexionaría sobre sus funestas palabras: «Así te ahogues». Pero no me ahogué, evidentemente. Sobreviví y me convertí en persona adulta, para poder terminar sentado en aquella sala de espera, con unos calzoncillos por toda vestimenta. *La la la.*

Más o menos sobre ese momento otras dos personas entraron en la sala. Ella tendría unos cincuenta y pico y venía acompañando a un señor ya mayor que parecía incluso llevar demasiada ropa: traje, jersey, bufanda y, por si fuera poco, abrigo, del que se desprendió trabajosamente, forcejeando con cada botón. «Traiga –pensé–. Deme que se lo quite.» Pero el señor hizo oídos sordos a mi transmisión telepática y le tendió el abrigo a su acompañante, que lo dejó colgado sobre el respaldo del asiento. Nuestras miradas se cruzaron un instante –los ojos de ella ensanchándose progresivamente al bajar de mi cara a mi torso– y luego agarró una revista de la mesita y se la tendió al anciano, que deduje sería su padre. A continuación escogió otra revista para ella y, mientras la hojeaba, me relajé un poco. No era más que una señora leyendo un ejemplar de *Paris Match*, y yo no era más que un individuo sentado delante de ella. En calzoncillos, sí, pero quizá no le diera mayor importancia al particular. Ni ella, ni ninguno de los allí presentes. El anciano, la pareja con el pelo a juego. «¿Cómo ha ido en el hospital?», preguntarían sus amigos. Y ellos les dirían «Bien», o «Ah, pues lo de siempre, ya sabes». «¿Nada fuera de lugar?» «No, que yo recuerde, no.»

A veces es un consuelo recordar que no todos son como yo. No todos van por ahí tomando apuntes en una libreta para luego pasarlos a un diario. Y menos aún cogen ese diario, hacen unos retoques, y lo leen en público.

«París, 14 de marzo. Llevé a papá al hospital, y en la sala de espera nos sentamos delante de un hombre que estaba en calzoncillos. Calzoncillos como los de antes, no bóxers, un tanto descoloridos ya, con el elástico dado de sí tras muchos lavados. Luego le dije a papá: "Esas sillas son para todo el mundo, tendrán que sentarse otros, ¿no?", y papá convino conmigo en que aquello no era nada higiénico.»

«Sujeto extraño, siniestro. Pelos en los hombros. Sentado con sonrisa de pánfilo, hablando solo.»

Qué arrogancia la mía pensar que voy por ahí dejando huella, especialmente en un ajetreado hospital donde la miseria humana es la norma. Si alguno de aquellos individuos hubiera llevado en verdad un diario, lo registrado en aquella fecha probablemente guardaría relación con su diagnóstico, con alguna noticia ya fuera inconveniente o susceptible de cambiarles la vida: el hígado no es compatible, el cáncer se ha extendido a la médula. En comparación, un hombre en calzoncillos no es más digno de mención que el polvo acumulado en una planta, o la tarjeta con la orden de suscripción a la revista tirada en el suelo junto a la mesa. Además, tanto si fueran buenas como malas noticias, esas personas terminarían saliendo del hospital y volverían a la calle, donde cualquier cosa podría borrar mi recuerdo de su memoria.

Tal vez al volver a casa se cruzaran con un perro con una pata de palo, como me sucedió a mí una tarde. Era un pastor alemán, y llevaba una especie de cachiporra a modo de prótesis. El entramado de tiras que sujetaba el aparato me dejó estupefacto, pero lo más raro era cómo sonaba al rozar el suelo del vagón del metro, con un ruido sordo, quejumbroso a la par que enérgico. Luego estaba el dueño del perro, que miró aquella pata casera y luego me miró a mí, con una expresión como diciendo: «No está mal el apaño, ¿eh?».

O tal vez, volviendo a casa, se toparan con algo en comparación insignificante pero no por ello menos sorprendente. Un día, me dirigía a la parada del autobús, cuando me encontré con una mujer muy bien trajeada que estaba tirada en la acera frente a una tienda de material de oficina. Un corrillo se había formado en torno a ella, y en el momento de yo sumarme a él llegaron los bomberos. En Estados Unidos, cuando alguien se cae, se llama a una ambulancia, pero en Francia son los bomberos quienes realizan la mayor parte de las operaciones de salvamento. Aquella era una brigada de cuatro, y una vez confirmaron que la señora se encontraba bien, uno de ellos fue hacia el camión y abrió la puerta. Pensé que habría ido a por una sábana térmica de aluminio, de esas con las que tapan a los accidentados en estado de shock, pero lo que el bombero sacó de allí dentro fue una copa de cristal tallado. En cualquier otra parte del mundo habrían recurrido a una taza de papel o plástico, no a una copa de cristal con pie incluido. Supongo que siempre tendrán una reservada en el asiento delantero, junto con las hachas y demás.

El bombero llenó la copa con agua de una botella y luego se la tendió a la señora, que ya se había incorporado y se peinaba el pelo con la mano, como si acabara de despertar de la siesta. Esa fue la entrada más importante en mi diario aquella noche, pero por muchos retoques que hice en el relato de la historia, tenía la impresión de que faltaba algo. ¿Había mencionado que estábamos en otoño? ¿Las hojas caídas sobre la acera contribuían a aumentar la sensación de maravilla que me había provocado la escena o era simplemente la dignidad implícita en aquella copa de cristal tallado? «Puede que estés tirada en el suelo; puede que esto sea lo último que roce tus labios, pero vamos a hacerlo en condiciones, ¿eh?»

Cada uno tiene sus preferencias, pero en mi opinión una escena así es como poco cincuenta veces mejor que la que yo protagonicé en aquella sala de espera. A una copa de cristal tallado le puedes sacar partido durante siglos, mientras que un hombre en calzoncillos te dura dos días, a lo sumo una semana. A menos, claro está, que el hombre en calzoncillos seas tú, en cuyo caso la historia probablemente te acompañe el resto de tus días; no flotando en el límite exacto de tu conciencia, no a mano como un número de teléfono, pero accesible aun así, igual que un bocado de carne o un perro con una pata de palo. Cuántas veces pensarás en el frío asiento de plástico de aquel hospital, y en la cara de la enfermera al pasar por la sala de espera y verte allí sentado, con las manos entre las rodillas. Llena de sorpresa, llena de regocijo al proponerte una nueva aventura y quedarse allí de pie, esperando a tu siguiente «D'accord».

SOLUCIÓN AL CRUCIGRAMA DEL SÁBADO

Mientras volaba en dirección a Raleigh, estornudé y la pastilla para la tos que estaba chupando me salió disparada por la boca, rebotó en mi mesita plegable y recuerdo que aterrizó en la entrepierna de la mujer que iba sentada a mi lado, dormida con los brazos cruzados sobre el pecho. Me extraña que el impacto no la despertara —así de fuerte fue la propulsión—, pero se limitó a un leve aleteo de párpados y un suspirito, como esos que a veces dejan escapar los bebés.

En circunstancias normales, habría tenido tres opciones. La primera: hacer como si no hubiera pasado nada. La mujer se despertaría y repararía en aquella especie de botón brillante que de pronto aparecía cosido a la entrepierna de sus vaqueros. El avión en el que viajábamos era pequeño, un pasillo central con un asiento por fila en el lateral A y dos en el B. Nosotros íbamos en el B, de modo que si a mi compañera de asiento le daba por pedir cuentas, yo sería el primero en la lista.

—¿Es suyo esto? —me preguntaría.

—¿El qué? —diría yo, mirando a su entrepierna con cara de bobo.

La opción número dos era alargar la mano y arrancarle la pastilla de los pantalones, y la tercera, despertarla y cambiar las tornas diciendo: «Disculpe, pero creo que tiene algo que me pertenece». Ella, entonces, me devolvería el caramelo y puede que incluso se disculpara, pensando confundida en que me lo habría quitado sin darse cuenta.

Las circunstancias, sin embargo, no eran ni mucho menos normales, puesto que antes de caer dormida, ella y yo ya habíamos tenido un altercado. Apenas hacía una hora que la conocía, pero percibía en ella una inquina tan potente como la ráfaga de aire frío que en ese momento soplaba en mi cara, eso debido a que mi vecina había redirigido la boquilla de aire sobre su cabeza en dirección a mí, como para zanjar la discusión con un que te den morcilla antes de echar la cabezadita.

Lo curioso es que en un principio no tuve la impresión de que fuera la típica buscabroncas. Cuando hacía cola tras ella para embarcar me pareció una mujer normal, de unos cuarenta como mucho, vestida con una camiseta y unos vaqueros cortos deshilachados. La melena, castaña, le caía por los hombros y mientras hacíamos cola se la recogió y la ató con una goma. Iba acompañada de un hombre más o menos de su misma edad, también vestido con vaqueros cortos, aunque los suyos llevaban dobladillo. Él hojeaba una revista de golf, y adiviné que se iban juntos de vacaciones. Mientras subíamos por la escalerilla del avión, oí que ella le decía algo sobre un coche de alquiler y luego se preguntaba en voz alta si habría alguna tienda donde comprar comida cerca de la casita de la playa. Estaba claramente ilusionada con el viaje, y recuerdo pensar que, fuere cual fuese la playa adonde se dirigieran, ojalá que la tienda no quedara muy lejos. Cosas que le pasan a uno por la cabeza. «Que haya suerte», pensé.

Una vez a bordo, observé que nos habían sentado juntos, cosa en la que no vi ningún inconveniente. Me instalé en mi asiento junto al pasillo, y no había pasado un minuto cuando la mujer se levantó, disculpándose, y se dirigió hacia el que hojeaba la revista de golf, sentado más adelante. Solo, en primera fila, delante del mamparo. Recuerdo que lo sentí por él, porque yo detesto que me den esos asientos. A los que son altos les encantan, pero para mí cuanto menos espacio para estirar las piernas mejor. Siempre que estoy en un avión o en una sala de cine, me gusta sentarme todo lo repanchingado que puedo en la butaca y apoyar las rodillas contra el respaldo del asiento delantero. En primera fila, no hay asientos delanteros que valgan, solo un tabique a un metro de tus narices, y nunca sé qué hacer con las piernas. Otro inconveniente es que te obligan a dejar todos los bártulos en el compartimento de arriba, que normalmente ya van llenos para cuando monto en el avión. En resumidas cuentas, que antes prefiero viajar colgado del tren de aterrizaje que sentado en primera fila.

Cuando anunciaron el inminente despegue, la mujer regresó a su asiento pero asomó la cabeza por el respaldo delantero para continuar la conversación con su compañero. No presté mucha atención a lo que decían, pero me pareció oír que él la llamaba Becky, pimpante diminutivo que cuadraba bien con el contagioso, casi infantil, entusiasmo de aquella mujer.

El avión despegó, y todo siguió su curso habitual hasta que mi compañera de asiento me tocó el brazo y señaló al tipo con el que antes la había visto hablando.

—Oiga —dijo—, ¿ve a ese de ahí? —Lo llamó a voces; Eric, creo que se llamaba; y él volvió la cabeza y la saludó con un ademán—. Es mi marido, ¿le importaría cambiarse de asiento con él para que podamos ir los dos juntos?

—Pues, es que… —dije, y antes de que terminara la frase, torció el gesto y me interrumpió diciendo:

—¿Qué pasa? ¿Tiene algún inconveniente?

—Pues, mire, normalmente no lo tendría, pero es que no soporto ir sentado frente al mamparo ese.

—¿El qué?

—El mamparo —repetí—. En primera fila, me refiero.

—Oiga —me dijo—, si le pido que se cambie no es porque sea mal asiento, sino porque él que va ahí es mi marido. —Se señaló la alianza, y al yo inclinarme para verla mejor, enseguida retiró la mano, diciendo—: Bah, olvídelo.

Sentí como si acabara de darme un portazo en las narices, inmerecidamente, en mi opinión. Tendría que haberla dejado por imposible, pero no, servidor intentó razonar.

—Son solo noventa minutos de vuelo —repliqué, insinuando que tampoco era el fin del mundo que te separaran de tu marido un ratito—. ¿Qué pasa, qué van a meterlo en prisión nada más aterrizar en Raleigh o qué?

—No, no lo van a meter en *prisión* —y pronunció esa última palabra alzando la voz, mofándose de mí.

—Mire, si fuera un niño no tendría inconveniente en... —repuse, pero ella me cortó en seco.

—Da igual.

Luego levantó los ojos al cielo y volvió la vista hacia la ventanilla enfurruñada.

Me había tomado por el clásico intransigente de mierda, incapaz de hacer un favor a nadie así lo maten. Cosa que no es cierta. Lo que pasa es que prefiero que los favores partan de mí, y tener la sensación de haber hecho una buena obra en lugar de sentirme avasallado y contrariado. «Peor para ella. Que se enfurruñe todo lo que quiera», decidí.

Eric había dejado de agitar la mano, y me indicó con un gesto que llamara la atención de Becky.

—Mi mujer —dijo, moviendo los labios—. Avise a mi mujer.

Viendo que no tenía escapatoria, le di un toquecito en el hombro a Becky.

—A mí no me toque —rezongó, exagerando la nota, como si acabara de soltarle un puñetazo.

—Su marido la llama.

—Vale, pero eso no le da derecho a tocarme.

Becky se desabrochó el cinturón de seguridad, irguió el cuerpo y se dirigió a Eric en un audible aparte.

—Le he dicho que se cambie de sitio contigo, pero no quiere.

Eric ladeó la cabeza, que en comunicación no verbal indica «¿Y eso?», y ella replicó, levantando la voz sin ninguna necesidad:

—Porque es un capullo, ¿por qué va a ser?

Una señora ya mayor, sentada al otro lado del pasillo, volvió la cabeza para mirarme, y saqué el crucigrama del *Times* de la bolsa que había dejado bajo el asiento. Eso siempre denota que eres una persona cabal, especialmente los sábados, cuando el crucigrama trae palabras largas y pistas especialmente rebuscadas. El problema es que para resolverlo hay que concentrarse, y yo solo podía pensar en la tal Becky que iba a mi lado.

Diecisiete horizontal: expresión sinónima de «desasnar»; quince letras. Escribí: «Yo de capullo nada», y me encajó.

Cinco vertical: tribu indígena del Amazonas; nueve letras. «Capulla tú.»

Miren qué lumbrera de hombre, cómo se está ventilando el crucigrama, imaginé que pensarían todos. Tiene que ser un genio. Por eso no ha querido cambiarle el asiento al marido de esa pobre. Ese hombre sabe algo que nosotros no sabemos.

Es triste la importancia que le otorgo al crucigrama del *Times*, un pasatiempo fácil los lunes pero cuya complejidad va en aumento a medida que avanza la semana. A veces invierto catorce horas en resolver el del viernes para luego poder restregárselo a alguien y exigirle que reconozca mi superior inteligencia. Me creo más listo que nadie por ello, cuando en verdad lo que estoy poniendo de manifiesto es que mi vida es un aburrimiento.

Volví a mi crucigrama, y Becky alcanzó una novelita de tapa blanda, de esas que tienen la cubierta en relieve. Miré de refilón intentando pillar el título, pero ella apartó el libro bruscamente, retirándolo un poco más hacia la ventanilla. Es extraño que percibamos las miradas curiosas del prójimo sobre nuestro libro o nuestra revista con la misma certeza que si nos estuvieran tocando. Aunque eso solo puede aplicarse a la palabra escrita, porque clavé los ojos durante más de cinco minutos en los pies de Becky y en ningún momento hizo por apartarlos. Tras nuestro altercado, mi compañera de asiento se había desprendido de las zapatillas de deporte, y observé que llevaba las uñas esmaltadas de blanco, perfectamente esculpidas todas ellas.

Dieciocho horizontal: «Displicente».

Once vertical: «Puta».

Ya ni siquiera me molestaba en mirar las pistas.

Cuando llegó el carrito con las bebidas, continuamos con nuestra contienda a través de la auxiliar de vuelo.

–¿Qué les puedo ofrecer? –preguntó la azafata, y Becky dejó inmediatamente la novelita y respondió:

–No vamos juntos. –Le repateaba las tripas que pudieran tomarnos por pareja, o amigos siquiera–. Yo viajo con mi marido, pero él va sentado ahí delante. Frente «al mamparo».

«Eso lo has aprendido gracias a mí, bonita», pensé.

–Ah, ¿puedo ofrecerle…?

–Póngame una Coca-Cola –dijo Becky–. Con poco hielo.

Yo también tenía sed, pero más que un refresco lo que deseaba era caerle en gracia a la azafata. A ver, ¿ustedes con quién se quedarían, con la niñata melindrosa que no hace más que interrumpir y se pone tiquismiquis con los cubitos, o con el considerado y acomodaticio caballero que levanta la vista sonriente de su arduo crucigrama y dice: «Para mí, nada, gracias»?

En caso de que el avión perdiera altura y la única forma de mantenernos en el aire fuera arrojar a un miembro del pasaje por la salida de emergencia, tuve la certeza de que en ese momento la azafata escogería a mi compañera de asiento antes que a mí. Imaginé a Becky aferrada a las jambas de la puerta, el viento sacudiéndole la melena con tanta fuerza que ya empezaban a caérsele unas guedejas. «Pero mi marido…», suplicaría. Y yo entonces daría un paso al frente y diría: «Miren, yo ya he estado en Raleigh. Tírenme a mí en su lugar». Entonces Becky comprendería que yo no era el capullo por quien me había tomado, y en ese instante se le resbalaría la mano y caería succionada en el espacio.

Dos vertical: «¡Toma!».

Qué placer transformar el odio del prójimo en culpa; hacerle comprender que estaba equivocada, que se había precipitado al juzgarme, que no había sido capaz de ver más allá de sus propios e insignificantes intereses. El problema es que lo mismo podría haber dicho ella de mí. Yo daba por sentado que Becky era la típica que llega tarde al cine y encima te pide que te corras y te sientes detrás del espectador más alto de la sala para que su marido y ella puedan estar juntitos. Solo porque ella se esté acostando con un sujeto, que sufra todo el mundo. Pero ¿y si me había equivocado? Me la imaginé en una habitación en penumbra, temblando ante un historial repleto de satinadas radiografías. «Le doy dos semanas a lo sumo —está diciéndole el médico—. ¿Y si se hace usted una pedicura, se compra unos pantaloncitos cortos y disfruta de unas merecidas vacaciones con su marido? Tengo entendido que las playas de Carolina del Norte están preciosas en esta época del año.»

Entonces la miré y pensé: «No. Esta de haber tenido un simple dolor de barriga, ya lo habría dicho». ¿O no? Yo repetía una y otra vez para mis adentros que estaba en mi derecho, pero me di cuenta de que ese pretexto no me valía al volver al crucigrama y ponerme a listar las diversas razones por las que no podía considerárseme un capullo y un egoísta.

Cuarenta horizontal: «Doy dinero a la r… ».

Cuarenta y seis vertical: «… adio pública».

Mientras me devanaba buscando la Razón número dos, observé que Becky, por su parte, no hacía lista alguna. Era ella la que me había insultado, la que me había buscado las cosquillas, y allí estaba tan campante. Se tomó su Coca-Cola, subió la bandejita plegable, llamó a la azafata para que se llevara la lata vacía y se reclinó en el asiento dispuesta a echar una cabezada. Fue al poco de eso cuando me metí la pastilla en la boca, y al poco cuando solté el estornudo y el caramelo salió disparado y fue a parar a su entrepierna.

Nueve horizontal: «¡Mierda!».

Trece vertical: «¿Y ahora qué?».

Entonces se me ocurrió otra opción. «Pues, mira —pensé—, quizá sí que me cambie de sitio con su marido.» Pero ya era demasiado tarde: el marido también se había quedado dormido. Lo único que podía hacer era despertarla de un codazo y recurrir a la misma propuesta que a veces le hago a Hugh. Estamos enzarzados en una discusión y de pronto me callo en mitad de la frase y le propongo que volvamos a empezar y punto. «Ahora salgo y cuando vuelva hacemos como si no hubiera pasado nada, ¿vale?»

Cuando tenemos una trifulca de las gordas, Hugh aguarda a que yo salga al pasillo y luego echa el cerrojo a la puerta, pero si se trata de una discusión sin importancia, me sigue la corriente y yo hago como que vuelvo a entrar en el apartamento, diciendo «¿Cómo tú por casa a estas horas?» o «Uy, qué bien huele. ¿Qué estás cocinando?», pregunta fácil de responder porque Hugh se pasa el día trajinando en la cocina.

Al principio, estamos un poco cortados, pero poco a poco el pudor se va pasando, y entramos cómodamente en el papel de dos amables criaturas, atrapadas en una función teatral algo sosa.

—¿Te echo una mano?

—Puedes poner la mesa, si quieres.

—¡Vale, marchando!

No sé cuántas veces habré puesto la mesa a media tarde, horas antes de que nos sentemos a cenar. Pero la función resultaría aún más sosa si no hubiera un poco de acción, y tampoco es que me apetezca deslomarme pintando una habitación, por ejemplo. Solo quiero demostrarle lo mucho que agradezco que me siga el juego. Hay quienes van por la vida armando trifulcas y tirándose los platos a la cabeza, pero yo prefiero que la mía sea lo más armoniosa posible, aunque requiera un poco de teatro de vez en cuando.

Yo de buena gana habría vuelto a empezar con Becky, pero algo me decía que mi compañera de asiento no iba a prestarse al juego. Hasta dormida transmitía hostilidad, y cada ronquido sonaba como una acusación. «Ca-pu-llo. Ca-puggg-llo.» El aviso de que íbamos a aterrizar no consiguió despertarla, y cuando la azafata le pidió que se abrochara el cinturón de seguridad, lo hizo adormilada, sin mirar siquiera. La pastilla para la tos desapareció bajo la hebilla de aquel cinturón, con lo cual yo ganaba otros diez minutos, tiempo que emplearía recogiendo mis cosas, y así podría enfilar hacia la puerta de embarque lo antes posible. Lo malo es que no conté con que el pasajero que iba delante fuera más rápido que yo y me obstruyera el paso intentando mal que bien sacar su petate del compartimento de arriba. De no haber sido por él, igual me habría esfumado antes de que Becky se desabrochara el cinturón, pero el caso es que me pilló solo a cuatro filas de distancia, justo al lado del mamparo.

No era la primera vez que oía el calificativo que la tal Becky me dedicó, ni será la última, probablemente. Cinco letras, con la posible pista: «Mamífero doméstico de cuatro patas cuya carne y grasa se aprovechan por entero». Evidentemente, en el crucigrama del *Times* no vienen palabras tan fáciles. Si no, cualquiera podría resolverlo.

ADULTOS CARGANDO HACIA SETA DE HORMIGÓN

Antes de que lo trasladaran a las afueras de Raleigh, cerca del recinto ferial, el Museo de Arte de Carolina del Norte se encontraba ubicado en el casco urbano y, de chicos, mi hermana Gretchen y yo solíamos saltarnos la misa dominical y nos pasábamos la hora contemplando cuadros. La colección no era ninguna maravilla, pero bastaba para hacerse una idea general y para recordarte que no valías un pimiento. Tanto Gretchen como yo nos creíamos artistas. Ella, del tipo de artista capaz de pintar y dibujar como es debido, y yo del tipo de artista que fingía pintar y dibujar como es debido. Cuando mi hermana contemplaba un cuadro, se colocaba a cierta distancia, y luego, poco a poco, de manera casi imperceptible, se iba acercando a él hasta que terminaba con la nariz pegada al lienzo. Examinaba la pintura globalmente y luego por fragmentos, dando pinceladas en el aire con los dedos.

—¿En qué estás pensando? —le pregunté una vez.

—Pues, no sé, en la composición —me dijo—, en las superficies, en lo realistas que se ven las cosas desde lejos y lo extrañas que resultan cuando las tienes cerca.

—Igual que yo —le dije, pero a decir verdad yo lo que estaba pensando era lo magnífico que sería poseer una obra de arte auténtica que poder exponer en mi dormitorio.

Yo ni siquiera tirando de mis ingresos como canguro podía permitirme el lujo de comprar cuadros, de modo que invertía en tarjetas, que se podían adquirir por veinticinco centavos en la tienda del museo y luego enmarcar usando el embalaje de cartón de las camisas a modo de paspartú. Para darles más empaque.

Estaba yo una tarde buscando inspiración para enmarcar cuando descubrí una pequeña galería de arte llamada exactamente así: Little Art Gallery. Era un espacio relativamente nuevo, ubicado en el centro comercial de North Hills y regentado por una señora llamada Ruth que tendría más o menos la edad de mi madre; ella fue quien me dio a conocer el término «fabuloso», en el sentido de, por ejemplo: «Si te interesa, tengo un nuevo Matisse fabuloso que nos llegó justo ayer».

El Matisse era un póster, no un cuadro, pero aun así yo me dispuse a contemplarlo con pose de experto, quitándome las gafas y chupeteando la patilla con la cabeza ladeada. «El único inconveniente es que no sé si encajará con el resto de mi colección», le dije, refiriéndome a mi calendario de Gustav Klimt y a la solapa del elepé de King Crimson que tenía clavada con chinchetas sobre la cómoda.

Ruth me trataba igual que a un adulto, lo cual, dadas mis pretensiones, no debía de ser tarea fácil.

—No sé si sabrás —le dije en una ocasión— que por lo visto Picasso era español en realidad.

—¿Ah, sí? —contestó.

—Antes tenía expuestas unas postales suyas en mi pared francesa, encima del escritorio, pero ahora las he trasladado junto al Miró, al lado de la cama.

Ruth entornó los ojos, fingiendo visualizar la nueva disposición.

—Muy oportuno el cambio —observó.

La Little Art Gallery no quedaba muy lejos de mi instituto, así que después de clase solía dejarme caer por allí para pasar el rato. Horas más tarde, cuando volvía a casa y mi madre me preguntaba dónde había estado, le contestaba: «Ah, con mi marchante».

En 1970, las únicas obras de arte que había en casa de mis padres eran un árbol genealógico de la familia y un retrato a carboncillo sin enmarcar de mi hermano, mis cuatro hermanas y yo que alguien nos había pintado en una feria. Ambas colgaban en el comedor y siempre me habían parecido pero que muy bien; hasta que empecé a frecuentar a Ruth y decidí que eran poco atrevidas.

—¿Qué más pretendes de un retrato de seis niños malcriados? —repuso mi madre, y en lugar de intentar explicarme, la llevé a conocer a Ruth.

Sabía que harían buenas migas. Pero no imaginaba hasta qué punto. Al principio la conversación giró en torno a mí, con Ruth en el papel de lisonjera y mi madre dándole la razón a duras penas: «Uy, sí. Tiene el dormitorio precioso. Todo en su sitio».

Luego a mi madre le dio por frecuentar la galería y por comprarle cosas. Su primera adquisición fue una longilínea estatuilla masculina como de papel retorcido que en realidad estaba hecha a base de láminas de metal prensado. El hombrecillo mediría unos siete centímetros y sostenía tres alambres oxidados, acoplados los tres a un globo de vidrio soplado que flotaba sobre su cabeza. *Señor globo*, lo denominó mi madre.

—No sé, pero parece que esa chistera no le pega mucho —observé.

—¿Ah no? —contestó mi madre, como diciendo «¿Te he pedido opinión acaso?».

Me molestó que hiciera aquella adquisición sin solicitarme consejo, así que continué ofreciéndole mis sesudas críticas, confiando en que aprendiera la lección.

Su siguiente adquisición fue un reloj de pie con el cuerpo de nogal y una esfera con cara humana aporreada por una especie de gong chino. No era un rostro realista sino lo que mi madre denominaba «semiabstracto», término que había adoptado de Ruth. Término que se suponía mío. Yo ignoraba cuánto había pagado exactamente por aquel reloj, pero sabía que le había salido caro. Lo bautizó con el nombre de *Señor Creech*, en honor a su creador, y cuando intenté explicarle que una obra de arte no era como una mascota a la que hubiera que ponerle nombre, me dijo que ella lo llamaba como le daba la real gana.

—¿Te parece que debería colocar el *Señor Creech* junto a *Señor globo* o crees que sería recargar demasiado el comedor?

—A mí no me preguntes —repliqué—. La experta eres tú.

Luego fue mi padre quien conoció a Ruth, y también él se hizo un experto. El arte unió a mis progenitores como nada lo había hecho hasta entonces, y dado que el pasatiempo era nuevo para ambos, pudieron compartirlo sin rivalizar. De pronto formaban equipo, la gran pareja coleccionista de arte, los Walter y Louise Arensberg de Raleigh, Carolina del Norte.

—Tu madre tiene un ojo clínico —alardeó mi padre, refiriéndose en esa ocasión al *Hombre agrietado*, una cara de arcilla semiabstracta obra de la misma ceramista que había diseñado nuestra nueva mesita de centro.

Él no era amigo de derrochar el dinero, pero aquello, aclaró, era una inversión, algo que, al igual que las acciones y los bonos del Estado, se revalorizaría cada vez más y terminaría poniéndose «por las nubes».

—Y mientras, lo disfrutamos todos —dijo mi madre—. Todos menos el Señor Cascarrabias.

Es decir, un servidor.

Si el arte me había cautivado hasta el momento era porque mis padres lo ignoraban todo en ese terreno. Para mí era un interés personal, que solo Gretchen y yo compartíamos. Sin embargo, de buenas a primeras todos se habían apuntado al carro. Hasta mi abuela griega tenía su criterio, consistente este en que a menos que Jesucristo figurara en el cuadro, no era digno de un vistazo siquiera. Yiayia no tenía un gusto muy exigente: se tratara de un Giotto o de un Rouault, lo importante era que el sujeto apareciera clavado en una cruz o con los brazos levantados ante la multitud. Para ella el arte tenía que contar una historia, y aunque a mí la suya en particular no me despertara ningún interés, compartía su criterio. Por eso prefería la escena de *Mercado en un muelle* expuesta en el museo al Kenneth Noland que también formaba parte de su colección. En lo tocante a creación artística propia, sin embargo, yo tendía más hacia Noland, puesto que resultaba infinitamente más sencillo trazar triángulos que dibujar un abadejo con un aspecto realista.

Antes de que mis padres empezaran a frecuentar aquella galería, me habían tenido por un artista innovador. Y de pronto pasaba a ser lo que en realidad era: no solo un plagiario, sino un plagiario que no daba palo al agua. Al contemplar mi cuadrado verde sobre fondo calabaza, mi padre dio un paso atrás y declaró:

—Me recuerda al fulano ese, ahora no me sale el nombre, ese que vive en una isla de las Outer Banks.

—La verdad es que está más en la línea de Ellsworth Kelly.

—Será que Kelly se ha inspirado en el fulano ese de la isla.

A la edad de quince años, tal vez yo no fuera el experto en arte que presumía de ser, pero en mi biblioteca figuraba un ejemplar de *La historia del arte* y sabía que la costa este de Carolina del Norte no podía considerarse un hervidero artístico que digamos. También estaba bastante seguro de que ningún pintor digno de tal nombre llenaba medio lienzo con su firma, ni la remataba con un signo de exclamación.

—Ahí se demuestra lo que sabes —replicó mi madre—. El arte no entiende de reglas. Su misión es romperlas. ¿Verdad, Lou?

—Exactamente —corroboró mi padre.

La siguiente adquisición que hicieron fue un retrato pintado por alguien llamado, pongamos por caso, Bradlington.

—Es alcohólico —anunció mi madre, como si el hecho de darle a la bebida lo hiciera más auténtico.

Excepción hecha de mi abuela, a todos les gustó el Bradlington, sobre todo a mí. Me recordaba algunos Goyas que había visto en mi libro de historia del arte, los de su etapa final, cuando los rostros eran como tajos sobre el lienzo.

—Es muy sombrío —declaré—. Muy… invocador.

Unos meses más tarde, llegaron a casa con otro Bradlington, un retrato de un muchacho que yacía de espaldas en una zanja. «Está contemplando las estrellas», dijo mi madre, pero yo le veía la mirada vacía, como de muerto. Pensé que nos aguardaba una racha de Bradlingtons, así que fue una decepción que llegaran a casa con aquel Edna Hibel. Esta vez no se trataba de un cuadro sino de una litografía, en la que se veía a una joven recogiendo flores en una cestita. El amarillo de los pétalos hacía juego con el nuevo papel pintado de la pared donde estaba la mesa rinconera de la cocina, así que allí se colgó el Hibel. A mí la idea de conjuntar obras de arte con el mobiliario me parecía abominable, pero a mi madre todo lo que conllevara introducir cosas nuevas en casa le parecía estupendo. Una vez compró un sofá que el vendedor denominó el «Navajo», y después una pieza de cerámica para que hiciera juego con el estampado de la tapicería. En el jarrón de metro y pico de alto se metió el ramo de espigas secas que hacía juego con el marco de un paisaje adyacente.

Cuando mi tía Joyce, hermana de mi madre, vio una foto de nuestra nueva sala de estar, le aclaró que los indios americanos eran mucho más que cojines de sofá. «Pero ¿tú tienes idea de cómo vive esa gente?», le preguntó. Joyce hacía obras benéficas para las tribus de Nuevo México y, gracias a ella, mi madre aprendió lo que eran la miseria y las muñecas kachina.

Mi padre se decantó por las tribus del noroeste del Pacífico y le dio por coleccionar máscaras, que nos miraban con ojos fulgurantes y desdeñosos desde la pared sobre la escalera. Yo me las prometía muy felices pensando que la etapa indígena les llevaría a retirar algunas de sus adquisiciones anteriores, pero qué va. «No puedo deshacerme del *Señor Creech* —dijo mi madre—. Aún no se ha revalorizado.»

Cuando iba por el segundo año de carrera empecé a comprender que aquellos nombres que mis padres dejaban caer tan alegremente no eran conocidos a escala nacional, ni lo serían nunca. Si le mencionabas el nombre de Bradlington a tu profesora de arte de la universidad de Ohio, se sacaba el lápiz de la boca y decía.

—¿Quién?

—Sí, es alcohólico. Vive en Carolina del Norte.

—Lo siento, pero nunca he oído hablar de él.

En cuanto a los otros, los Edna Hibels y los Stephen Whites, eran esa clase de artistas cuyas exposiciones se anunciaban en revistas del estilo de *ARTnews* más que de *Artforum*, artistas cuyas pinturas y litografías aparecían «orgullosamente expuestas» junto a carrillones en galerías con nombres como La Gaviota Feliz o Atardeceres en el Desierto, situadas generalmente en lugares de veraneo. Así se lo señalé a mis padres, pero no quisieron hacerme caso. Tal vez a mi profesora de arte no le dijera nada el nombre de Bradlington en la actualidad, pero bien que se enteraría cuando al hombre le fallara el hígado.

—Así son las cosas a veces —dijo mi padre—. Solo se valora al artista después de muerto. ¡Mira Van Gogh!

—¿O sea que todo artista alcanza la gloria después de muerto? —pregunté—. Si mañana por la tarde me atropella un autobús, ¿el cuadro que pinté la semana pasada valdrá una fortuna?

—No, claro que no —replicó él—. No solo vale con estar muerto. Hay que tener talento. A Bradlington le sale por las orejas, y a Hibel lo mismo. La chica que hizo esa mesita de centro seguro que gloria alcanza, pero en tu caso no estoy tan seguro.

—¿Qué insinúas?

Mi padre se acomodó en el Navajo.

—Insinúo que tu obra no parece arte.

—¡Hombre, habló el experto!

—Sí, algo sí.

—Anda y vete a la porra —le dije.

Pese a que yo nunca lo habría admitido, entendía perfectamente lo que quería decirme. Mis mejores obras no parecían sino manualidades escolares. Algo que era de esperar con la pintura y el dibujo —artes que requerían de una especial habilidad—, pero incluso mis últimas piezas conceptuales dejaban bastante que desear. El sobre de correo aéreo lleno de recortes de uñas, la maqueta del monumento a Lincoln hecha a base de caramelo... en otras manos tal vez dichas piezas suscitaran algún debate, pero en las mías parecían simplemente pretenciosas y desesperadas. No ya manualidades escolares, sino manualidades escolares mal hechas.

Cuando cumplí los treinta, dejé de hacer manualidades y aproximadamente diez años después, al poco de trasladarme a Europa, empecé a coleccionar pintura. Tengo unos cuantos lienzos franceses o ingleses, retratos sobre todo, del XIX, pero los más preciados para mí son una serie de pinturas holandesas del siglo XVII. *Mono comiendo melocotones, Hombre huyendo de una aldea en llamas, Figuras martirizadas por demonios infernales...* con títulos tan rotundos, imposible meter la pata. Se trata de obras de artistas menores –por lo general hijos de padres infinitamente más dotados–, pero si dejo caer sus nombres con cierta autoridad, casi siempre obtengo reacción. («¿Van der Pol has dicho? Ah, ya, creo que he visto algo de él en el Louvre.»)

La gente enmudece delante de mis cuadros. Entrelazan las manos a la espalda y se inclinan hacia ellos, probablemente preguntándose cuánto me habrán costado. Siento deseos de decirles que ninguno de ellos cuesta más de lo que una persona normal se gasta en su seguro del coche, sumados gastos de mantenimiento: cambios de aceite, pastillas de freno y demás. Yo, en cambio, no tengo coche, ¿así que por qué no emplear ese dinero en algo que me gusta? Además, esos cuadros terminarán revalorizándose, tal vez no demasiado pero con el tiempo no me cabe duda de que recuperaré el dinero invertido, así que en cierto modo es como si estuvieran simplemente bajo mi custodia. Pero dar esas explicaciones fastidiaría mi imagen de persona adinerada y con gusto. De entendido. De coleccionista.

La farsa se viene abajo cuando el visitante es un verdadero coleccionista o, peor aún, cuando es mi padre, que vino a casa el invierno de 2006 y se pasó la semana poniendo en tela de juicio mi criterio. En uno de mis cuadros se ve un grupo de gatos tocando unos instrumentos. Así dicho, parece una vulgaridad —una cursilada incluso—, pero visto en directo suscita una agradable repulsión; los músicos parecen más bien monstruos que animalitos que uno deseara tener por mascotas. Lo tengo colgado en el comedor, y mi padre, tras preguntar cuánto me había costado, sacudió la cabeza como quien presencia un accidente y dijo: «Vaya, está claro que te vieron cara de primo».

Tanto si la compra en cuestión es un cuadro como una colcha, la premisa de mi padre siempre es la misma: a saber, que soy retrasado mental y la gente se aprovecha de mí.

—Si ha sobrevivido trescientos años, es lógico que cueste ese dinero, ¿no? —repliqué, pero mi padre ya estaba contemplando otro evidente chafarrinón, holandés esta vez, en el que se representaba una dolorosa y primitiva intervención quirúrgica en el pie de un hombre.

—Yo no perdería ni dos minutos con este —afirmó.

—Me parece muy bien.

—Ni estando en la cárcel sin nada delante que ver me molestaría en echarle un vistazo. Antes me miraría los pies, miraría el camastro de la celda o lo que fuera, te lo aseguro.

Procuré que no se me notara la ilusión en la voz:

—¿Es que alguien quiere mandarte a la cárcel?

—No. Pero al que te vendió este cuadro bien que deberían meterlo entre rejas. No sé cuánto pagarías por él, pero si fue más de diez dólares quizá incluso pudieras demandarlo por fraude. —Contempló la pintura por última vez y luego se frotó los ojos, como si acabaran de echarle gas mostaza—. Dios bendito, pero ¿en qué estabas pensando?

—Si el arte es cuestión de gustos, ¿por qué te pones tan agresivo? —quise saber.

—Porque tú tienes un gusto de pena —contestó. Eso le llevó a reflexionar sobre *El hombre agrietado*, que aún cuelga en el vestíbulo de su casa, junto al comedor—. Son tres pegotes de arcilla pegados a un tablero —dijo—, pero no hay día en que no me detenga a mirarlo. Y no me refiero a un simple vistazo, no, sino a contemplarlo detenidamente. Con admiración, no sé si me entiendes.

—Te entiendo —dije.

Luego le describió la pieza a Hugh, que acababa de llegar de la compra.

—Es obra de una joven llamada Proctor. Seguro que has oído hablar de ella.

—Pues no, la verdad —dijo Hugh.

Mi padre repitió el nombre con su tono de voz normal. Y después se dispuso a repetirlo a voces y Hugh lo interrumpió.

—Ah, ya caigo. Creo que he leído algo sobre ella en alguna parte.

—Qué demonios, pues claro que sí —dijo mi padre.

Antes de que a mis padres les diera por coleccionar obras de arte, ya habían hecho algunas adquisiciones de cierta magnitud, la mejor de ellas, un adorno de hormigón para el jardín que habían descubierto a principios de los sesenta. Se trata de una seta de un metro de altura aproximadamente, con el sombrero de topos rojos y un pequeño y benévolo gnomo retrepado en su base. Mi padre la instaló al final del patio trasero de casa, junto al jardín, y tanto entonces como ahora a mis hermanas y a mí nos asombraba el semblante de resignación absoluta en el rostro de aquel gnomo. Puede que otros lloren o se molesten al ver denunciados y ridiculizados sus gustos personales, pero nuestro gnomo, no. Los carámbanos le cuelgan de la barba, las babosas surcan las puntas de sus puntiagudos zapatos, y él parece que dijera: «Qué se le va a hacer. Son cosas que pasan».

Ni siquiera cuando entramos en la adolescencia y desarrollamos cierto sentido de la ironía, se nos ocurrió pensar que aquel gnomo era una horterada. Ninguno le metió nunca un cigarrillo en la boca ni lo desfiguró pintándole órganos sexuales, como hicimos con *Señor globo* o la bruja protectora que mi madre tenía en la cocina. Después mis hermanas y yo nos fuimos marchando de casa, uno tras otro, y el jardín de atrás acabó convertido en una especie de vertedero. Las culebras anidaban bajo las bicicletas rotas y las montañas de material de obra que nunca llegaría a utilizarse, pero cada vez que volvíamos por casa, nos armábamos de valor y salíamos al patio para celebrar audiencia con la señora Seta. «Hay que ver la perra que tenéis todos con la seta esa —decía mi madre—. Ni que os hubierais criado entre salvajes.»

Plantada en su sala de estar, rodeada por su colección de arte, nuestra madre a menudo nos advertía de que las defunciones sacaban a flote lo peor del ser humano. «Ay, hijos, vosotros os creéis muy unidos, pero esperad a que vuestro padre y yo nos muramos y tengáis que repartiros la herencia. Ya veréis lo alimañas que sois en realidad.»

Mis hermanas y yo siempre imaginamos que llegado el momento recorreríamos tranquilamente la casa, adjudicándonos este objeto o el de más allá. Lisa se quedaría con los platos de postre; Amy, con la batidora; y así sucesivamente, sin discusiones. Fue, pues, muy doloroso comprobar que lo único que todos codiciábamos era aquella seta. Es un símbolo de la clase de personas que eran nuestros padres y, por encima de cualquier otro objeto contenido en la misma casa, se nos antoja una obra de arte.

Cuando mi padre muera, nos imagino a todos atravesando precipitadamente la entrada, pasando de largo junto al Hibel, los Bradlingtons, el *El hombre agrietado* y *Señor globo*, hasta alcanzar el territorio comanche, donde bajaremos a empujones por los peldaños de las escaleras, los seis *connoisseurs*, peinando canas ya todos, cargando hacia una seta de hormigón.

MEMENTO MORI

En los últimos quince años más o menos, he adoptado la costumbre de llevar siempre una libretita en el bolsillo de la chaqueta. Actualmente mi modelo favorito se llama Europa; suelo sacarla una media de diez veces al día y en ella anoto listas de la compra, observaciones y pequeñas reflexiones sobre cómo hacer dinero o martirizar al prójimo. La última página siempre la reservo para los números de teléfono, y la penúltima para ideas de regalos. No para regalar a otros, sino para que me regalen a mí: un calzador, por ejemplo... siempre he deseado tener uno. O un plumier, que, si es de los baratos, probablemente no cueste más que un donut.

También anoto ideas con presupuesto de quinientos a dos mil dólares, aunque suelen ser cosas más concretas. Cierto retrato, por ejemplo, de un perro del siglo XIX. No es que uno sea amante de los perros, ni mucho menos, pero aquella perra, porque era una perra —un galgo inglés hembra, creo—, tenía unas tetillas inquietantemente grandes, enormes, como tuercas atornilladas en la panza. Y lo más interesante aún es que la perra parecía consciente de ellas. Se le notaba en los ojos, vueltos hacia el pintor. «Ahora no, hombre —parecía querer decir—. ¿Es que no tienes sentido de la decencia?»

Descubrí aquel retrato en el mercado londinense de Portobello Road, y aunque lo solicité formal e informalmente durante meses, nadie me lo regaló. Incluso intenté crear un fondo común y contribuir con unos cientos de dólares de mi propio bolsillo, pero nadie picó el anzuelo. Al final tuve que darle el dinero a Hugh para que me lo comprara. Y luego pedirle que lo envolviera y me lo ofreciera de regalo.

—¿Y esto a qué viene? —pregunté.

A lo que Hugh, cumpliendo con el guión asignado, respondió:

—¿Tiene que haber una razón para hacerte un regalo?

—Ooooooh —exclamé a continuación.

Al revés, sin embargo, nunca funciona. Si le preguntas a Hugh qué quiere para Navidad o para su cumpleaños, te dice:

—Tú sabrás.

—Vale, pero ¿no hay nada en particular que te haya llamado la atención?

—Tal vez sí, tal vez no.

Hugh opina que dar listas es ponerlo demasiado fácil y que si en verdad lo conociera no necesitaría preguntarle qué quiere. No le basta con que busque y rebusque en las tiendas; también tengo que buscar y rebuscar en su alma. Hacerle un regalo se convierte en una especie de examen, lo cual me parece muy injusto. Si yo fuera de esos que salen corriendo a comprarlo en el último momento, él todavía podría tener motivo de queja, pero yo me pateo las tiendas con meses de antelación. Además, estoy oído al parche. Si, pongamos por caso, Hugh menciona en mitad del verano que le gustaría tener un ventilador eléctrico, ese mismo día voy y le compro uno y lo guardo en el armario donde suelo esconder los regalos. Llegado el día de Navidad, Hugh abre el regalo y lo mira torciendo el gesto hasta que digo: «¿No te acuerdas? Decías que te morías de calor y que darías lo que fuera por un poco de aire».

Pero esos son regalos prácticos, de relleno. Lo que verdaderamente me preocupa es encontrar su regalo principal, y él, a sabiendas, no suelta prenda. O más bien no soltaba. Este año ha sido la primera vez que por fin me ha dado una pista, aunque bastante hermética, la verdad.

—Sales a la calle y giras a la derecha —me dijo—. Después a la izquierda y sigues andando.

No me dijo «Párate antes de llegar a la avenida» o «Cuando llegues a la frontera con Checoslovaquia, sabrás que te has pasado de largo», pero, en cualquier caso, no hizo falta. Supe a qué se refería en cuanto lo vi. Era un esqueleto humano, auténtico, colgado en el escaparate de una librería médica. La antigua profesora de dibujo de Hugh había tenido uno, y aunque hacía diez años que Hugh había dejado de asistir a las clases de aquella mujer, de pronto recordé habérsele oído mencionar. «Si yo tuviera un esqueleto como el de Minerva…», decía. No recuerdo el resto de la frase, porque siempre se me iba la cabeza con el nombre de la profesora. Minerva… sonaba a bruja.

Hay compras con las que uno disfruta y otras con las que no. Los aparatos eléctricos, por ejemplo. Detesto comprar esas cosas, por muy feliz que hagan a quien las recibe. Lo mismo digo de los vales de regalo, los manuales de golf o de estrategias de inversión, o los libros de autoayuda que te explican cómo perder cinco kilos sin dejar de ser tú mismo. Yo creía que iba a disfrutar comprando aquel esqueleto, pero al mirar por el escaparate sentí la consabida punzada de decepción. No por escrúpulos morales ni mucho menos. No sentía reparo alguno en comprar a un sujeto que llevaba su buen tiempo muerto; lo que no quería era envolverlo. Encontrar la caja apropiada sería un engorro, y luego estaba el asunto del papel, que tendría que pegar hoja por hoja, dado que no se venden rollos de papel tan anchos. Entre unas cosas y otras, fue casi un alivio que me dijeran que aquel esqueleto no estaba en venta. «Es nuestra mascota —dijo la librera—. No podríamos desprendernos de él por nada del mundo.»

En Estados Unidos eso se traduce por «Hazme una oferta», pero en Francia van en serio. Hay tiendas en París donde, por mucho que les supliques, no te venden nada. Yo creo que la gente se siente sola. Los pisos se les llenan de cachivaches y, antes que pagar un guardamuebles, van y montan una boutique. Y luego allí que se apoltronan, vanagloriándose de su gusto exquisito.

En cuanto me dijeron que aquel esqueleto no estaba en venta me entraron unas ganas locas de encontrar uno. Quizá ese fue el problema desde un principio: me lo habían puesto demasiado fácil: «Gira a la derecha, gira a la izquierda y sigue andando». No había sensación de caza y captura.

—¿Sabe entonces dónde podría localizar uno que sí estuviera en venta? —pregunté, y la dependienta se quedó pensando un momento.

—Podría buscar en los tablones de anuncios —me dijo.

No sé en qué clase de círculos se movería aquella mujer, pero yo no he visto en mi vida un esqueleto anunciado en un tablón de anuncios. Bicicletas usadas, sí, pero osamentas, nunca; de hecho, ni cartílagos siquiera.

—Muchas gracias por su ayuda.

Puesto que no tengo nada mejor en lo que ocupar el tiempo que ir de compras, por lo general me motiva mucho que alguien me pida algo complicado de encontrar: una novela descatalogada, un recambio para una tacita de té rota. Yo pensaba que dar con un esqueleto iba a resultar difícil, pero en una misma tarde encontré dos: uno de un varón adulto, el otro de un recién nacido. Ambos en el mercadillo; los vendía un señor especializado según él en «cosas que no son para todo el mundo».

El recién nacido me tentó por su tamaño —podía llevármelo en una caja de zapatos—, pero al final me decanté por el adulto, un esqueleto con trescientos años de antigüedad sujeto gracias a un entramado de delgados alambres. Tiene un cierre en mitad de la frente, y si quitas el pasador puedes abrir la calavera y hurgar en su interior o esconder cosas dentro: drogas, pongamos, o joyas pequeñitas. No es la esperanza que uno alberga cuando piensa en el más allá («Me gustaría que mi cabeza sirviera de cofre para esconder grifa»), pero no tuve ningún miramiento. Compré el esqueleto con la misma facilidad con que suelo comprar casi todo. Para mí no era más que un conjunto de partes, igual que una lámpara o una cómoda.

No pensé que aquel esqueleto había pertenecido a un ser humano hasta que llegó el día de Navidad, cuando Hugh abrió el ataúd de cartón.

—Si no te gusta el color, podemos blanquearlo —le dije—. O cambiarlo por el del recién nacido.

A mí siempre me gusta ofrecer alternativas, aunque en este caso resultaron innecesarias. A Hugh le entusiasmó su regalo, estaba feliz. Yo suponía que iba a utilizar el esqueleto como modelo para sus bocetos, así que me quedé un tanto desconcertado al ver que en lugar de llevárselo al estudio, cargaba con él hasta el dormitorio y lo colgaba del techo.

—¿Estás seguro de que es el mejor sitio? —pregunté.

A la mañana siguiente, al mirar bajo la cama para buscar un calcetín que se me había extraviado, descubrí lo que a primera vista parecía un pendiente de tres piezas. Como esos que venden en los puestos ambulantes, no bonito, pero hecho a mano desde luego, a base de algo así como madera petrificada. Lo tenía levantado a la altura de los ojos, cuando de pronto pensé «Un momento, esto es un índice». El dedo se habría caído del esqueleto cuando Hugh entró con él a cuestas en el dormitorio. Y luego alguien, él o yo o probablemente su madre, que estaba pasando las navidades con nosotros, le habría dado una patada sin querer y había ido a parar bajo la cama.

No me tengo por persona especialmente escrupulosa, pero me dio no sé qué ver aquel dedo tirado en el dormitorio. «Si esto va a empezar a caerse a trozos, deberías llevártelo al estudio, la verdad», le dije a Hugh, y él me contestó que era su regalo y lo dejaría donde a él le saliera de las narices. Luego fue a por un trozo de alambre y le puso el dedo en su sitio.

Son las cosas que uno *no* compra las que más se fijan en la memoria. El retrato de aquella desconocida, pongamos por caso. Lo vi hace unos años en Rotterdam, y en lugar de ceder al impulso, le dije al marchante que tenía que pensármelo. Al día siguiente cuando regresé ya no estaba, se había vendido, y por suerte quizá. Si hubiera comprado aquel retrato, lo habría colgado en el despacho. Y después de contemplarlo arrobado durante una o dos semanas, poco a poco se me habría ido haciendo invisible, como me sucedió con el retrato de la perra. Ansiaba tenerlo, me moría por él, pero en cuanto lo tuve en mi poder, dejó de interesarme. No veo ya los ojos avergonzados del animal ni sus descomunales tetillas; en cambio recuerdo perfectamente a aquella desconocida, con su rubicundo y piadoso rostro y aquel cuello de encaje que abrazaba su garganta como un filtro de aire.

Van pasando los días y no hago más que desear que el esqueleto se me vuelva invisible, pero no hay modo. La bamboleante osamenta colgada entre la cómoda y la puerta del dormitorio es lo último que veo antes de dormirme, y lo primero con lo que se encuentran mis ojos al abrirse por la mañana.

Hay objetos que, curiosamente, nos transmiten mensajes; mi lavadora-secadora, por ejemplo. No pueden hablar, evidentemente, pero siempre que paso por delante de ellos me recuerdan que no me va del todo mal la vida. «Se acabó llevar la ropa a la lavandería», me zumba. La cocina, en cambio, tan deprimente ella, me repite a diario que no sé cocinar, y antes de que replique en mi defensa, salta la báscula, a gritos desde el baño: «Pues algo hará, porque a mí los números se me disparan». El esqueleto posee un vocabulario mucho más reducido; lo único que sabe decir es: «Vas a morir».

Siempre había creído comprender ese mensaje, pero últimamente me doy cuenta de que lo que yo llamo «comprender» es en esencia fantasear tan solo. Pienso en la muerte a todas horas, pero de un modo romántico nada más, interesado; por lo general la fantasía suele comenzar con la acometida de una trágica enfermedad y finalizar con mi funeral. Veo a mi hermano agachado junto a mi tumba, tan atormentado por la culpa que es incapaz de ponerse en pie. «Ojalá le hubiera devuelto los veinticinco mil dólares que me dejó», dice. Veo a Hugh, secándose los ojos con la manga del traje y vuelta a soltar el trapo al recordar que yo fui quien se lo compró. Sin embargo, nunca visualizaba a todos los que quizá celebrarían mi muerte, pero eso ha cambiado con el esqueleto, que adopta los rasgos de quien le viene en gana.

De vez en cuando veo en él a aquella señora francesa, a la que no cedí mi asiento en el autobús. En mi opinión, para que a uno lo traten como a un anciano tiene que parecerlo. Eso significa nada de estiramientos faciales, nada de melenas rubias y, decididamente, nada de medias de rejilla. Creo que es una regla perfectamente válida, aunque no hubiera estado de más haber tenido en cuenta las muletas.

«Lo siento», digo, pero antes de que me salgan las palabras por la boca, el esqueleto ya se ha metamorfoseado y es un sujeto llamado Stew, a quien una vez desairé en un trapicheo de drogas.

Stew y la señora francesa se alegrarán de mi marcha, y hay centenares como ellos que harán cola detrás, algunos con nombres conocidos, y otros a los que he conseguido hacer daño e insultar sin que mediara presentación previa. No pensaba en toda esa gente desde hacía años, pero he ahí la astucia del esqueleto. El muy taimado se introduce en mi cabeza mientras duermo y hurga entre la cochambre escondida en lo más hondo.

—¿Por qué yo? —le pregunto—. Hugh está también aquí acostado. ¿Por qué con él no te metes?

A lo que el esqueleto contesta:

—Vas a morir.

—Pero si fui yo quien encontró tu dedo.

—Vas a morir.

Entonces le pregunto a Hugh:

—¿Estás completamente seguro de que no te gustaría más el del recién nacido?

Las primeras semanas, oía la voz solo cuando estaba en el dormitorio. Luego se fue extendiendo hasta apoderarse de la casa entera. De pronto estaba sentado en mi despacho, cotilleando por teléfono, y el esqueleto intervenía, con voz de operadora internacional:

—Vas a morir.

Me tumbaba a todo lo largo de la bañera, remojándome tan ricamente entre aromas de aceites esenciales, mientras al otro lado de mi ventana los vagabundos se apretujaban unos contra otros como gatitos sobre rejillas de calefacción.

—Vas a morir.

En la cocina tiraba a la basura un huevo que se podía comer perfectamente. En el vestidor me ponía un jersey tejido por algún niño medio ciego a cambio de diez semillas de sésamo. En la sala de estar sacaba mi libreta y añadía un busto de Satanás a la lista de regalos que me gustaría recibir.

—Vas a morir. Vas a morir. Vas a morir.

—¿No te parece que podrías variar un poco la cantinela? —pregunté.

Pero él seguía erre que erre.

Dado que lleva muerto trescientos años, hay muchas cosas que no entiende: la televisión, por ejemplo.

—Mira —le dije—, aprietas este botoncito y ya está: entretenimiento garantizado sin moverte de casa. —Viendo lo impresionado que lo había dejado, decidí llevar las cosas más lejos—. La inventé yo mismo, para solaz de ancianos y enfermos.

—Vas a morir.

Con la aspiradora reaccionó de la misma manera, y eso que yo acababa de introducir la boquilla en su calavera para quitarle el polvo.

—Vas a morir.

Fue entonces cuando me vine abajo.

—Haré lo que me pidas —le dije—. Les pediré perdón a todas las personas a las que haya hecho daño en la vida, en lugar de agua del grifo usaré agua de lluvia para bañarme, haré lo que quieras, pero por favor dime algo, cualquier cosa, lo que sea.

El esqueleto dudo un instante y luego me dijo:

—Vas a morir… algún día.

Y yo retiré la aspiradora, pensando: «Bueno, algo es algo».

PARA QUÉ QUIERES MÁS BELLEZA EN LA VIDA

En París antes de cortarte el agua te avisan, pero en Normandía se da por hecho que tienes que estar al corriente. Al corriente y preparado, que es lo que me saca de quicio cada vez que pasa. Aun así, me las apaño como puedo. Con un cazo de caldo de pollo basta para afeitarse, y para la cisterna del váter siempre encuentro algo que echar en caso de aprieto: zumo de naranja, leche, algún champán vulgar. En caso de verdadera necesidad, supongo que podría internarme en el bosque y bañarme en el río, aunque nunca he llegado a esos extremos.

En la mayoría de los casos, los cortes se deben a obras de reforma en la red, ya sea en nuestro pueblo o en el de al lado. Cavan una zanja, cambian una tubería, y a las pocas horas todo vuelve a la normalidad. Lo misterioso es que esos cortes estén sincronizados con mis horarios. Es decir, que el grifo se queda seco en el preciso momento en que yo salgo de la cama, que suele ser entre las diez y las diez y media de la mañana. Para mí es una hora temprana, pero para Hugh y la mayoría del vecindario es ya casi mediodía. A saber qué andará haciendo esa gente a las seis de la mañana. Lo que sí sé es que te lo cuentan con un tonillo de superioridad moral impresionante y hablan del amanecer como si se tratara de una recompensa particular, otorgada en honor a su gran virtud.

La última vez que nos cortaron el agua fue a principios de verano. Yo me levanté a mi hora habitual y reparé en que Hugh había salido, a hacer sus recados o lo que sea que haga a esas horas. Eso significaba que tendría que resolver yo solito el problema del café: una especie de pez que se muerde la cola, porque yo sin cafeína soy incapaz de pensar como es debido, y para hacerme el café necesito pensar como es debido. En una ocasión, con los ojos pegados todavía, me lo hice con agua Perrier, que quizá parezca tener un pase, pero ya os puedo asegurar que no. En otra ocasión, calenté un poco de té que había quedado del día anterior y lo eché sobre los granos de café. Si hubiera sido té negro y no verde, quizá habría salido un café medio decente, pero el mejunje aquel sabía a rayos. Y desde luego no era como para repetirlo, así que en la ocasión que me disponía a contaros, descarté la tetera y fui directo hacia el jarrón con flores silvestres que teníamos al lado del teléfono en una de las mesitas del comedor.

Hugh había cogido aquellas flores el día anterior, y se me rompió el corazón de imaginármelo prado a través con aquel ramito entre las manos. Él a veces tiene cosas así; no son maricornadas, sino tareas que más bien parecen propias de aquellas austeras esposas de los pioneros, siempre haciendo confituras, por ejemplo, o cosiendo cortinas con tela de estopa. Una vez lo pillé a orillas del río, sacudiendo la colada contra una roca. Fue antes de que tuviéramos lavadora, pero aun así, podría haberla lavado en la bañera. «¿Quién eres?», le pregunté, y cuando se estaba dando la vuelta, casi imaginé que vería a un bebé mamando de su teta, pero no colocadito en uno de esos cómodos artilugios sino colgando de ella por las encías, con las mejillas arreboladas.

Cuando Hugh se pone a sacudir los calzoncillos contra las lajas del río o decide que tendría gracia moler la harina en casa, me acuerdo de una pareja que conocí una vez. Fue hace ya años, a principios de los noventa. Yo vivía entonces en Nueva York y estaba pasando las navidades en Carolina del Norte; lo primordial para mí en aquel momento era pillar grifa, colocarme y seguir colocado el resto de las vacaciones. Mi hermano, Paul, conocía a alguien que quizá pudiera venderme algo de maría, así que hizo la llamada de rigor, y, como suele suceder en estos casos, al rato Paul y yo nos encontramos en el interior de una roulotte a más de treinta kilómetros de Raleigh.

El camello se hacía llamar Little Mike, y se dirigió tanto a Paul como a mí llamándonos «frater». Parecía un adolescente recién salido de clase o, más exactamente, uno de esos adolescentes que han colgado los estudios y se pasan el día merodeando por el aparcamiento del instituto: chándal, coleta, hilillo atado a través del flamante agujerito en la oreja. Tras comentar algo sobre el vehículo de mi hermano, Little Mike nos hizo pasar al interior de la caravana y nos presentó a su mujer, que estaba sentada en el sofá, viendo un especial navideño en la tele. La chica llevaba medias y entre sus piernas, apoyadas sobre la mesita de centro, se acurrucaba un gato persa con el morro aplastado al sur de su falda. Tanto la chica como el gato tenían los ojos muy separados y el pelo de color rojo anaranjado, aunque el de ella quedaba parcialmente escondido bajo un gorrito de lana. Otra cosa común a ambos es que al entrar mi hermano y yo en la roulotte, los dos arrugaron la nariz. Cierta hostilidad por parte del gato era de esperar, aunque supongo que la chica también tendría sus motivos. Estás tan tranquila viendo la tele, y de pronto se te presentan dos sujetos en casa que ni siquiera conoces.

—No os preocupéis por Beth —dijo Little Mike, y le dio un palmetazo en la planta del pie.

—¡Ay! Capullo.

Little Mike avanzó hacia el otro pie, y yo fingí contemplar el abeto navideño, un arbolito artificial en miniatura que tenían colocado sobre un taburete junto a la entrada.

—Qué bonito —dije, y Beth me miró con ojos asesinos: «Mentiroso. Eso lo dices porque el tontainas de mi marido vende grifa», insinuaron.

Saltaba a la vista que Beth no nos quería allí; Little Mike, en cambio, parecía feliz con nuestra presencia.

—Siéntate —me dijo—. Haz una libación.

Fue con mi hermano hacia la nevera para coger unas cervezas, y Beth les pidió que le pusieran un ron con Coca-

Cola. Luego se volvió al televisor y clavó los ojos en la pantalla de muy mal humor, diciendo:

—Qué muermo de programa. Pásame el negrata.

Yo le sonreí al gato, como queriendo arreglar las cosas, y al señalar Beth hacia la esquina de la mesita, caí en la cuenta de que se refería al mando del televisor. En otras circunstancias, le habría replicado con un catálogo de diferencias entre la raza negra, obligada a trabajar sin cobrar, y esos aparatos negros que funcionan a pilas, sin pensamientos ni sentimientos, ni inconveniente en trabajar gratis. Pero la compraventa no había dado comienzo aún y yo lo que quería sobre todo era salir de allí con mi grifa. Le tendí, pues, el mando y observé a la mujer del traficante zapear de una emisora a otra, buscando algo que la complaciera.

Acababa la mujer de decidirse por una comedia, cuando Paul y Little Mike regresaron con las copas. Beth no estaba contenta con el número de cubitos en la suya, y nuestro anfitrión, tras sugerirle que se fuera a tomar por culo, introdujo la mano por la cinturilla del pantalón del chándal y extrajo una bolsita de marihuana. Pesaría como mínimo doscientos gramos, un pequeño alijo; mientras yo me regalaba los ojos con la grifa, Little Mike apartó los pies de su mujer de la mesa y le dijo:

—Anda y ve a por la balanza, guarra.

—Estoy viendo la tele. Ve tú.

—Puta —dijo él.

—Capullo.

—¿Habéis visto lo que uno tiene que aguantar?

Little Mike suspiró y se retiró en dirección a la trasera de la roulotte (el dormitorio, supongo); un minuto después regresó con una balanza y papel de fumar. Era una maría pegajosa, cuajada de capullos, y su olor me recordó al de los abetos navideños, aunque no como el del taburete. Tras pesarme mis treinta gramos y contar los billetes que le entregué, Little Mike se lió un porro, lo encendió, le dio una calada y se lo pasó a mi hermano. Cuando el canuto volvió a mí y me disponía a pasárselo de vuelta a nuestro anfitrión, saltó su mujer:

—¡Eh! ¿Y yo qué?

—Ahora resulta que la niña tiene ganas de jugar —replicó su marido—. Mujeres. El puto papel del porro bien que te lo chupan, pero cuando el pobre Papá Oso necesita un servicio en los bajos, siempre les duele la garganta.

Beth intentó replicar sin que se le escapara el humo:

—Galla la bogga, gapullo.

—¿Alguno de los dos está casado? —preguntó Little Mike.

Paul dijo que no con la cabeza.

—Yo estuve a punto de prometerme una vez —añadió—, pero David ni de lejos, porque, claro, con eso de ser maricón y tal…

Little Mike soltó una risotada y luego se quedó mirándome.

—¿Maricón auténtico? ¿Es verdad eso que dice tu frater?

—¡Vaya! —respondió Paul—. Está metido hasta las cachas en la mierda esa. Tiene su comepollas particular y todo… o sea novio, me refiero.

Pude haber intervenido, pero me hizo gracia escuchar a mi hermano, que sonaba como si alardeara casi, como si su perrito hubiera aprendido a hacer cálculos matemáticos.

—Lo que son las cosas —dijo Little Mike.

De pronto su mujer volvió a la vida y hasta se mostró casi sociable:

—Y el novio ese… Oye, una pregunta, ¿cuál de los dos es la mujer?

—Pues, ninguno —contesté—. Por eso somos una pareja homosexual. Porque somos hombres los dos.

—No —dijo—, me refiero a como en la cárcel y eso. Uno está entre rejas por asesinato y el otro por abuso infantil y tal, ¿no? Quiero decir, que uno de los dos es como un hombre normal.

Quise preguntarle si en ese caso el normal sería el asesino o el que abusaba de menores, pero me limité a aceptar el porro y contesté:

—Ah, vivimos en Nueva York —como si eso respondiera a la pregunta.

La visita a la roulotte se prolongó otra media hora, y en el trayecto de vuelta a Raleigh, me puse a pensar en lo que me había dicho la mujer del camello. Los ejemplos que había utilizado eran un tanto sesgados, pero entendía adónde quería ir a parar. Mucha gente, gente que vive en casas normales y no llama «negrata» al mando de la tele, me ha hecho la misma pregunta, aunque por lo general referida a las lesbianas, que en ese momento siempre están o bien ausentes o demasiado lejos para oír la conversación. «¿Cuál de las dos es el hombre?»

Es asombrosa la cantidad de tiempo que ciertos heterosexuales dedican al sexo gay, en su afán por determinar dónde va cada cosa y con qué frecuencia. No pueden imaginar un sistema distinto al suyo, y parecen obsesionados con el papel que desempeñan cada miembro de la pareja, ya sea en la cama como fuera de ella. ¿Quién llama perra a quién? ¿Quién llora con más desconsuelo cuando se muere el gatito? ¿Quién pasa más rato en el cuarto de baño? Supongo que pensarán que los papeles están establecidos de antemano, y no es así ni mucho menos. Puede que Hugh cocine e incluso se ponga un delantal mientras está cocinando, pero también corta la leña para la chimenea y arregla la calefacción, y sería capaz de arrancarme el brazo con tanta facilidad como se escarda una mala hierba del jardín. ¿Lo convierte eso en el asesino, o dado que también hizo las cortinas de casa queda reducido a abusador de menores?

Sobre todas esas cosas estaba reflexionando mientras contemplaba aquel ramo de flores silvestres que Hugh había traído a casa el día antes de que nos cortaran el agua. Algunas eran del color que yo asocio con las señales de ceda al paso, y otras de un lavanda así como tenue, los tallos finos como alambres. Me imaginé a Hugh agachado en el campo, incluso arrodillado tal vez, mientras las recogía, y luego agarré el ramo entero y lo tiré por la ventana. Después, llevé el jarrón a la cocina y vacié su amarillenta agua en un cazo. Luego la herví y me hice un café con ella. Cuando mi hombre llegara a casa iba a pagarla cara, pero para entonces al menos yo ya estaría despierto y con fuerzas para replicarle, puede que de manera convincente, que teniéndome a mí para qué quiere más belleza en la vida.

LA BUENA SOCIEDAD

Parecían la típica pareja recién salida de una gala hípica: señorón y señorona sexagenarios, él con su blazer de cachemira, ella con su chaqueta gris de tweed y su trébol con incrustaciones de pedrería refulgiendo sobre el brillante fieltro de la solapa. Iban a ser mis compañeros de asiento en el vuelo de Denver a Nueva York, y mientras aguardaba en el pasillo del avión dejándoles paso para que se acomodaran, me asaltó la trágica vergüenza del que es consciente de pertenecer a una clase inferior. La americana que tan ufano me había hecho sentir hasta el momento, se me antojó chabacana, al igual que mis zapatos, y que el montón de pinocha al que doy en llamar pelo. «Disculpen», les dije, pidiendo perdón por el simple hecho de existir.

La pareja tomó asiento y, en cuanto me instalé a su lado, el caballero se volvió a la señora y le dijo:

—Estoy harto de oír esta mierda.

Supuse que el caballero retomaba una discusión previa, pero resultó que se refería al tema de Gershwin que la aerolínea había adoptado como melodía ambiental.

—Es increíble la puta mierda que hay que oír en los aviones hoy día.

La señora se atusó su argentina cabellera y convino en que quienquiera que hubiera programado aquella música tenía que ser tonto del culo.

—Un soplapollas —la corrigió él—. Un soplapollas tonto del culo.

No eran gente escandalosa y, a decir verdad, tampoco parecían enfadados siquiera. Era simplemente su forma de hablar, el equivalente verbal a su vajilla de todos los días. Quizá de haber estado en compañía, la señora habría dicho tener algo de fresco, pero la versión que a mí me llegó fue:

—Joder, me estoy congelando.

—Y yo —dijo el marido—. Hace un frío de mierda aquí dentro.

La «mierda» es como el tofu de las palabrotas y se puede aplicar a toda condición que desee el hablante. Un calor de mierda. Un viento de mierda. Incluso yo era un imbécil de mierda, porque ¿cómo podía haberme equivocado tan de medio a medio con aquellos dos? ¿Por qué, después de tantos años, sigo dando en creer que la ropa cara significa algo más que simple liquidez, que el tweed y la cachemira son en realidad un símbolo de distinción?

Cuando se nos entregaron nuestras empaquetadas viandas, la pareja puso el grito en el cielo.

—¿Qué es esta porquería? —preguntó el caballero.

—Una mierda —dijo ella—. Una cajita llena de puta mierda.

El caballero sacó sus gafas graduadas y examinó un instante la galletita envuelta en celofán antes de tirarla otra vez en la bandeja.

—¡Primero te obligan a escuchar mierda y luego te la ponen para comer!

—Hay que joderse —dijo la señora—. Pero yo no me como esto, ya compraremos algo en el aeropuerto.

—¿Y pagarle quince dólares a un hijoputa por un bocadillo?

La señora dejó escapar un suspiro y alzó las manos al aire.

—¿Qué quieres hacer si no? O eso o habrá que comerse esta mierda que nos han puesto delante.

—Puaj, qué mierda todo —dijo su marido.

Parecía como si hubieran secuestrado a dos abuelitos de un anuncio de Ralph Lauren y los hubieran metido a la fuerza en una obra de David Mamet; y esa, en parte, era la razón por la que me tenían tan cautivado: había algo absurdo a la vez que extravagante en aquellas criaturas. Hacían buena pareja, y pensé que me habría gustado pasar un par de semanas siguiéndoles los pasos sin que me vieran y mirando el mundo a través de sus ojos. «Cena de Acción de Gracias, ja, a tomar por culo», los imaginé exclamando.

Llegamos al aeropuerto de LaGuardia a media tarde. Tomé un taxi tras recoger mi equipaje y al entrar en el vehículo fue como si me zambullera en un cóctel tropical malo, sensación achacable al ambientador de coco que colgaba balanceante del espejo retrovisor. A nadie le gusta ponerse tiquismiquis por fruslerías así, de modo que abrí la ventanilla una rajita y le di al taxista la dirección del West Village donde vive mi hermana.

—Sí, señor.

El taxista era extranjero, pero ignoro de dónde vendría. Supuse que de algún trágico país de esos asolados por las cobras y los tifones. Aunque eso podría decirse de medio mundo, la verdad. Tenía la tez oscura, más marrón que aceituna, y una mata de pelo negro abrillantada con algún aceite. Las púas del peine le habían dejado profundos surcos que le bajaban por la coronilla y desaparecían bajo el cuello deshilachado de su camisa. El vehículo se incorporó a la circulación, y el taxista abrió la ventanilla que separaba la parte delantera de la trasera y me preguntó cómo me llamaba. Respondí, y él me miró por el espejo retrovisor, diciendo:

—Usted es buena persona, ¿verdad, David? ¿Es buena persona?

Dije que ni buena ni mala, y él prosiguió.

—David es un buen nombre, y Nueva York, una buena ciudad. ¿No cree?

—Supongo —contesté.

El taxista sonrió tímidamente, como si acabara de hacerle un cumplido, y me paré a pensar la clase de vida que llevaría aquel hombre. Uno lee cosas, reportajes en la prensa y demás, y se forma un concepto del esforzado e incansable inmigrante que se pone a trabajar, o las más de las veces a conducir, en cuanto toca tierra en el país de acogida. Aquel hombre no tendría más de treinta y cinco años, e imaginé que después de su jornada en la calle seguramente iría a clase y estudiaría hasta que se le cayeran los ojos. Unas pocas horas en casa con la mujer y los niños y vuelta otra vez al volante, y así día tras día hasta que le homologaran los estudios y pudiera retomar su profesión de radiólogo. Su único impedimento era el acento, pero eso seguro que con tiempo y esfuerzo terminaría desapareciendo.

Pensé en mis primeros meses en París y en lo frustrado que me hacían sentir cuando me hablaban rápido o en un francés poco ortodoxo, así que respondí a su pregunta de nuevo, vocalizando tan claramente como pude.

—Sobre mi nombre no sabría qué decirle. Pero en cuanto a lo de Nueva York, estoy de acuerdo con usted. Es una ciudad que está muy bien.

Entonces dijo algo que no llegué a captar, y al pedirle que me lo repitiera, se volvió hacia mí un tanto nervioso.

—¿Qué le pasa, David? —dijo—. ¿No oye cuando le hablan?

Le contesté que se me habían tapado los oídos durante el vuelo, pero era mentira. Lo oía perfectamente; el problema era que no lo había entendido.

—Le pregunto que a qué se dedica —dijo—. ¿Gana mucho dinero? Su chaqueta me dice que sí, David. Sé que es rico.

De pronto mi americana adquirió algo más de empaque.

—No me va mal —le dije—. Quiero decir que me gano el sustento, lo que no significa que sea rico.

Luego me preguntó si tenía novia, y al decirle que no, arrugó sus pobladas cejas y chasqueó la lengua.

—Pero, David, tiene que buscarse una mujer. No por el amor, sino por el coño, que es algo muy necesario para un hombre. Yo, por ejemplo, follo a diario.

—Ah —dije—. Y hoy es… ¿martes, no?

Yo confiaba en desviar la conversación hacia otros temas —los días de la semana, por ejemplo—, pero mi taxista se había cansado del inglés para principiantes.

—¿Cómo es que no necesita un coño? —preguntó—. ¿No se le levanta la polla?

—¿Perdón?

—Sexo —dijo—. ¿No sabe lo que es eso?

Saqué el *New York Times* de mi bolsa de viaje e hice como que leía, un acto con el que al parecer quedó todo explicado.

—Aaaaaaah —dijo el taxista—. Ya entiendo. No le van los coños. Le van las pollas. ¿Es eso? —Me acerqué el periódico a la cara, y él introdujo el brazo por el ventanuco de la mampara y palmeó el respaldo de su asiento—. David —dijo—. David, escúcheme cuando le hablo. Le he preguntado si le gustan las pollas.

—Mire, yo trabajo y punto —contesté—. Trabajo, me voy a mi casa y sigo trabajando otro poco.

Yo pretendía darle buen ejemplo y mostrarme como la persona por quien lo había tomado a él, pero era una causa perdida.

—Yo folli-folli cada día —fanfarroneó—. Con dos. Mi mujer y otra para los fines de semana. Dos clases de coños. ¿Seguro no gustarle folli-folli?

La palabra «coño», si me apuran, tiene un pase, pero lo de «folli-folli» me estaba provocando arcadas.

—Esa palabra no existe —repliqué—. Diga que «folla» si quiere, pero «folli-folli» no significa nada. Nadie habla así. Como vaya por la vida expresándose así, no va a llegar a nada.

La circulación había empeorado a causa de un accidente y al final terminamos parados en la carretera; el taxista se pasó la lengua por los dientes.

—Folli-folli —repitió—. Yo folli-folli-folli-folli.

Si hubiéramos estado en Manhattan, me habría apeado y habría buscado otro taxi, pero todavía no habíamos salido de la autopista, así que no me quedaba más remedio que quedarme allí y mirar con envidia los vehículos de auxilio en carretera que se aproximaban. El tráfico finalmente empezó a moverse, y me resigné a otros veinte minutos de tortura.

—Así que va al West Village —dijo el taxista—. Muy buen sitio donde vivir para usted. Allí muchos chicos con chicos. Chicas con chicas.

—Yo no vivo allí —repliqué—. Es el piso de mi hermana.

—¿Y el sexo entre las lesbianas cómo es? ¿Cómo lo hacen?

Le dije que no lo sabía, y me miró con tanta pena como al decirle antes que no tenía novia.

—David. —Suspiró—. ¿Nunca ha visto una película de lesbianas? Pues debería, ¿sabe? Cuando llegue a casa, tómese un whisky y póngase una solo para ver cómo lo hacen. Cómo se comen el coño. Cómo folli-folli.

Y entonces salté, cosa inusual en mí, la verdad.

—¿Sabe qué le digo? No creo que vaya a seguir su consejo. De hecho, sé positivamente que no voy a seguir su consejo.

—Pues debería.

—¿Por qué? —repliqué—. ¿Para parecerme más a usted? Encomiable propósito, ¿no le parece? Me agenciaré un ambientador de coco y me pondré a dar vueltas por la ciudad impresionando a mis clientes con el bonito vocabulario que he aprendido viendo películas porno. «Buenas, caballero, ¿no se le levanta la polla?» «Buenas tardes, señora, ¿quiere folli-folli?» Suena divinamente, pero no sé si servidor sería capaz de soportar tan gratificante existencia. No me la merezco, ¿vale?, así que, si no le parece mal, esta noche no voy a ver películas de lesbianas, ni mañana por la noche, ni ninguna otra noche para el caso. Lo que haré será limitarme a trabajar y dejar en paz al prójimo.

Esperé a la réplica y, viendo que no llegaba, me recosté en el asiento, muerto de vergüenza. El hombre se había tomado unas confianzas excesivas, de acuerdo, pero mi reacción había sido desmedida y cruel. Burlarme de él, sacar a colación el ambientador… me sentía como si acabara de darle una patada a un gatito, un gatito asqueroso, no cabe duda, pero pequeño e impotente de todos modos. Uno alardea de su vida sexual cuando no posee riquezas materiales aparentes. Es una forma de decir: «Mira, yo no tendré un deportivo de lujo o una bolsa de viaje siquiera, pero tengo dos mujeres y todos los coitos que me vienen en gana». ¿Qué mal me habría hecho reconocer ese triunfo?

—Me parece estupendo que se sienta tan realizado —le dije, pero en lugar de responderme, el taxista puso la radio, que, cómo no, tenía sintonizada en una emisora de la National Public Radio.

Cuando llegué a casa de mi hermana, ya había anochecido. Me serví un whisky escocés y luego, como de costumbre, Amy me sacó un par de cosas que suponía de mi interés. La primera era un ejemplar del célebre manual de Alex Comfort *El placer del sexo*, que había encontrado en un mercadillo y que pensaba dejar a la vista sobre la mesita de centro la próxima vez que nuestro padre pasara por su casa de visita. «¿Cómo crees que reaccionará?», me preguntó Amy. Pensé que aquel manual sería lo último que un padre deseara encontrar en casa de su hija —al menos eso creía yo—, pero seguidamente Amy me tendió una revista con el título *New Animal Orgy*, que sin lugar a dudas era lo último que un padre desearía encontrar en casa de su hija. Era un ejemplar atrasado, fechado en 1974, y olía como si llevara décadas a oscuras, no ya escondido, sino guardado a cal y canto en un cofre sepultado bajo tierra.

«¿A que es lo más asqueroso que has visto en tu vida?», me dijo Amy, pero no pude ni responderle de lo atónito que estaba. La revista dedicaba un especial a dos historias, dos fotorreportajes, supongo que habría que llamarlos. En el primero, una ciclista hace un alto en el camino para descansar un rato junto a un molino abandonado y seduce, a tenor del pie de foto, a un «collie callejero».

—No es un perro callejero —observó Amy—. Fíjate en el pelaje. Casi se huele el champú.

El segundo reportaje, más triste si cabe, lo protagonizaban dos chicas, Inga y Bodil, que excitaban a un caballo semental de color blanco valiéndose primero de las manos y a continuación de las lenguas. Se supone que aquel debía de ser el día más feliz en la vida del pobre animal, pero si de verdad hubiera gozado tanto, lo normal hubiera sido que dejara de comer o que al menos sus ojos expresaran otra cosa. Pero no, el animal seguía a lo suyo, ajeno a aquella pareja. En la página siguiente, las chicas se han llevado al caballo al dormitorio, y el animal se queda plantado sobre la moqueta contemplando bobaliconamente los objetos dispuestos sobre la cómoda: un cepillo para el pelo, un espray tumbado de lado, una foto enmarcada de una niña con un bebé en brazos. Encima de la cómoda hay una ventana sin cortinas, por la que se divisa un prado que se extiende hasta un frondoso pinar.

Amy se acercó un poco más y señaló hacia la parte inferior de la foto.

—Fíjate en todo ese barro en la moqueta —observó, pero yo iba muy por delante de ella.

—Razón primordial para no pelársela a un caballo en el dormitorio —dije, aunque no era la primordial ni mucho menos.

Quizá fuera la razón número cuatro, dado que en cabeza de la lista figurarían la pérdida de dignidad, la invitación a la enfermedad y la posibilidad de que tus padres te pillaran *in fraganti*.

Las dos chicas logran provocarle una erección al caballo y luego se dan placer entre ellas; suponiendo, imagino, que el animal va a disfrutar viéndolas. Eso no quería decir que fueran necesariamente lesbianas —igual que tampoco el collie era un perro callejero—, pero me dio qué pensar y me recordó forzosamente la conversación con el taxista. «Yo no soy como usted», le había dicho. Y media hora más tarde, allí estaba: con una copa en una mano y en la otra una revista con dos mujeres en cueros haciéndoselo delante de un semental. Las circunstancias, por supuesto, no eran las mismas. Me estaba tomando un whisky, sí, pero escocés. Y en la otra mano tenía una revista, no un vídeo. Además, a mi lado tenía a mi hermana y solo se trataba de dos personas decentes echando unas risas. ¿O no?

«AERIAL»

El último cedé de Kate Bush incluye un tema llamado «Aerial», y una tarde de primavera Hugh se sentó a escucharlo. Cuando estamos en la capital, siempre le doy la tabarra con el volumen. «¡Los vecinos!», exclamo. En Normandía, sin embargo, ese pretexto no me sirve y debo reconocer que es a mí a quien le molesta el ruido. La música, por lo general, la tolero; es la letra lo que me exaspera, sobre todo cuando estoy sentado a mi escritorio trabajando y busco un pretexto para distraerme. Si una frase termina con, pongamos, la palabra «liebre», enseguida me pongo a buscarle rimas. «Fiebre», pienso. Y luego me digo: «No, un momento, que esto es un álbum de villancicos. Tiene que ser pesebre. Ahora viene lo del "pesebre"».

Si adivino la rima, arremeto contra el letrista por ser tan predecible. Y si no la adivino es porque su autor está siendo «deliberadamente abstruso», frase esta que he copiado a mi editor, quien la aplicó al título de mi último libro. Es un pez que se muerde la cola, y la situación se agrava cuando la voz es un chirrido envuelto en ruidos que hace ininteligible la letra. Me hace sentir como un viejales y un cascarrabias, un carcamal de esos que van por ahí diciendo: «¿A eso le llamáis música?».

Hugh tiene prohibido escuchar a ciertos cantantes cuando yo estoy en casa, pero Kate Bush no figura entre ellos, al menos hasta hace poco. El tema del que antes hablaba, «Aerial», empieza con el trino de unos pájaros. En la ciudad ese sonido tal vez pueda ser motivo de asombro, pero en Normandía no oímos otra cosa: un continuo guirigay de gorjeos y gorgoritos quizá algo más atenuado en ciertas épocas del año pero que nunca desaparece. Es como vivir en una pajarera. A los reclamos de alondras y golondrinas, se suman los gansos y las gallinas que viven enfrente. Y cuando todos estos se han ido a la cama, salen los búhos a dar la serenata hasta el amanecer, momento en que empieza de nuevo el guirigay.

La canción de Kate Bush llevaba sonando no más de treinta segundos cuando oímos un ruido extraño y al volvernos vimos un pajarito picoteando el cristal de la ventana. Un momento después, su hermano mellizo apareció en la ventana contigua y empezó a hacer lo mismo. Si hubieran sido un par de picoteos, lo habría interpretado como una simple coincidencia, pero aquellos dos no paraban quietos, parecían picapinos casi. «Pero ¿qué les ha dado a estos dos?», pregunté.

Hugh consultó la información que venía en la funda del cedé, por ver si encontraba alguna explicación. «A lo mejor los pájaros del disco les están contando dónde se consigue comida gratis», sugirió, pero a mí me pareció oír un mensaje mucho más siniestro: como un llamamiento a la anarquía, o incluso al asesinato probablemente. Habrá a quien le parezca un disparate oír eso, pero uno se ha documentado y sabe que los pájaros no son tan alegres y desenfadados como los pintan. He ahí los cuervos sin ir más lejos, que descienden cada invierno sobre los prados de alrededor y arrancan los ojos de los corderillos recién nacidos. ¿Tan difícil les resulta encontrar tentempiés que tienen que cegar a un símbolo mundial de juventud e inocencia, o será simple maldad, atributo que tal vez tengan en común con la parejita de la ventana?

—¿Qué queréis de nosotros? —les pregunté, y los pajaritos recularon hacia el macetero, desde donde tomaron impulso para arrojarse de nuevo contra el cristal.

—Ya se cansarán —dijo Hugh.

Pero no se cansaron, ni siquiera cuando se nubló el cielo y empezó a llover. A última hora de la tarde, allí estaban todavía, chorreando agua, pero erre que erre. Yo me había tumbado en el sofá-cama y, mientras resolvía mi crucigrama, escuchaba el inconfundible golpeteo de las alas contra el cristal. Cada dos minutos, dejaba a un lado el periódico y cruzaba la habitación.

—¿Creéis que aquí dentro estamos tan ricamente, verdad? —les preguntaba—. ¿Que tenemos algo sin lo que no podéis vivir? —En cuanto iba hacia la ventana, los pájaros salían volando, y nada más tumbarme en el sofá, se ponían a dar picotazos otra vez—. Muy bien, si tantas ganas tenéis de entrar...

Pero en cuanto les abría las ventanas, perdían interés. Así que las cerraba otra vez y volvía a mi crucigrama, momento en el cual regresaban los pájaros y proseguían con el asedio.

—Muy bien, si tantas ganas tenéis de entrar...

Einstein dijo que la insania es repetir la misma cosa una y otra vez esperando obtener un resultado distinto en cada ocasión. Dicho lo cual, ¿quién está más loco: el que se lanza una y otra vez contra una ventana, o el que la abre una y otra vez esperando que eso que se está lanzando contra ella entre en su casa, eche una ojeada y se marche tan campante?

Reflexioné sobre el particular mientras hojeaba *Aves del mundo*, una guía de pájaros ilustrada que abulta tanto como un diccionario. Tras saber de la existencia del águila filipina —un despiadado depredador que se alimenta principalmente de monos—, identifiqué a las criaturitas de la ventana como pinzones. El tamaño concordaba aproximadamente, quince centímetros de la cabeza a la cola, patas alargadas, pecho rosado y rayas blancas en zigzag a lo largo de las alas. Según la guía se alimentaban de frutos, semillas e insectos. También afirmaba que algunos pinzones preferían pasar los inviernos en India o el Norte de África, pero no encontré explicación de por qué intentaban meterse en mi casa.

—¿Será que han pillado algo en África? —me pregunté en voz alta.

—¿A mí qué me preguntas? —saltó Hugh, que había pasado la adolescencia en dicho continente.

Cuando por fin se puso el sol, los pinzones levantaron el vuelo, pero a la mañana siguiente ya estaban allí otra vez. Con tanto tomar carrerilla y tanto darse penosos culetazos, nos habían destrozado las flores del macetero y había pétalos y tallos rotos por todas partes. Los cristales de las ventanas estaban cubiertos de rayajos y de una sustancia que, supongo, sería saliva, de esa espesa y grumosa que se forma cuando uno está enrabietado.

—¿Y ahora qué hacemos? —pregunté.

Hugh me dijo que no les hiciera ni caso.

—Solo buscan atención. —Esa es la explicación que él da para todo, ya sean niños escandalosos como aviones que vuelan bajo—. Vuélveles la espalda y verás como se van.

Pero ¿cómo iba a darles la espalda?

La solución, a mi entender, era hacer una especie de espantapájaros, lo cual no es mal proyecto si uno está de humor. Mi primer intento consistió en una escoba boca abajo con las cerdas del cepillo cubiertas por una bolsa de papel pintada con un rictus enfadado. A modo de pelo, le puse unas lanas de acero. La figura tenía aspecto de anciana indefensa, de abuelita bronceada en exceso y de muy mal humor por no tener brazos. A los pajaritos les pareció muy gracioso el espantapájaros y, tras unas sardónicas risitas, tomaron carrerilla y volvieron a cargar contra el cristal.

El Plan B resultó mucho más fácil, porque lo único que hubo que hacer fue subir al desván, que Hugh utiliza como estudio. Unos años antes, en una temporada de aburrimiento entre varios proyectos, le dio por copiar fotos de caras que recortaba del periódico. Hizo retratos de muy diversos estilos, pero en ese momento los que más me convenían parecían mesopotámicos y representaban a los secuestradores del vuelo II de American Airlines. Mohammed Atta encajó justo en el cristal de la ventana, y el efecto fue inmediato: los pinzones se acercaron al cristal, se toparon con la cara de aquel terrorista mirándoles y salieron dando gritos.

Me sentía yo tan satisfecho conmigo mismo cuando oí un golpe sordo tras una cortina, cerca de la librería de la sala de estar. Otra subida al desván, otro terrorista, y vuelta a repetir la operación, hasta que tuve selladas las cuatro ventanas de la sala de estar. Momento en el cual los pinzones decidieron centrar sus esfuerzos en el dormitorio, y no me quedó más remedio que subir al desván de nuevo.

Aparte de cedés, que Hugh compra como si fueran caramelos, tiene también una importante colección de discos. La mayoría son álbumes de sus tiempos mozos que mandó en barco a Normandía en contra de mi voluntad: *Led Zeppelin II*, el *Dark Side of the Moon* de Pink Floyd. Disco que sonara a todas horas en una enrarecida habitación estudiantil, disco que tiene. Llego a casa después de dar mi paseo de las cinco, y ya están Toto o Bad Company atronando a todo volumen desde el desván.

«Quita esa mierda», digo a grito pelado, pero, claro, él no me oye. Subo, pues, y allí está, colocado ante su caballete, con un pie firmemente plantado en el suelo y el otro siguiendo el compás de algún sujeto vestido con un mono de spandex.

—Si no te importa... —le digo.

Nunca pensé que llegaría a apreciar la colección musical de Hugh, pero todo cambió con los pinzones. Lo que yo necesitaba eran carátulas de discos con caras a tamaño real, de modo que empecé por la «A» y fui registrando las cajas una por una. La sorpresa fue que no todos los álbumes de Hugh eran tan malos. «No sabía que tuviera este», me dije y corrí al piso de abajo para instalar a Roberta Flack contra la ventana del dormitorio. Era la carátula de *Chapter Two*, pero aunque a mí me parecía que la cantante daba una imagen muy cálida y cordial, los pinzones no lo vieron así y pasaron a una habitación que en otro tiempo había sido un corral de ordeño. Sellé las ventanas de toda la estancia gracias a Bob Dylan, Bruce Springsteen, Joan Armatrading y Donna Summer, que tendrá sus pegas pero no cabe duda de que es capaz de infundir temor en un pinzón.

La pareja se trasladó entonces a mi despacho en el piso de arriba, donde Janis Joplin y yo los estábamos esperando. Bonnie Raitt y Rodney Crowell aguardaban en la retaguardia por si había algún incidente en las claraboyas, pero, curiosamente, los pinzones no les prestaron ningún interés. Las superficies horizontales no eran lo suyo, de manera que emprendieron vuelo hacia el cuarto de baño.

A última hora de la tarde, todas las ventanas de la casa estaban selladas. Los nubarrones que habían hecho aparición el día anterior finalmente desaparecieron, y pude salir a dar un paseo hasta el pueblo de al lado. Normalmente hago una ruta circular que pasa junto a una casa de muros estucados donde vive una pareja de achacosos ancianitos. Durante años tuvieron conejos en el jardín delantero, pero el verano anterior o bien se los habían comido, algo por otra parte normal en Normandía, o los habían dejado en libertad, cosa inconcebible. Más adelante se deshicieron de la conejera y en su lugar construyeron un rudimentario cobertizo de madera. Meses después, ante su puerta apareció una jaula. Una de esas jaulas para meter roedores, solo que en lugar de cobayas ellos tenían encerradas dentro un par de urracas adultas. Son unas aves de un tamaño considerable —casi tan altas como cuervos—, y ese habitáculo les queda demasiado estrecho. A diferencia de los periquitos, que con el tiempo terminan acostumbrándose a su cautiverio, las urracas no cejan en el empeño de encontrar escape y se mueven como si se abrasaran, lanzándose contra los laterales de la jaula y pegándose cabezazos en el techo de alambre.

Su desesperación resulta contagiosa, y solo de verlas se me acelera el pulso. Una cosa es estar enjaulado, pero no tener concepto de lo que significa la cautividad, ignorar sus condiciones y ser incapaz de comprender la inutilidad de luchar contra ella debe de ser lo más parecido al infierno. Esas urracas me provocan un abatimiento y una ansiedad tales que a veces me pregunto de dónde voy a sacar fuerzas para volver a casa. No obstante, siempre vuelvo, y verla me causa una sensación de lo más agradable, sobre todo últimamente. A eso de las siete, la luz incide en la pared oeste de nuestra vivienda, a tiempo para atrapar a dos secuestradores aéreos y media docena de cantautores, que miran por las ventanas, algunos risueños, como si se alegraran de verme, y otros con la mirada perdida, como si escucharan música tal vez o esperaran, sin demasiadas ganas, a que algo sucediera.

EL HOMBRE DE LA CHOZA

Una sola carretera atraviesa el pueblo de Normandía donde vivimos y, según la dirección que lleves, lo primero o lo último que encuentras a tu paso es una vivienda de una sola planta —una especie de choza prefabricada con techado curvo— levantada sobre muros de hormigón. El tejado es de metal, y sobre la entrada cuelgan unas voluminosas planchas de plástico, verdes unas, otras de color lechoso, ensambladas a modo de toldo. Tan fea es la vivienda que el letrero de «Prohibido el paso» más bien suena a insulto. «Ni se me había ocurrido —dice la gente—. Qué se habrá creído este.»

La choza la construyó un señor, pongamos que se llamaba Jackie, que antes vivía allí con su mujer y la hija de esta, una joven llamada Clothilde que era retrasada mental. En verano, después de cenar, la madre le ponía el pijama y la bata a su hija y la sacaba a dar un paseo por la carretera, a veces pueblo a través y otras en dirección contraria, por una cuesta llena de curvas. Según el tiempo que hiciera, Clothilde calzaba unas pantuflas de cuadros o unas botas de goma que le llegaban hasta por encima de la rodilla y le conferían unos andares como de ganso. Yo sabía por los vecinos que Clothilde iba a una escuela especial, pero me parece que se trataba más bien de un taller para discapacitados, de esos en los que los alumnos realizan tareas sencillas como, por ejemplo, meter tornillos en bolsas. Aunque nunca oí hablar a aquella chica, sí sé que emitía ruidos. Es un contrasentido, pero si tuviera que describir lo que salía por su boca, diría que era como un «alegre lamento», no desagradable sino jubiloso. No puedo decir que Clothilde fuera amiga mía, pero me alegraba verla por el pueblo. Y lo mismo digo de su madre y su padrastro, de la familia al completo.

Jackie tenía una pierna mal y no solía desplazarse más de lo imprescindible. Conducía una camioneta tan pequeña y silenciosa que parecía de juguete y, alguna que otra vez, cuando me veía caminando en dirección al pueblo, paraba y me llevaba a casa. En uno de aquellos viajes, Jackie intentó explicarme que llevaba una placa de metal en la cabeza. Entonces yo a duras penas entendía el francés, y al verlo apuntar a su sien y la guantera y vuelta otra vez no consiguió más que confundirme. «¿Usted fue el inventor de la guantera? ¿Su guantera piensa? Lo siento… es que… es que no lo entiendo.»

Luego me enteré de que, cuando niño, Jackie se había encontrado una granada aún cargada en un campo de los alrededores. Tiró de la anilla y la lanzó, pero no con la fuerza suficiente; de ahí la placa de metal y la pierna mala. El oído también lo tenía afectado, y un entramado de pequeñas cicatrices le ensombrecía y rodeaba los ojos. Con el pelo al rape, la frente hendida y la mandíbula un tanto prominente, de haber sido más alto podría haber asustado, pero Jackie era un retaco que no medía más de metro cincuenta, metro sesenta todo lo más. Cuando se hablaba de él, la gente del pueblo decía que era «lento» y «bonachón», de ahí el escándalo que se organizó cuando la policía irrumpió en su fea choza de hormigón y lo hizo preso. Alguien habló con un concejal del Ayuntamiento, y una hora más tarde todo el pueblo se había enterado de que Jackie era sospechoso de haber abusado sexualmente de los nietos de su mujer, un par de críos de seis y ocho años que vivían más o menos a una hora de distancia de nuestro pueblo y venían de visita de vez en cuando. También corrió el rumor de que había abusado de Clothilde, pero yo no podía creérmelo. Hugh dice que lo que ocurre es que no quiero creerlo, y yo le doy la razón: no quiero. Clothilde y su madre se fueron del pueblo poco después de que se llevaran a Jackie, y no he vuelto a ver a ninguna de las dos.

Sin nadie que se ocupara de su mantenimiento, aquella fea vivienda todavía acabó resultando más fea. Nuestros vecinos de enfrente se quejaban a menudo de aquella monstruosidad, y yo, pese a estar de acuerdo, alegaba compungido un penoso dominio del francés. Había mejorado en comprensión, por supuesto −entendía prácticamente todo lo que me decían−, pero en cuanto me tocaba hablar me quedaba (y me quedo) mudo. No me vendría mal ser algo más sociable, pero creo que aún me queda un largo trecho para eso. Cuando suena el teléfono, hago caso omiso. Los vecinos llaman a la puerta y corro a refugiarme en el dormitorio o me agazapo tras el diván hasta que se han ido. Qué distintas serían las cosas, creo yo, si, al igual que Jackie, no tuviera ya donde esconderme. Por dura que resultara la cárcel en otros aspectos, debía de ser un magnífico lugar para aprender un idioma extranjero: inmersión total y acceso de primera mano al argot más actual antes de saltar a la calle. A diferencia de la academia de francés a la que yo en realidad asistía, allí en cuestión de tiempos verbales, por ejemplo, seguro que empezaban con el imperativo «¡Agáchate!», «¡Toma esa!», frases por el estilo. Pero, aun con todo, seguro que entablabas tus conversaciones. Bien en la cantina, o en la sala de juegos o en el taller de artesanía, si es que los hay en las cárceles francesas, que supongo que sí.

−Dime, Jean-Claude, ¿te gusta el esmalte que le he aplicado a mi curvilínea jarra?

Lo que traducido a mi francés vendría a decir: «¿Qué, Jean-Claude, te gusta la… jarra?».

«Esmalte» no creo que sea un término muy difícil de aprender, como tampoco «curvilínea». Retener nombres y adjetivos no me cuesta tanto, es en la aplicación del esmalte a la curvilínea jarra donde suelo encallarme. En inglés está tirado: pones esto de aquí en esto de más allá y asunto resuelto, pero en francés estas construcciones suelen hacerte la puñeta. Me vería obligado a decir, por ejemplo: «¿Te gusta el esmalte que la jarra curvilínea aceptó de mí?» o «¿Te gusta la curvilínea jarra en el esmalte del cual apliqué antes?».

Para más seguridad, más me valdría dividir la oración en tres partes:

—Mira esa curvilínea jarra.

—¿Te gusta el esmalte?

—Lo hice yo.

Si todo el tiempo que dedico a ensayar conversaciones imaginarias en ese taller de artesanía carcelario lo empleara en conversar con mis vecinos, dominaría ya el francés a la perfección y no tendría que pretextar ninguna excusa. Pero el caso es que cuando alguien me pregunta cuánto hace que vivo en Francia, me pregunto si se podrá literalmente morir de vergüenza. «Paso mucho tiempo fuera —me disculpo—. Dos meses y medio al año en Estados Unidos, y otros dos como poco en Inglaterra, a veces más.»

—Sí, pero ¿cuánto hace que vive en Francia?

—¿Qué?

—Le he preguntado que «¿Cuánto. Tiempo. Hace. Que. Vive. En. Francia?».

Pregunta a la que tal vez responda diciendo «Me encanta el pollo» o «Las abejas grandes son peligrosas», lo que sea con tal de cambiar de tema.

Necesitaba relacionarme con alguien, y al final terminé relacionándome con Jackie. Después de que saliera de prisión, evidentemente. Llevaba casi tres años fuera del pueblo, cuando un día pasaba yo por delante de su choza y reparé en unos calcetinitos negros secándose al sol en el tendedero.

—¿De quién cree que serán? —le pregunté a la vecina de enfrente, y ella, inopinadamente, torció el gesto y respondió:

—¿Usted qué cree?

Yo había dado por hecho que, al igual que su mujer y su hijastra, Jackie se iría a vivir a otra parte y empezaría una nueva vida, pero al parecer no tenía adónde ir ni dinero con el que llegar. Una vez colgados los calcetinitos, Jackie agarró el rastrillo y la azada y se dispuso a adecentar el jardín. Se me hizo todo muy extraño. En Estados Unidos si a un delincuente sexual se le ocurriera volver a su casa, se armaría un revuelo tremendo. Allí, sin embargo, no se hicieron comentarios. No había habido ningún cónclave, que yo supiera, pero de una manera u otra se había acordado que nadie mirara o le dirigiera la palabra a aquel hombre. Se le trataría como si fuera invisible, y, con suerte, el aislamiento terminaría obligándole a marcharse.

Jackie debía de llevar una semana ya de vuelta en su choza cuando pasé por allí y lo vi al otro lado de la verja, hurgando en algo con la punta del bastón. El hombre siempre había sido cordial conmigo, así que cuando levantó la vista y me saludó, yo eché mano del clásico formalismo aprendido años atrás en clase de francés: «Estoy contento de volver a verle», le dije y, seguidamente, le estreché la mano.

—¿Por qué hiciste eso? —me preguntó después Hugh.

—¿Y qué querías que hiciera? —contesté—. Si alguien te saluda y te tiende la mano, no vas a pasar de largo, ¿no?

—Si es un pederasta, sí —replicó él.

Ya me gustaría haber visto lo que habría hecho él si se hubiese encontrado en la misma situación.

Años más tarde, cuando Jackie ya había fallecido víctima de un cáncer, y las malas hierbas habían invadido aquel jardín que con tanto esmero había cuidado, me tocó pronunciar una charla en cierta universidad estadounidense ante unos recién licenciados. Al término de la charla, me sumé a la comitiva de decanos y distinguidos profesores invitados a casa del rector, y allí fui abordado por cierto político de renombre que me saludó y me tendió la mano, diciendo: «Solo quería felicitarle, me ha gustado mucho su charla». Resulta que yo no solo soy contrario a dicho político, es que lo desprecio. Lo aborrezco. Si nos oyeran a mis amigos y a mí meternos con él, pensarían que hablamos del diablo redivivo. Las comisuras de la boca se nos llenan de espumarajos al criticarlo a él, a su partido y a aquellos a los que denominamos sus esbirros y compinches.

Yo ignoraba que aquel político formaría parte del séquito aquel día; al volverme, me lo encontré de pronto ante mí, los dos ataviados con nuestras flotantes túnicas, como un par de hechiceros.

«Solo quería felicitarle, me ha gustado mucho su charla.» ¿Qué creen que hice? ¿Que lo mandé a freír gárgaras? ¿Le escupí en la cara o le volví la espalda al menos?

Por supuesto que no. Ante la concurrencia que no nos quitaba ojo de encima, levanté la vista y dije: «Ah. Gracias». Y ya que me había tendido la mano, se la estreché, igual que había estrechado la de Jackie cuando salió de prisión.

Después de la ceremonia de graduación, le dije a Hugh:

—Pero lo hice sin entusiasmo. Es verdad que dije «Ah» y «Gracias», pero cualquiera que me conozca se habría dado cuenta enseguida de que estaba haciendo el paripé, que lo de «gracias» no iba en serio.

—Vaya —dijo Hugh—. Un desprecio en toda regla.

Si mi vecino hubiera sido aquel político, quizá me habría ido a vivir a otro sitio. Hasta ese extremo habría llegado mi repulsión, pero Jackie, con aquella placa de metal en el cráneo, con aquella sien a la que si le acercabas un imán se le quedaba pegado, despertaba más lástima que cólera, al menos en mí. No es que me desviara de mi camino para pasar adrede junto a su choza, pero tampoco me desviaba para evitarla. Si estaba en el jardín y me saludaba, le devolvía el saludo o respondía «Desde luego, hace un calor tremendo» o lo que tocara en su momento. Y de esa manera, unas palabritas por aquí, un saludito por allá, poco a poco fue pasando el verano, y Jackie y yo terminamos haciendo amistad. Una tarde me invitó a pasar a su jardín para enseñarme las tomateras que había plantado.

—Bueno —dije, mirando alrededor por si había vecinos a la vista. No vi a nadie, así que abrí el pestillo de la verja, diciendo—: Vale, encantado.

En los tres años que había estado ausente, sus cabellos, antes castaños, habían encanecido. Tenía los ojos hundidos y más ojerosos si cabe, pero aquella marcada cojera de antes había mejorado. Al parecer le habían hecho un trasplante de cadera mientras estaba en la cárcel, y andaba muchísimo mejor que antes de la intervención.

−¿Y si...? −me dijo, apuntando hacia la puerta abierta de su choza−. ¿Quiere... quiere pasar y ver mis radiografías?

Como después le diría a Hugh: «¿Qué vas a hacer? No puedes decir "No, gracias, pero no me apetece nada ver imágenes de sus entrañas". Imposible. ¿Cómo vas a hacer una cosa así?».

La choza resultó ser mucho más acogedora de lo que imaginaba. La cocina se parecía mucho a la de cualquier otro vecino: un calendario con gatitos, un cazo de cobre transformado en reloj colgado de la pared, souvenirs de saleros y pimenteros con forma de castillos, labriegos y zuecos. La habitación estaba limpia y ordenada y olía a lavavajillas con aroma a sandía. Desde allí, atisbé el dormitorio y una hilera de medicinas colocadas ordenadamente sobre la cómoda. También un pequeño transistor. Un pequeño televisor. Una butaquita. Parecía la casa de un gnomo.

Las radiografías de Jackie eran tan grandes como alfombrillas de baño, y antes de sacarlas de sus respectivos sobres para mostrármelas, se lavo y secó las manos. Cuando alguien me enseña una foto de un cónyuge o unos hijos, siempre sé encontrar el cumplido apropiado. «¡Qué guapa!» o «Se le parecen muchísimo» o «¡Qué ojos tan bonitos!» o «¡Qué sonrisa tan simpática!» Un trasplante de cadera exigía formulismos de mayor calado, de modo que alterné entre «Interesante esa tuerca» o, simplemente, «¡Qué dolor!». Cuando íbamos ya por la quinta radiografía más o menos, miré a través de un pedazo de plástico transparente, tendí la vista más allá del jardín delantero y atisbé entre los montes al otro lado de la carretera, donde otro de nuestros vecinos lleva sus ovejas a pastar. El rebaño había sido esquilado aquel mismo día, y las ovejas que estaban a la vista parecían extrañamente conscientes del frágil y mustio aspecto que ofrecían.

—Tengo que irme —le dije, y Jackie, como todo buen vecino en cualquier parte del mundo, contestó:

—¿Por qué no se queda un rato? Justo iba a poner el café.

Unas semanas más tarde, me invitó a pasar para que viera su documento nacional de identidad.

—No, no se moleste.

—Si no es molestia ninguna —replicó, y dos minutos más tarde volví a encontrarme sentado a la mesa de su cocina.

El documento estaba guardado en una vistosa carpetita de plástico, como esas que suelen llevar las jovencitas. En la cubierta había una ilustración de un pony al que una tropa de simpáticas mariquitas le cepillaban la crin.

—Bueno, pues venga —creo que dije.

Jackie abrió la carpeta y extrajo su documento de identidad, una pequeña fotografía a color sujeta con unas arandelas a un trozo rígido de papel. Al igual que con las radiografías, no supe qué decir. Fecha de nacimiento, altura, color de ojos. Saltaba a la vista que estaba orgulloso de algo, pero yo no sabía de qué.

—¿Ve? —dijo—. Aquí viene. Mire.

Jackie señaló la esquina del documento, y vi que el gobierno le había asignado la categoría de «gran mutilado». Lo de «gran» no lo había oído nunca, pero la otra parte me sonaba de mis desplazamientos en autobús por París. «Asientos reservados para ancianos y mutilados de guerra», anunciaban los rótulos. «Mutilado» suena mucho más fuerte que «herido» o «inválido», y pensé que si en Estados Unidos emplearan un término así, el número de voluntarios alistados en el Ejército se reduciría como mínimo a la mitad.

En calidad de gran mutilado, Jackie tenía derecho a un descuento en todos sus trayectos por tren.

—Por la placa metálica me hacían un cincuenta por ciento, pero ahora con el trasplante de cadera ha subido al setenta y cinco por ciento —me explicó—. Tanto para mí como para mi acompañante. ¡Setenta y cinco por ciento!

Le devolví la tarjeta.

—Un buen ahorro, sí señor.

—¿Sabe qué le digo? Que deberíamos hacer una excursión juntos. Podríamos ir a Bretaña o bajar a Marsella… donde queramos.

Tardé un instante en registrar el plural y otro en encontrar la respuesta apropiada.

—Sería… algo —respondí por fin, y luego pensé que al menos no había dicho ninguna mentira.

Si los vecinos preguntaban «¿Dónde está David?», Hugh podría decirles: «Ah, pues de vacaciones con Jackie. Ya sabe cómo son esos dos, por un setenta y cinco por ciento de descuento, son capaces de ir hasta el infinito y más allá».

Solo al salir de allí di en verlo como una ofensa. ¿De dónde había sacado Jackie que yo querría irme de viaje con él? ¿Acaso creyó que iba a dejarme engatusar por el descuento o pensó, como tal vez harían algunos, que éramos tal para cual, homosexual y pederasta, primos hermanos los dos, como los avestruces y los emúes. No suelo ser paranoico para estas cosas, pero cuando uno vive en un pueblo, dan que pensar. ¿Por qué los vecinos de la izquierda, un camionero y su familia, nunca nos decían más que hola, cuando llevábamos años viviendo puerta con puerta? Luego estaba el que vivía dos casas más abajo, que me paró por la calle una tarde y me preguntó dónde dormía. «Yo he estado en su casa y allí solo hay un dormitorio», me soltó. Pero como resulta que aquel sujeto era el mismo que había encadenado una cabra a un árbol de su jardín y la había dejado morir de hambre, pensé que había que achacarlo a que el hombre estaba loco. Al igual que en el caso de Jackie había que achacarlo a la soledad. Yo solía pasar por delante de su choza cada dos días, pero tras el incidente con el carnet de identidad, lo reduje a dos veces por semana, y luego a una. A finales de aquel agosto, me fui a Escocia de viaje, y a mi regreso Hugh me recogió en la estación, con cara de mal humor.

—¿Qué mosca te ha picado? —le pregunté.

—Pregúntale a tu amiguito —contestó, pisando el acelerador.

Lo que ocurrió fue que Jackie se presentó en casa preguntando por mí. Llamó a nuestra puerta mientras yo estaba fuera y preguntó, en voz bien alta, como habla la gente del campo, si David podía salir un rato a jugar. No lo dijo con esas palabras, pero según Hugh poco más o menos vino a decir eso. No todo el mundo vio al pederasta diciendo mi nombre a voces delante de casa, pero quienes sí lo vieron estaban bien relacionados y la historia corrió por el pueblo como la pólvora.

A partir de aquel día, siempre que pasaba por delante de la choza de Jackie llevaba los auriculares puestos. Es posible que me llamara, pero yo ni lo oí ni levanté la cabeza para mirar en su dirección. Y así seguí durante otros tres años, hasta que poco más o menos me olvidé de él. No volvimos a hablar hasta después de que le diagnosticaran la enfermedad. Era un cáncer de esófago, según pude saber, que se estaba extendiendo rápida y despiadadamente. En cuestión de meses, se quedó en los huesos, la cara demacrada y los pantalones sujetos con un trozo de cuerda. Lo vi a la entrada de su casa una semana antes de que muriera, y al saludarle con la mano, me insistió para que pasara a su jardín y nos estrechamos la mano por última vez. Recuerdo que me pregunté si con el cáncer le aumentarían el descuento en sus viajes en tren y superaría aquel setenta y cinco por ciento que le habían adjudicado anteriormente, pero no es una pregunta que se pueda formular tan fácilmente cuando no se domina el idioma. Además, no quería que me malinterpretara.

DE RATONES Y HOMBRES

Siempre he admirado a las personas capaces de entrar en una conversación sin acapararla. Mi amiga Evelyn, por ejemplo. «Hola, encantada de conocerte», y de ahí en adelante todo fluye por sí solo. Si la persona a la que acaba de conocer desea hablar de plantas, ella menciona alguna de las que tiene, pero sin hacer alarde en ningún momento, con un cordial tono de sorpresa, como si la palmera de su salón y la de su interlocutor hubieran estudiado casualmente en el mismo instituto. El secreto de su éxito social radica en la sinceridad de su interés; quizá no le interesen todos los temas, pero sí todas las personas decididamente. Me gusta creer que comparto esa cualidad con ella, pero yo ante los desconocidos suelo ponerme nervioso y tiendo a recurrir a mi catálogo habitual de anécdotas. Algunas se basan en observaciones personales, otras en habladurías, pero también a menudo en noticias leídas en la prensa: un artículo sobre una mujer deprimida de Delaware que se colgó de un árbol el 29 de octubre y la tomaron por una decoración de Halloween. La prohibición de ofrecer cigarrillos a los monos en el estado de Nueva Jersey. A su manera todas son tragedias y se quedan grabadas visualmente en el cerebro del oyente: el cadáver de la mujer colgando contra un fondo de hojas escarlata. El empleado del zoo con el paquete abierto de Marlboro, susurrando: «Anda, toma, coge uno».

Luego está aquella historia que me envió alguien de Nueva Inglaterra, que la había recortado del periódico local. Su protagonista era un señor de ochenta y un años natural de

Vermont que tenía la casa plagada de ratones. La vivienda en sí no se describía, pero yo visualicé una casa con dos plantas, aislada en alguna carretera rural. Veía también sus paredes pintadas de blanco, detalle bonito aunque no guardara relación con la historia. La cuestión es que aquel octogenario caballero tenía la casa infestada de ratones y, harto ya de la situación, decidió fumigarla. Los ratones salieron disparados hacia el jardín y se refugiaron en una pila de hojas secas, que a buen seguro crujiría bajo su peso. Pensando que las tenía atrapadas, el anciano le pegó fuego a la pila, y luego se quedó pasmado viendo cómo uno de aquellos ratoncitos corría envuelto en llamas hacia el sótano y prendía fuego a la casa hasta dejarla reducida a cenizas.

El recorte con dicha noticia me llegó en la primavera de 2006, justo cuando me disponía a salir de viaje para Estados Unidos. Tenía ropa que planchar y papeles que ordenar, pero antes que nada, escribí a su remitente para darle las gracias y contarle que la historia me había conmovido de manera inesperada. No mencioné el partido que pensaba sacarle a la anécdota en un futuro, pero me las prometía muy felices, porque ¿quién no iba a encontrar interés en semejante historia? A mí me parecía perfecta y estaba deseando soltarla en la primera conversación que se presentara. «Hablando de ancianos de ochenta y un años...», me imaginaba diciendo.

Seis meses antes, la anécdota a la que solía recurrir para romper el hielo la protagonizaba una *stripper* que se había quedado tetrapléjica y tenía la vagina carcomida a consecuencia de la forzosa inmovilidad, tema que no era demasiado fácil de dejar caer en una conversación. Pero si me las había ingeniado para descolgarme con aquello, lo del ratoncillo en llamas sería pan comido.

La primera oportunidad se me presentó en Nueva York, en el trayecto en taxi desde el aeropuerto JFK al hotel del norte de Manhattan donde iba a hospedarme. El conductor era un señor diez o quince años mayor que yo, estadounidense de nacimiento y con la cabeza rapada. No cabe duda de que hay hombres a quienes les sientan divinamente esos rapados, pero en su caso parecía como que le hubieran aporreado la cabeza con un martillo; tal vez no en fechas recientes, pues no había sangre ni hematomas, solo protuberancias a porrillo. Nos pusimos a hablar y, tras decirle que vivía en París, y escuchar sus subsiguientes comentarios sobre lo pedantes y cobardes que eran los franceses, vi el momento de hacer mi entrada. «Hablando de ratas o especies parecidas...»

Yo me quedé tan satisfecho con mi intervención, pero cuando puse punto final a la historia, en lugar de expresar su asombro, el taxista va y me dice:

—¿Y luego qué pasó?

—¿Qué quiere decir?

—Pues que si el anciano sacó dinero del seguro. ¿Consiguió salvar algo de la quema?

Cómo explicarle que lo importante no era el dueño de la casa. Él desempeñaba un papel, evidentemente, pero la imagen que se te quedaba grabada era la del ratoncillo en llamas, la determinación de aquella antorchita que regresaba disparada a la casa y la dejaba reducida a cenizas. Lo que ocurriera después era lo de menos. Por eso el periódico no ofrecía más datos.

Intenté explicárselo lo más alegremente posible, y el taxista me replicó con un eslogan de esos que se estampan en las camisetas:

—«Only in New York».

—¿Cómo que «solo en Nueva York»? —repliqué yo—. ¿No me ha escuchado? Si donde pasó fue en Vermont, en el campo, donde la gente tiene casas y jardines en los que se amontona la hojarasca.

El taxista se encogió de hombros.

—Bueno, podía haber pasado aquí.

—Pero no pasó aquí —repliqué.

—Bueno, pero podía, nunca se sabe.

Entonces me dije: «Tú lo has querido, malasombra, acabas de quedarte sin propina. Lo de los franceses pensaba pasarlo por alto, pero eso de "Only in New York" y lo de "Podría haber pasado aquí" acaba de costarte cinco dólares, ¡chúpate esa!».

Al final, naturalmente, le solté la propina, como hago siempre. Eso sí, antes de darle el billete, casi lo partí en dos. Pasivoagresivo, supongo que se me llamaría.

Yo había ido a Estados Unidos para la gira promocional de mi último libro, que en realidad solo consistía en leer unos fragmentos ante el público. Mi primera cita era en Nueva Jersey y, dado que no conduzco, los organizadores me enviaron un coche, que pasó a recogerme delante del hotel. Al volante iba un chófer negro vestido con traje y corbata que dijo ser el señor Davis. Debía de rondar los setenta, y cuando bajó la visera del coche para protegerse del sol poniente, me fijé en que llevaba las largas y afiladas uñas pintadas con esmalte transparente. Sobre cada nudillo brillaba una sortija, y en la muñeca, además del reloj, colgaba una delicada cadena de oro.

Yo tenía previsto encajar cuanto antes la historia del ratoncillo, pero el señor Davis no me dio oportunidad, porque enseguida se lanzó a despotricar contra lo que él denominó «el problema del tráfico en la actual coyuntura económica». Tenía un tonillo remilgado y más que hablar parecía entonar una salmodia, como Dios dirigiéndose a Moisés a través de las nubes, pero a lo gay. Después de decirme que circular en coche por Manhattan era de tontos, miró hacia los vehículos de alrededor y calumnió a la competencia. La mujer que teníamos al lado era boba. El hombre que iba delante, un borrico. Cenutrios, ceporros, cipotes, cretinos: parecía que llevara un diccionario de sinónimos sobre las rodillas y fuera leyendo las entradas por orden alfabético. La emprendió con un taxista porque iba hablando por el móvil, pero luego sacó el suyo y dejó un airado mensaje para la radio operadora por haberle mandado salir a la calle con semejante embotellamiento.

Manzana tras manzana, el señor Davis siguió refunfuñando y despotricando, hasta que llegamos a Canal Street, donde señaló hacia el hueco entre los rascacielos que se perfilaban en el horizonte.

—¿Ve ese hueco de ahí? —me dijo—. Ahí estaba el World Trade Center.

Fingí ignorar el dato, por mera cortesía.

—¡Hay que ver!

El señor Davis tendió la vista hacia el sur y se sacudió una pelusilla del hombro.

—Once de septiembre de 2001. Yo fui testigo de lo ocurrido aquella funesta mañana y no lo olvidaré mientras viva.

Me incliné hacia él.

—¿Cómo fue?

—Ruidoso —respondió.

Yo esperaba que se explayara, pero viendo que no soltaba prenda, pasé a otra cosa y le pregunté qué hacía por allí abajo aquel día.

—Había concertado una reunión con una empresa de importaciones y exportaciones. Entonces me dedicaba a eso, pero el once de septiembre acabó con la profesión. Ahora ya no se pueden hacer envíos por barco, y menos sacar dinero con ello.

Le pregunté qué clase de productos importaba y, al decirme él que «De todo», miré por la ventanilla del vehículo contiguo.

—Como, por ejemplo… ¿muñecos de peluche?

—Alguna que otra vez, pero mi negocio se basaba principalmente en la compraventa de ropa, ropa y electrónica.

—¿Viajaba mucho?

—Constantemente —dijo—. Me vi este mundo y parte del otro.

—¿Fue alguna vez a China?

Me dijo que había estado allí tantas veces que había perdido la cuenta, y cuando le pregunté qué había visto, el coche avanzó unos centímetros.

—Mucha gente comiendo arroz, sobre todo en cuencos.

—Vaya —dije—. ¡Entonces es cierto! ¿Y la India qué tal? Siempre he querido ir a ese país.

—¿Y qué piensa que va a encontrar? —me preguntó el señor Davis—. ¿Pobreza? ¿Caos? ¿Basura como para parar un tren?

Al contarle que me interesaban los monos, me dijo que tenían plagado el país.

—Un día iba yo con mi chófer, y pasamos junto a un árbol que debía de albergar doscientos de ellos. Mandriles, creo que eran, y no se me olvida cómo se abalanzaron en masa sobre el coche, venga a aporrear las puertas y pedirnos cacahuetes.

En ese momento se nos acercó un hombre con una pancarta, y el señor Davis lo mandó largarse con un ademán de la mano.

—El otro problema con la India es el calor. La última vez que estuve por allí, el termómetro se puso en sesenta y cinco grados, lo vi con mis propios ojos. Aquel día estaba citado con unos *swamis*, pero cuando llegó la hora de salir del hotel, me dije «Ni hablar, nada de reuniones por hoy». No se lo creerá, pero la sensación era como si te quemaras vivo.

A la ocasión la pintan calva. No podía habérmelo puesto más en bandeja.

—Ahora que dice eso de quemarse vivo, por lo visto un jubilado de Vermont que tenía la casa infestada de ratones decidió un buen día…

Cuando terminé de contarle la historia, los ojos del señor Davis buscaron los míos en el espejo retrovisor.

—Usted lo que es —me dijo— es un mentiroso.

—No —repliqué—, pero si es verdad. Lo leí en el periódico.

—Lo leyera o no, es un cuento chino, y le voy a decir por qué: es imposible que un ratón en llamas corriera esa distancia sin que el viento se las apagara.

—¿Y qué me dice de la niña vietnamita aquella? —repliqué—. ¿La de la famosa foto? ¿Aquella que se había quemado con napalm o algo así a la que captaron cuando corría desnuda por en medio de la carretera? Flaco favor le hizo a ella el viento, y eso que en su caso era piel, no pelo inflamable de animal.

—Bueno, aquel fue un periodo oscuro de nuestra historia —replicó el señor Davis.

—¿Y este no es oscuro?

La pregunta se la formulé justo entrando en Holland Tunnel. El estruendo del enlatado tráfico hacía imposible seguir con la conversación, de modo que me recosté en el asiento e intenté refrenar mi creciente ira. ¿Desde cuándo la política ha afectado a la habilidad de un mamífero para mantenerse en llamas? Además, ¿quién ha dicho que un ratoncito flamígero no pueda correr dos metros? ¿Qué hacía de aquel sujeto un experto en la materia? ¿Sus uñas? ¿Sus alhajas?

Lo que más me había dolido era el calificativo de embustero, y encima que me lo soltara así, con todas las letras, tan campante. Y, para más inri, viniendo de un sujeto para quien los chinos no eran más que una caterva que comía arroz en cuencos. Y para postre lo de los mandriles. Según tenía entendido, podían atacarte para que les dieras fruta, pero ¿cacahuetes? Ni que estuviéramos en el circo. Tampoco me tragué ni por un momento que el hombre hubiera estado en el World Trade Center el once de septiembre, y en cuanto a los sesenta y cinco grados, estoy convencido de que a esa temperatura te estalla la cabeza y listo. Encima, el embustero era yo. ¿Yo? El colmo, vamos.

Al salir del túnel sentí como si nos hubieran sacado de una alcantarilla atascada. Por fin avanzábamos; doblamos por una curva y subimos por un paso elevado. Bajo nosotros se alzaban unos tanques de almacenamiento que parecían aspirinas sucias, y mientras yo me preguntaba para qué se emplearían, el señor Davis extrajo el móvil y se puso a hablar hasta que llegamos a nuestra salida.

—Era mi mujer —aclaró después de colgar.

Y yo me dije para mis adentros: «Ya. Tu mujer. Seguro que el tío está cañón».

Después de New Jersey fui a parar a Connecticut, y de allí, a Indiana. Así durante treinta y cinco días, saltando de un sitio a otro. Regresé a casa a principios de mayo y, en cuanto cerré la puerta detrás de mí, le pedí a Hugh que entrara en internet y buscara la temperatura más alta que se hubiera registrado en el mundo. Hugh se sentó ante la pantalla, y yo me quedé de pie a su lado, cruzando los dedos: «Que no sea sesenta y cinco, que no sea sesenta y cinco, que no sea sesenta y cinco…».

Ese mismo día, entre los recibos del viaje, encontré la tarjeta de aquel taxista. Alguien tenía que informarle de que la temperatura más alta jamás registrada era de 57,7°, así que le escribí una breve nota, añadiendo que dicho registro se había efectuado en Libia, no en la India, y en el año 1922. Subtexto: «Antes de que usted naciera. Antes de que usted pudiera tachar de embustero al prójimo como si tal cosa».

Se me ocurrió mandarle también el recorte de periódico, y entonces fue cuando me di cuenta de que no podía cantar victoria tan alegremente. «Un ratón se venga y prende fuego a una vivienda», rezaba el titular, y a continuación reparé en las letras «A.P.» y vi que la noticia se había publicado en Vermont, efectivamente, pero los hechos se habían producido en Nuevo México, lo cual en cierta manera estropeaba la historia. De pronto, en lugar de una casita blanca de madera, vi una especie de chamizo con calaveras de reses colgadas de la fachada. Al final resultó que el dueño de la casa no había hecho ninguna fumigación, y que solo había habido un ratón, que el anciano de algún modo logró atrapar con vida y luego arrojó sobre un montón de rastrojos al que había prendido fuego poco antes. El acto sin duda podía catalogarse de insensible, pero en ningún momento se decía que el anciano hubiera visto a aquel tropel de ratones corriendo entre toses para no morir asfixiados por la humareda. Tampoco oyó el crujido de la hojarasca bajo sus patitas, ni echó mano de las cerillas, pensando «¡Ajá!».

¿Cómo pude haber tergiversado tanto la historia, y por qué? ¿La devoré con demasiada ansia, al igual que el perro al que le cae alguna vianda de la mesa? ¿O será que creo, inconscientemente, que los ratones del este del país son más comprensivos por naturaleza que sus primos del oeste? ¿De dónde había sacado aquello de la fumigación, y la idea de que aquel hombre tenía la vivienda infestada de roedores? Me recuerdo a mí mismo antes de la gira promocional, sentado a mi escritorio encendiendo un cigarrillo tras otro, como suelo hacer cuando se me agota el tiempo. Las volutas de humo se deslizaban hacia la habitación contigua y obstruían los senos nasales de nuestros invitados, que habían llegado pocos días antes a casa y dormían en nuestro dormitorio. «La casa estaba infestada, la exterminación era necesaria.» ¿Había sobreimpuesto mi vida a la noticia del periódico?

Aun habiendo amañado la historia, los datos más relevantes seguían siendo ciertos: el ratón regresó disparado al interior de la vivienda. El viento no apagó las llamas que lo envolvían. El fuego se extendió, la casa quedó reducida a cenizas, y vivimos en tiempos ciertamente oscuros, tanto para los que arden en llamas como para quienes les prenden fuego.

ABRIL EN PARÍS

Una noche, viendo la tele hace poco, di con un documental de naturaleza dedicado a la realización de documentales de naturaleza. La misión del cámara consistía en sorprender a un ave del Paraíso en plena exhibición de sus galas; el hombre excavó, pues, un hoyo, lo cubrió con ramas y se pasó allí dentro sentado tres semanas. La filmación tenía lugar en Nueva Guinea, cuyas gentes antaño lucían sexys taparrabos y ahora vestían camisetas con lemas tales como «Los cowboys se lo montan con hombres» o «Yo sobreviví al reto corporativo de IPC el fin de semana de 2002». Podían verse lugareños ataviados con pantalones cortos de deporte, a los cuales añadían una riñonera o una gorrita con el nombre de un casino fluvial cosido en la visera. Supongo que dichos accesorios procederían de alguna organización de ayuda humanitaria, o quizá fueran restos de un crucero siniestrado que la corriente había arrastrado hasta tierra.

Apuesto a que se recogieron muchas viseras en las costas del sureste asiático después del tsunami. Las brutales noticias llegaban una tras otra, y se sucedieron durante semanas. Los teléfonos de las organizaciones humanitarias se deslizaban por la parte inferior de la pantalla del televisor, y recuerdo haber pensado que si pretendían recaudar donativos importantes lo mejor que podían hacer era utilizar a algún cachorrillo como reclamo. Con uno habría sido suficiente. Por mucho que se le viera durmiendo panza arriba, ahíto después de zamparse a los desnutridos niños vistos en el informativo de la noche anterior, no hubiera importado. Gente que en su vida había contribuido con ninguna organización benéfica se rascó los bolsillos tras ver las imágenes de aquel cocker spaniel subido a un tejado después del huracán Katrina. «¿Qué remedio? —decían—. Me partió el alma ver aquellos ojitos mirando a la cámara.»

Los ojillos de la abuela abandonada, según pude observar, no tenían la misma potencia. Allí estaba, agarrada al tiro de una chimenea enseñando la tira del sujetador, y lo único que se le ocurrió pensar a la gente fue si la mujer tendría un perrito. «¿Te imaginas que se le ha quedado un Scottie atrapado en la planta baja? ¿Tienes el teléfono de esa agencia de auxilio canino?»

Evidentemente, sería exagerado decir que esa fue la reacción generalizada. Había amantes de los gatos también, y otros que lo sintieron en alma por los reptiles abandonados. Al ver una iguana flotando calle abajo sobre un frigorífico, un amigo herpetólogo perdió la chaveta. «Parece que te esté diciendo: "¿Dónde se ha metido mi dueño? Es la hora de hacernos carantoñas como cada día, ¡¡¡y yo aquí montada sobre este SS Whirlpool!!!".»

Más de una vez he oído decir que antropomorfizar a los animales es la peor injusticia que podemos cometer contra ellos. Dicho lo cual, yo soy tan culpable como el primero. En los cuentos infantiles, el caracol agarra su monederito y sale corriendo por la puerta para poner dinero en el parquímetro. El conejo llora cuando la urraca se burla de sus dientes saltones. El ratón quiere a su hermana, pero no «de esa manera». Y nosotros pensamos: «¡Son iguales que nosotros!».

Ciertos documentales de naturaleza no hacen sino abundar en tan generalizado error, pero ahí radica, al menos para mí, la adicción que provocan. He ahí el programa *Growing Up Camel*, que vi una noche con mi amiga Ronnie. Aquel capítulo se había rodado en un pequeño zoo privado de una localidad de Massachusetts. La camella en cuestión se llamaba Patsy, y el comentarista nos recordó varias veces a lo largo de los casi cincuenta minutos siguientes que aquel animal había nacido justo el domingo de la Super Bowl. Nada más salir al mundo —seguramente antes de que el estadio donde se celebraba dicho partido se vaciara—, fue arrancada de las patas de su madre. Ahora ya era prácticamente un camello adulto, y cuando la pausa publicitaria ya estaba al caer, el comentarista procedió a anunciar un reencuentro entre madre e hija. «A continuación, los camellos se reconcilian tras la larga separación.»

Después de la publicidad, vimos cómo presentaban a las dos camellas nuevamente, y cómo la vieja gruñona de la madre perseguía a su hija por el cercado. Cuando vio la oportunidad, le asestó un mordisco a Patsy en las posaderas, y por lo que pareció con bastante saña. Era una demostración del comportamiento de los camellos cuando no se llevaban bien, y no difería excesivamente de cuando sí se llevaban bien.

Cuando se aproximaba la siguiente pausa, el comentarista nos dejó expectantes con su reclamo: «A continuación, una tragedia que cambiará la vida de Patsy para siempre».

Hubiera apostado a que le amputaban una pata, pero la cosa no llegaba a ese nivel de dramatismo. Lo que sucedía era que la madre enfermaba de cáncer de huesos y moría. El veterinario quedaba muy afectado, pero a Patsy parecía darle lo mismo. ¿Y por qué no, la verdad? Lo único que aquella madre había hecho por ella en su vida era incordiar y robarle la comida, luego ¿no estaba mucho mejor sola?

A los empleados del zoo les preocupaba que Patsy creciera sola y se olvidara de que era una camella, de manera que le trajeron compañía, un macho llamado Josh, junto con su novia, Josie, que importaron de Texas. La última imagen mostraba a los tres bajo el sol, cada uno a la suyo tan tranquilamente.

—Ahora ya sabemos lo que se hizo de la pequeña camella nacida el domingo de la Super Bowl —dijo Ronnie.

Luego encendió la luz y me miró a los ojos.

—¿No estarás llorando? —me preguntó, y le dije que se me había metido ceniza en el ojo.

Growing Up Camel tenía su mérito, pero creo que prefiero los programas de naturaleza con más enjundia, esos que siguen el día a día del protagonista en su hábitat natural. Me da igual que este sea un bosque, una charca o el tracto intestinal de un ser humano. Ya se trate de un tigre como de una lombriz, me pego a la pantalla con la misma concentración. En esa clase de documentales, el mundo animal se nos muestra reducido a lo más básico: alimento, seguridad y reproducción. Es una cadena continua de desesperación y sufrimiento, lo que en esencia viene a decirnos que la vida es dura, y para colmo termina violentamente. Sé que debería tomarme esas cosas con más desapego, pero se me olvida siempre. Termina el programa, y me quedo tumbado en el sofá, destrozado por la muerte del dodo o del bosbok, cualquier artiodáctilo de esos que me encuentro cada dos por tres en los crucigramas.

Aparte de dejarme deprimido y sin fuerzas, esos programas me recuerdan que rara vez, si es que alguna, estoy a solas. Si no hay algún insecto matando el tiempo en el techo, seguro que algún ácaro habrá acechando en la toalla del baño, o algún parásito apostado a orillas de mi torrente sanguíneo. Eso me recuerda también que, por repulsivas que dichas criaturas nos resulten, todas son fascinantes por igual, y merecen ser objeto de un documental.

He aquí una lección que aprendí hace unos veranos en Normandía. Estaba yo sentado a mi escritorio una tarde, redactando una carta, cuando oí un leve zumbido, como si un coche minúsculo cambiara de marcha. Movido por la curiosidad, fui hacia la ventana y allí, enredada en una telaraña, descubrí una especie de pasa rabiosa. Luego me di cuenta de que era una mosca atrapada en la red, y al inclinarme para observarla de cerca, una araña se abalanzó rápidamente sobre ella y se la llevó a regañadientes hacia un pequeño campamento filamentoso situado entre la pared y el marco de la ventana. Fue como presenciar en directo el atraco de alguien al que odias: tres segundos de violencia pura y dura, y una vez transcurridos, estás deseando que se repitan.

Me cuesta recordar los tiempos en que lo ignoraba todo sobre la *Tegenaria duellica*, pero así era yo entonces: un ignorante armado de una guía de campo de tres al cuarto. Solo sabía que aquello era una araña, una araña grande, del tamaño de un cacahuete con cáscara incluida. Su color iba del rojizo al marrón oscuro, con tonos alternantes que formaban un moteado patrón en el abdomen. Más adelante llegaría a saber que la *Tegenaria* puede alcanzar los dos años de vida, y que aquel ejemplar en particular era una hembra adulta. Entonces, sin embargo, boquiabierto ante la ventana, lo único que logré reconocer fue una profunda sensación de asombro.

¿Cómo podía haber vivido tanto tiempo en aquella casa ajeno a lo que me rodeaba? Si las *Tegenarias* hubieran ladrado o hubieran intentado robarme la comida, tal vez habría reparado en ellas antes, pero eran tan silenciosas y discretas como granjeras amish. Cuando no estaban en época de celo, prácticamente se quedaban inmóviles, nada que ver con las arañas lobo que pululaban por Carolina del Norte en mi infancia. Aquellas cazaban más que atrapaban. Eran unas bestias peludas tan grandes como la mano de un bebé que campaban a sus anchas por el sótano de la casa de mis padres, y suscitaban en mis hermanas los sostenidos y escalofriantes gritos que se oyen en el cine cuando la momia invade el delicado vestidor de la damisela. «¡Mátala!», chillaban, y luego oía media docena de zapatos aporreando el suelo, y tras ellos el atlas mundial o tal vez el taburete del piano: cualquier cosa pesada que encontraran a mano.

A mí tampoco me hacían gracia las arañas lobo, pero nunca pensé que su objetivo fuera ir a por mí. Para empezar, no parecían tan organizadas. Además, bastante tenían con su vida. Esa actitud la aprendí de mi padre, que nunca pisoteaba nada que no estuviera emparentado con él. «Tenéis miedo de vuestra propia sombra, niñas», decía, y por grande que fuera el bicho en cuestión, lo recogía ayudándose de un periódico y luego lo soltaba en el jardín. Cuando llegaba la hora de dormir, yo llamaba con los nudillos a la puerta de mis hermanas y vaticinaba que la araña en ese instante estaría trepando hacia el tejado, donde haría un alto para descansar antes de enfilar chimenea abajo. «He leído en la enciclopedia que esta especie particular se distingue por una habilidad especial para rastrear a sus presas, y que una vez las tiene localizadas, resulta casi imposible detenerla. En fin, que durmáis bien.»

La casa de Normandía habría horrorizado a mis hermanas, y supongo que a la mayoría de las personas. Ya antes de que yo entrara a formar parte de la Sociedad Aracnológica de Estados Unidos, parecía embrujada, con aquellas telarañas que colgaban como banderolas de las vigas del techo y las barras de las cortinas. Cuando me topaba con alguna, la tiraba al suelo. Pero todo eso cambió tras el hallazgo de mi primera *Tegenaria*, a la que puse por nombre Abril. Después de anotarlo en una ficha que luego procedí a clavar con chinchetas en la pared, mi interés se extendió a sus convecinas. La ventana en la que vivían, una sobre otra, a ambos lados del marco, parecía un bloque de apartamentos. Encima de Abril vivía Marty y, encima de Marty, Curtis y Paula. En el marco de enfrente: Linda, Russell, Big Chief Tommy y una motita asexuada a la que bauticé con el ambiguo nombre de Leslie. Y eso solo en una ventana.

Dado que ya había incumplido la regla número uno de todo buen documental de naturaleza −nunca dar nombre al protagonista objeto de estudio−, me dispuse a incumplir la siguiente: no interferir en su vida. «Manipular», lo llamaba Hugh, pero, en mi opinión, eso sonaba demasiado a científico mochales. Manipular sería cruzar razas u organizar luchas encarnizadas entre ciempiés. Lo que yo hacía se denominaba simplemente alimentar.

A ninguna araña, al menos de las que yo he observado, le interesan lo más mínimo los insectos muertos, ni siquiera recién fallecidos. Su alimento tiene que estar vivito y coleando, y dado que en casa disponíamos de una plaga de ellos, y yo de algo de tiempo, decidí contribuir un poco. En mi opinión, el mejor sitio para atrapar a una mosca es el cristal de una ventana. Hay algo en él que parece confundirlas, y si te ven venir con un tarro de cristal abierto todavía se aturullan más. En cuanto lograba tener dentro al bicho, cerraba la tapa y agitaba el tarro como si fuera una coctelera. Sus cuerpecitos golpeaban de una pared a otra, y cuando a Hugh le dio por ponerse en plan Ghandi, le recordé que aquellos bichos eran una plaga, que transmitían enfermedades y se cebaban en los muertos y luego se nos metían en casa para ejecutar su danza sobre nuestra plata. «Pero hombre, por Dios −le decía−, no se puede tener lástima de todo.»

Las *Tegenarias* construyen lo que pronto aprendí a denominar «telas horizontales en forma de sábana», densas estructuras tipo camas elásticas generalmente triangulares y de un tamaño que oscila entre el de un pañuelo doblado y el de un mantelito individual. Una vez que tenía a mi presa aturdida, desenroscaba la tapa del tarro y lo inclinaba hacia la expectante araña. La mosca caía en sus redes y, tras permanecer inmóvil unos instantes, empezaba a sacudirse y desperezarse, como un borracho de tebeo volviendo en sí tras una noche de juerga. «Pero qué coño…», me la imaginaba diciendo. Luego sus ojos repararían en las alas y las trompas de anteriores víctimas. «Tengo que salir de aquí.» Un murmullo de pisadas en la distancia, y justo cuando la mosca percibía que era inútil luchar, el monstruo se abalanzaba sobre ella.

−¡… Corten! −gritaba yo.

La contemplación de aquel espectáculo se convirtió en una adicción para mí, al igual que la caza y captura de las moscas. Había días en que arrojaba a las fauces de las arañas más de tres docenas de ellas, a expensas de todo lo demás que se suponía debía estar haciendo. Cuando las otrora saludables arañas pasaron a ser obesas, sus patas agujeraban la tela vencida por el peso. Correr se les hacía una lata, y creo que las patas empezaban a escocérseles. A esas alturas, mi apego emocional era innegable. Aquel primer verano había noches en que me levantaba de la cama a las tres de la mañana y entraba en mi despacho con una linterna. Estaban todas despiertas, pero yo siempre iba directo a Abril. Si yo pensaba en ella un centenar de veces al día, lo justo era imaginar que ella también pensara en mí. En mi nombre, en mi cara: no es que me hiciera ilusiones de que registrara tales cosas, pero al igual que los cuerpos perciben el calor del sol, estaba convencido de que Abril percibía mi presencia, y la echaba de menos cuando me marchaba de viaje.

—No pasa nada —le decía—. Soy yo.

A menudo sacaba la lupa y me dedicaba a contemplar aquel desbarajuste que tenía por cara.

A la mayoría les habría parecido esperpéntico, pero cuando uno está enamorado, hasta lo más abstracto o espantoso llega a verse bonito. Me impresionaba que tuviera ocho ojos, y que ninguno de ellos pareciera servirle de gran cosa. Eran más bien decorativos en realidad, como una sarta de cuentas apelotonadas sobre sus quelíceros. Con estos, agarraba a su presa, y según como la miraras, parecían un par de enormes dientes saltones. Eso le confería un aspecto más bobalicón que fiero, aunque nunca se lo he dicho a la cara. Para ser una *Tegenaria* resultaba bastante atractiva, y fue una alegría descubrir que el jefe Hodges coincidía conmigo. Hodges era un adulto macho que había mudado la piel poco tiempo atrás y había viajado desde el otro lado de la habitación para afincarse en el sanctasanctórum de Abril. La razón por la que Marty, Curtis, o Big Chief Tommy nunca se aparearon con Abril sigue siendo un misterio, que sumé a la lista de interrogantes que me acucian, a saber, por ejemplo: ¿qué aspecto tendría Jesucristo cuando era un adolescente? o ¿por qué nunca se ven crías de ardilla?

El verano fue avanzando, y con él los misterios. Las arañas, tanto machos como hembras, se trasladaron de domicilio, y yo empecé a toparme con piezas sueltas por todas partes: una triste patita o un triste pedipalpo abandonados, tirados en la telaraña que antes había sido lugar de residencia de Paula, Philip o la Reverendísima Karen. En cuanto se presentaba alguien nuevo, y yo procedía a clavar en la pared la ficha con su nombre, el inquilino o la inquilina en cuestión desocupaba la vivienda sin previo aviso. El otrora buen vecindario se convirtió rápidamente en un barrio peligroso, lleno de vecinos gamberros y fugaces. Tal vez Abril infundiera mayor respeto que sus demás congéneres de la comunidad. O quizá sus enemigas supieran que había alguien vigilándole las espaldas, pero, por la razón que fuera, logró ser una de las pocas *Tegenarias* que permaneció en su hábitat y sobrevivió. A mediados de septiembre, Hugh y yo regresamos a la capital y, en el último momento, compré un terrario de plástico y decidí llevármela. No caí en la canción «April in Paris» hasta que estuvimos en el tren, y puse el receptáculo a la altura de la ventana y le dije: «¡Mira, April, la Torre Eiffel!».

Curiosamente, hay detalles en los que uno no repara hasta que es demasiado tarde. Por ejemplo, que en París de hecho no hay moscas, al menos donde nosotros vivimos. En Normandía atraparlas era una tarea la mar de sencilla. Incluso descalzo y en pijama daba con alguna presa, pero en París no me quedó más remedio que salir a la calle y acechar por los contenedores de basura de los jardines de Luxemburgo. Cuando veía que alguien tiraba dentro un pañal, me apostaba a unos pasos de distancia aguardando a que los efluvios hicieran efecto. Luego llegaba el asalto por sorpresa, las sacudidas del tarro y el breve lapso de imprecaciones y pataditas. Si las moscas hubieran estado apiñadas en el cristal de una ventana, habría sido yo el último en reír, pero a cielo abierto, y ante la concurrencia francesa observando todos y cada uno de mis fallidos intentos, mi maravilloso pasatiempo se convirtió en un auténtico fastidio.

Me había pasado meses diciéndome que Abril me necesitaba; aunque, evidentemente, no era así. En su telaraña caían suficientes presas con las que alimentarse, y ella era perfectamente capaz de atraparlas sola; al menos ese había sido el caso en Normandía. En París, sin embargo, encerrada en un terrario de un cuarto piso, me necesitaba de verdad, y la responsabilidad me pesaba como un fardo. Las *Tegenarias* pueden estar tres meses sin comer, pero siempre que regresaba a casa con las manos vacías, percibía su arácnida censura rezumando por la cajita de plástico. Aquella cara que antes me había parecido bobalicona se me representaba altanera y expectante. «Bah —me la imaginaba diciendo—, supongo que me equivoqué contigo.»

A principios de octubre empezó a refrescar. Luego llegaron las lluvias y, de la noche a la mañana, todas las moscas de París liaron los bártulos y se marcharon de la ciudad. Abril llevaba casi una semana sin comer cuando, por pura casualidad, descubrí una tienda de animales de compañía y me enteré de que vendían grillos vivos, de esos negros y romos que parecen tuercas con patas. Compré toda una caja de chirriantes bichitos y me sentí tan contento conmigo mismo hasta la semana siguiente, cuando descubrí algo que ningún documental se había molestado en enseñarme, a saber: que los grillos huelen mal. Apestan. A diferencia del tufo que desprende un pañal sucio o la carne podrida, olores que uno puede precisar y definir, los grillos huelen como a una propensión: a la crueldad quizá, o al odio.

Por más incienso y ambientador que echáramos, no había forma de neutralizar aquel hedor. Todos nuestros intentos no hacían más que empeorarlo, y fue eso más que nada lo que me llevó de vuelta a Normandía. Abril y yo nos montamos en el tren a últimos de octubre, y al llegar la solté en su antiguo domicilio. Supongo que di por hecho que volvería a instalarse en él, pero en nuestra ausencia la telaraña se había venido abajo. Una esquina se había desamarrado, y su orilla desfilachada y moteada de moscas colgaba como una enagua sucia sobre la cornisa de la ventana. «Seguro que tiene arreglo», le dije, pero antes de que pudiera explayarme, o siquiera despedirme, April salió corriendo por patas. Nunca más volví a verla.

Ha habido otras *Tegenarias* a lo largo de los años, un asentamiento nuevo cada verano, y aunque sigo dándoles de comer y vigilando sus entradas y salidas, lo hago desde una creciente si bien no molesta distancia, en el convencimiento de que, a diferencia de los mamíferos, las arañas tienen su función natural y punto. No sé qué motivará a Abril y sus congéneres, pero sí que se trata de algo serio y privado, y que mis intentos de humanizarla no lograron sino distanciarme más si cabe de su majestuosidad. Aún no puedo resistirme a cazar moscas, pero en lo tocante a nombres y traslados, me he desentendido bastante, aunque Hugh diría que no lo suficiente.

Supongo que todos tenemos un rincón en nuestro corazoncito reservado para otra especie. El mío en lugar de pelos de perro o gato, tiene montones de telarañas, razón por la cual la gente da por sentado que no poseo tal rincón. Pero no es cierto, y cuando el Katrina asoló Nueva Orleans, sentí una punzada por dentro. El televisor estaba encendido, la abuela hacía señales desde su tejado, y yo de pronto me descubrí preguntándome, con una sensación rayana en el pánico, si en casa de aquella mujer habría alguna araña.

LLORICA

El vuelo nocturno a París sale del aeropuerto JFK a las siete de la tarde y llega al Charles de Gaulle el día siguiente, aproximadamente a las 8.45 de la mañana, hora francesa. Entre el momento del despegue y el del aterrizaje, se hace una breve parodia de la noche: se sirve la cena, se recogen las bandejas y cuatro horas más tarde ya es hora de desayunar. La idea es engañar al cuerpo para que piense que ha pasado una noche como otra cualquiera, que la insatisfactoria cabezadita ha sido en realidad un sueño reparador y uno está descansado y listo para desayunar su tortilla.

Muchos pasajeros pretenden mentalizarse cumpliendo con el ritual nocturno. Yo los observo mientras hacen cola a la puerta del servicio, unos con el cepillo de dientes en la mano, otros ataviados con pantuflas u holgados atuendos tipo pijama. Oyendo los lentos y amortiguados pasos que van y vienen por la cabina tienes la impresión de encontrarte en un hospital: la misma luz atenuada, las auxiliares de vuelo en el papel de enfermeras. Esa sensación se hace aún más intensa cuando dejas atrás la tercera clase. A la cabeza del avión, donde los asientos se reclinan casi por completo, igual que si fueran camas, el bien atendido pasaje se lamenta tumbado bajo las mantas. De hecho, tengo entendido que el personal de cabina a menudo se refiere a la clase *business* como la UCI, por la constante atención que exigen sus pasajeros. Pretenden que se les dé el mismo trato que a sus superiores de primera, por lo que se quejan constantemente, confiando en un ascenso de categoría.

La compañía aérea con la que suelo volar de Francia a Estados Unidos solo tiene dos clases: tercera y algo a lo que denominan *Business Elite*. La primera vez que me senté en esas filas, fue en un viaje de ida y vuelta a Estados Unidos pagado por la empresa para la que iba a hacer la gira promocional de mi libro. «De verdad, si no hace falta», insistí una y otra vez. El concepto general de «embarque preferente» me resultó un tanto vergonzoso, pero luego me trajeron un cuenco con nueces calientes y vencí un poco mis reparos. Pero al agasajo lleva su tiempo acostumbrarse. Cuando oigo a una auxiliar de vuelo llamarme «señor Sedaris», lamento que la pobre haya tenido que hacer el esfuerzo de memorizar mi nombre en lugar de, pongamos por caso, el número del móvil de su nieta. Aunque en esa compañía aérea en particular lo dejan caer de tal manera que suena perfectamente natural, o al menos al cabo de un tiempo.

—¿Desea que le traiga algo de beber para acompañar esas nueces, señor Sedaris? —me preguntó la auxiliar encargada de atenderme; y eso mientras los pasajeros de tercera estaban todavía embarcando.

Las miradas que me dirigían al pasar eran iguales que las que yo dirijo cuando se abre la puerta de una limusina. Siempre piensas que por allí va a salir una estrella de cine o como mínimo alguien mejor vestido que tú, pero no falla, el que se apea siempre es un pringado con una pinta infame. De ahí la mirada, que podría traducirse con un «Mira que volver la cabeza para esto, anda y que te den, pringado».

En todos los vuelos posteriores que he hecho, la zona *Business Elite* siempre ha estado agrupada en un bloque, pero en aquel avión en particular la habían dividido en dos: cuatro hileras delante de la cabina y dos detrás. La auxiliar de vuelo nos aseguró a todos los que nos encontrábamos en esta última sección que aunque estrictamente hablando nos halláramos en la parte trasera del avión, no debíamos verla como tal. Teníamos los mismos derechos y privilegios que los pasajeros que iban delante. Pero, aun así, ellos iban delante, y a mí no se me quitaba de la cabeza que en cierta manera les habían dispensado un trato de favor.

En el trayecto de ida a Nueva York, viajé sentado junto a un francés barbudo que se metió una pastilla en la boca en cuanto despegamos y estuvo inconsciente hasta que aterrizamos. En el viaje de regreso, el asiento de al lado iba vacío, al menos en la primera media hora de vuelo. Luego una auxiliar hincó una rodilla en el pasillo junto a mi asiento y me pidió si le podía hacer un favor. Así es como hablan en *Business Elite*.

—Quizá podría hacerme un favor, señor Sedaris.

Con los mofletes hinchados de cacahuetes, cual ardilla listada, ladeé la cabeza.

—Hay un pasajero un par de filas más adelante que está molestando a los demás con su llanto. ¿Le importaría que se sentara aquí?

La azafata era una mujer rubia muy maquillada. Unas gafas le colgaban de una cadenita al cuello, y al apuntar al asiento junto a la ventanilla que estaba vacío a mi lado, me llegó un agradable aroma a galletas de avena.

—Tengo entendido que es polaco —dijo en un susurro—. Bueno, creo que es de Polonia. El país.

—¿Es un niño? —pregunté, y ella dijo que no.

—¿Está borracho?

Contestó otra vez que no.

—Su madre acaba de morir, y va al funeral.

—¿Y a esa gente le molesta que llore por su difunta madre?

—Eso parece —me dijo.

Una vez había leído que cierto pasajero de primera clase protestó —amenazó con denunciar a la compañía aérea, si mal no recuerdo— porque el pasajero invidente que iba sentado a su lado viajaba con un perro lazarillo. No es que el hombre fuera alérgico, porque en la calle los golden retriever no le causaban ninguna molestia, pero él no había pagado miles de dólares para tener que viajar con uno al lado, o al menos ese fue el pretexto. Si aquello me había parecido el súmmum de la gilipollez, lo del polaco no le iba muy a la zaga.

Contesté que por supuesto que podía sentarse a mi lado, y la azafata se adentró en la oscuridad y regresó unos minutos más tarde con el agraviado pasajero.

—Gracias —me dijo ella, sin articular la palabra.

—De nada —contesté.

El polaco debía de rondar los cuarenta y cinco pero parecía mayor, igual que ocurría a menudo con los compañeros de generación de mis padres. La sangre extranjera o el exceso de responsabilidad le habían impedido disfrutar de la prolongada adolescencia que un estadounidense de la misma edad disfruta actualmente, razón por la que su rostro, pese a la ausencia de arrugas, parecía más avejentado que el mío, más ajado. Tenía los ojos enrojecidos e hinchados de tanto llorar, y la nariz, grande y poliédrica, parecía una talla de madera todavía sin lijar. En la penumbra de la cabina, me recordó uno de esos intrincados tapones de botella hechos a mano: el bondadoso labriego o el borrachuzo bonachón que se saca el sombrero cuando tiras del cordel. El polaco tomó asiento y miró por la ventana a oscuras. Luego se mordisqueó el labio inferior, se tapó la cara con sus descomunales manos y rompió a sollozar, con mucho sentimiento. Pensé que debía decirle algo, pero ¿qué? ¿Y cómo? Quizá lo mejor, lo menos embarazoso para él, sería hacer como si no lo oyera; no prestarle atención, en suma. Y eso decidí hacer.

El polaco no quiso cenar, rechazó la bandejita haciendo un ademán con sus mayúsculas manazas, pero luego, cuando hinqué el diente en el pollo rebozado de hierbas, me dio la impresión de que me observaba, preguntándose, muy probablemente, cómo se podía seguir viviendo en momentos como aquellos. Así me sentí yo cuando murió mi madre. El funeral se celebró un sábado de noviembre por la tarde. Aquel día hacía un calor desacostumbrado para la estación, incluso para Raleigh, y al volver de la iglesia pasamos por delante de unas casas con jardín, donde los vecinos estaban cortando el césped como si no hubiera ocurrido nada. Uno estaba descamisado incluso. «El colmo», le dije a mi hermana Lisa, olvidándome de todos los cortejos fúnebres que habían discurrido frente a mí a lo largo de la vida, mientras yo reía, arrojaba piedras a los letreros o hacía acrobacias sobre el sillín de la bici. Y allí estaba yo en el avión comiendo, y encima con fruición. Lo mejor de la compañía aérea a la que me vengo refiriendo es el helado que sirven de postre. Te sirven un cuenco con helado de vainilla, y luego tú le añades los ingredientes que quieras. Yo suelo pedir caramelo y nueces picadas, que la azafata me echa en el cuenco ante mis propios ojos. «¿Le apetece un poco más de almíbar, señor Sedaris?», pregunta, o «¿Seguro que no quiere un poquito de nata montada?» Pasaron años antes de que lograra armarme de valor para pedir otra ración, y el día que por fin me atreví, me sentí tonto del bote.

—¿Le importa si... mmm... podría servirme otro?

—¡Pues claro que sí, señor Sedaris! ¡Y tres si lo desea!

Así son las cosas en *Business Elite*. Te gastas ocho mil dólares en un billete, y si quieres un poco más de helado por valor de trece centavos, no tienes más que pedirlo. Es como si te compraras un carrito de golf y te obsequiaran con unos *tees*; en cualquier caso, se aprecia.

—Caramba —digo—. ¡Muchas gracias!

Antes de atreverme a pedir doble ración, saboreaba el helado con deleite: degustaba los anacardos o las nueces pedacito a pedacito, como haría un pájaro. Cuando terminaba con los frutos secos, me reclinaba en el asiento y atacaba el caramelo. Cuando había dado cuenta del helado, ya estaba tendido en horizontal, viendo una película en mi pantallita individual. Los mandos para el asiento están situados en un reposabrazos compartido, y hasta que no volé tres o cuatro veces con la misma compañía no logré pillarles el truco. En aquel vuelo, por ejemplo, estuve aporreando los botones un buen rato, sin saber por qué se me resistían: pies arriba, pies abajo, cabeza atrás, cabeza adelante. Me disponía a llamar a la azafata cuando miré hacia la derecha y, al ver que el polaco hacía involuntarias piruetas en el asiento, comprendí que me había equivocado de mandos.

—Perdone —me disculpé, y él levantó una mano como una sartén de grande, indicando con el gesto que no había por qué disculparse.

Una vez me retiraron el cuenco vacío, me puse a hojear la revista de a bordo, a la espera de que a mi compañero de asiento se le pasara el mareo y se quedara dormido. Ya me había perdido el primer ciclo de películas en un esfuerzo por mostrarme respetuoso, pero no sabía hasta cuándo iba a poder aguantar. En las filas delanteras de la *Business Elite*, en la sección alegre, alguien rió. No fue la consabida risotada que uno ofrece tras oír un chiste, sino algo mucho más auténtico, como un ladrido casi. El tipo de carcajada que uno suelta cuando está viendo una película tonta en el avión, de esas a las que no les encontraría ni pizca de gracia en una sala de cine. Será que la falta de oxígeno socava nuestras reticencias. El piloto cuenta un chiste manido, y hasta los más avezados viajeros se parten el pecho. La única intervención graciosa que he oído en mi vida en un avión fue la de un azafato, un mariquita, que agarró el micrófono mientras discurríamos con los motores apagados por la pista de aterrizaje de San Francisco y anunció: «Los que estén de pie en el pasillo gozarán de una excelente panorámica del letrero "Abróchense los cinturones"».

El recuerdo de aquel azafato y de su severa y matronil voz se vio interrumpido por mi compañero de asiento, que parecía haber sufrido un revés. Estaba llorando otra vez, no en alto pero sí con desconsuelo, y me pregunté, quizá injustamente, si no estaría exagerando un poco. Miré de soslayo aquel anguloso perfil bañado en lágrimas y recordé cuando yo era un quinceañero y una compañera mía del instituto murió de leucemia, o la «enfermedad de *Love Story*» como se la llamaba entonces, porque la heroína de dicha película sufría de dicha dolencia. El director del centro nos anunció su fallecimiento, y tanto yo como el resto de mis amigos organizamos todo un espectáculo doliente. Abrazos en grupo, ramos de flores que se dejaban junto al asta de la bandera del centro… quién sabe hasta dónde habríamos llegado si hubiéramos conocido de verdad a la víctima. Sin ánimo de fanfarronear, creo que fui yo quien peor se lo tomó. «¿Por qué ella y no yo?», gemía con voz plañidera.

«Es curioso —decía mi madre—, no recuerdo haberte oído nunca mencionar a ninguna Monica.»

Mis amigos fueron mucho más comprensivos, sobre todo Barbara, que, a la semana del funeral, anunció que también ella quizá se quitara la vida.

Ninguno de nosotros le recordó que Monica había fallecido a causa de una enfermedad terminal, como si eso, en cierto modo, fuera lo de menos. El caso era que Monica ya no estaba, y nuestra vida nunca volvería a ser igual: ya éramos personas que conocían a personas que habían fallecido. En suma: habíamos sido tocados por la tragedia, y eso nos había hecho especiales. En apariencia, yo estaba destrozado, pero en el fondo nunca me había sentido tan resuelto y realizado.

La siguiente defunción sí fue de una amiga auténtica, una chica llamada Dana que murió atropellada cuando estábamos en primero de carrera. La pena que sentí entonces, aun siendo verdadera, llevaba en sí, por mucho que yo me resistiera, un componente de teatralidad, la esperanza de que alguien me dijera: «Cualquiera diría que has perdido a tu mejor amigo».

A lo que yo podría replicar, con la voz quebrada y llena de angustia: «Pues mira tú por dónde es justo lo que me ha ocurrido».

Era como si hubiese aprendido a manifestar el dolor gracias a la televisión: ahora viene cuando lloras, ahora cuando te echas sobre la cama, ahora cuando contemplas tu imagen en el espejo y reparas en lo bien que ves con el rostro empapado en lágrimas.

Al igual que la mayoría de farsantes, me empecino en la sospecha de que todo el mundo es tan insincero como yo. Aquel polaco, por ejemplo. Considerando el tiempo que le habría llevado encontrar billete y llegar hasta el aeropuerto, su madre ya llevaría muerta seis horas como poco, incluso puede que más. ¿Y el hombre todavía no se había recuperado? ¿A qué venía tanto lloro? Parecía que me estuviera diciendo: «Yo quería mucho más a mi madre que tú a la tuya». No era de extrañar que sus anteriores compañeros de asiento hubieran protestado. Qué hombre tan competitivo, tan farisaico, tan, en fin, exagerado.

Otra estentórea carcajada salió de unas filas más adelante, y se me ocurrió que tal vez hubiera errado con mi comprensión. Quizá las lágrimas de aquel hombre eran producto de la culpa y no del pesar. De pronto me imaginé a una demacrada señora con la nariz de patata, y un tubo filtrando fluidos en su brazo. La señora ponía conferencias a Estados Unidos, conferencias que costaban mucho dinero, para hablar con su único hijo. «Ven enseguida», le decía, pero él tenía su vida. Estaba muy ocupado. Tenía muchas cosas que hacer. Su mujer iba a sacarse la licencia para hacer de stripper. A él le habían pedido que compareciera en la vista para solicitar la libertad condicional de su hijo. «Mira —le decía a su madre—, iré cuando termine la temporada de carreras en el canódromo.» Y de pronto... ella camino de la muerte en una fría e incómoda camilla de ruedas, y él camino de su funeral en *Business Elite*. Aquel hombre había matado a su madre a disgustos, ¿y por su culpa no iba a ver yo una película en el avión?

Saqué mi pantallita individual escondida en la ranura del reposabrazos y, no había hecho más que colocarme los auriculares en los oídos, cuando pasó la auxiliar de vuelo.

—¿Seguro que no le apetece que le traiga algo de comer, señor...?

La azafata consultó el sujetapapeles y emitió un sonido como si hiciera gárgaras con piedras.

El polaco dijo que no con la cabeza, y la azafata me miró decepcionada, como si mi misión hubiera sido despertarle el apetito a aquel hombre. «Lo creía a usted distinto», parecían decirme sus ojos.

Quise replicar que al menos yo no había protestado. Ni había mostrado desconsideración para con su dolor activando mi pantallita, aunque eso fue lo que hice en cuanto ella volvió a adentrarse en la oscuridad. De las cuatro películas a disposición del pasaje en aquel vuelo, tres ya las había visto. La otra se titulaba *De vuelta a la Tierra* y la protagonizaba Chris Rock en el papel de humorista en ciernes. Un día muere atropellado por un camión y, tras una breve estancia en el cielo, es devuelto al mundo de los vivos reencarnado en un anciano blanco. Las críticas habían sido poco entusiastas, por no decir malas, pero juro que nunca había disfrutado tanto con una película. Intenté reprimir la risa, de verdad que sí, pero he ahí una batalla perdida donde las haya. Es algo que aprendí con mi familia. Por alguna razón, nada irritaba más a mi padre que oír el regocijo de sus hijos. Los coros de lágrimas los toleraba, pero los de risas, especialmente durante la cena, lo sacaban de sus casillas.

El problema es que había mucho de lo que reírse, sobre todo durante el tiempo que la abuela griega vivió en casa con nosotros. Tal vez si nos hubiera pillado mayores, habría sido otra cosa. «La pobre tiene gases», habríamos dicho. Pero no hay cosa más graciosa para un niño que una anciana flatulenta. Y lo más disparatado es que ella no sentía la más mínima vergüenza; poco más o menos la misma que Duchess, nuestra collie. Sonaba como si probara una motosierra, pero la abuela ni se inmutaba, ponía la misma cara de siempre.

—¿Me he perdido alguna gracia? —preguntaba mi padre, como si no se hubiera enterado, como si su silla no hubiera vibrado igual que las nuestras con el retumbe—. ¿A qué le veis tanta gracia?

Si aguantarse la risa ya era difícil de por sí, decir que «a nada» exigía un esfuerzo tan mayúsculo que hasta dolía.

—¿Así que os reíais de nada?

—Eso —contestábamos—. De nada.

Luego brotaba otra cascada de risas, y lo que antes había sido difícil se convertía en tarea imposible. Mi padre siempre tenía un cucharón a mano cerca del plato, y no recuerdo la de veces que llegó a descargarlo sobre mi cabeza.

—¿Aún sigues viéndole la gracia?

Es curioso que un cucharonazo en la cabeza pudiera aportar todavía más hilaridad a la situación, pero así era. Mis hermanas y yo nos partíamos de la risa, nos descoyuntábamos, la leche nos salía a chorro por la boca y la nariz, con mayor ímpetu si cabe por intentar retenerla. Había noches en que la sangre manchaba aquel cucharón, noches hasta con pelos pegados a la sangre, pero la abuela no dejaba por ello de tirarse pedos, ni nosotros de reírnos hasta que las paredes temblaban.

¿Cómo podían haber pasado cuarenta años ya de aquello? Recordar aquellas noches con mis hermanas, tan jóvenes todos entonces, tan despreocupados, fue como una especie de revulsivo, y un minuto más tarde, por mucho que tuviera delante a Chris Rock, era yo quien lloraba en aquel vuelo nocturno a París. No pretendía robarle protagonismo a nadie. Un par de minutos de llanto serían suficientes. Pero entretanto figúrense la escena: dos hombres hechos y derechos sentados en sendos espaciosos butacones, soltando el trapo los dos bañados bajo sus respectivos y «elitistas» charcos de luz.

SIEMPRE FIEL

Un día, de buenas a primeras, me descubrí un bulto. Creo que era un quiste o un forúnculo, una protuberancia de esas que uno asocia con los gnomos; estaba justo en la rabadilla, como un hueso de melocotón encastrado en lo alto de la raja. Al menos así lo sentía yo. No me atrevía ni a mirármelo del miedo que tenía. Empezó como un nodulito de nada, pero según fue creciendo empezó a doler. Sentarse se hacía muy molesto, y no digamos tumbarse de espaldas o agacharse. Al quinto día, tenía un dolor punzante en la rabadilla y me dije, al igual que había hecho el día anterior, que si seguía así, iría a que me viera un médico. «Por estas», me juré. Incluso llegué a sacar el listín telefónico y me lo llevé a la espalda, para que el forúnculo viera que la cosa iba en serio y desapareciera *motu proprio*. Cosa que no hizo, evidentemente.

Todo esto sucedió en Londres, una ciudad cara hasta la crueldad y el disparate. Una noche Hugh y yo fuimos al teatro, y las entradas nos costaron el equivalente a cuarenta dólares, a lo que hubo que sumar los sesenta de las pizzas. Y eran minipizzas, no más grandes que tortitas. Dado el coste de una simple salida nocturna, supuse que la visita al especialista iba a salirme por el precio de una furgoneta personalizada. Aunque más que el coste, lo que temía era el diagnóstico. «Cáncer de coxis –diría el médico–. Me temo que habrá que extirparle el trasero de raíz.»

Lo triste del caso es que aunque hubieran tenido que extirparme el culo entero, nadie lo habría notado. Tan escuálido lo tengo que el forúnculo de hecho suponía una mejora, algo así como un polisón solo que con veneno en su interior. A decir verdad, el único inconveniente era el dolor.

Los primeros días lo aguanté sin rechistar, y sin dejar de pensar en el buen ejemplo que estaba dando. Cuando Hugh se encuentra mal, te enteras de inmediato. Se clava una astilla minúscula en la palma de la mano, y asegura comprender el padecimiento de Cristo en la cruz. Exige conmiseración cuando le pica un insecto o se hace un cortecito con un papel, mientras que yo tengo que perder como poco un litro de sangre antes de recibir una palmadita en la mano por todo consuelo.

Una vez, en Francia, tuvimos la suerte de pillar un virus intestinal idéntico. Uno de esos virus que duran veinticuatro horas y te dejan vacío por dentro y sin ganas de vivir. Podrías ir a por un vaso de agua, pero eso supondría tener que levantarse de la cama, así que te quedas alelado mirando hacia la cocina, esperando que reviente una tubería y el agua venga a ti. Los dos tuvimos exactamente los mismos síntomas, pero él se empeñaba en que su virus era mucho más potente que el mío. Yo discrepaba, y así nos pasamos la enfermedad, compitiendo por ver cuál de los dos se encontraba peor.

—Tú al menos puedes mover las manos —me decía.

—Qué va —replicaba yo—, ha sido el viento el que me las ha movido. No tengo ningún control muscular.

—Embustero.

—Bonita manera de insultar a alguien que quizá no pase de esta noche. Muchas gracias, hombre.

En momentos así, uno se pregunta cómo ha podido llegar hasta ese punto. Conoces a una persona, te enamoras y luego, infinidad de años más tarde, te ves tirado en el suelo en un país extranjero, prometiendo, esperando, por principios simplemente, estar muerto antes de que amanezca.

—Ya lo verás —me lamenté, y luego debí de quedarme dormido otra vez.

Cuando Hugh y yo nos peleamos por cuál de los dos sufre más, me acuerdo de mi primer novio, al que conocí cuando ya tenía veinte y muchos años. Hacíamos muy mala pareja, de modo que nos pasábamos el día compitiendo por las tonterías más ridículas. Cuando alguien le reía alguna gracia, yo sentía la necesidad de hacer reír al otro más todavía. Si yo daba con alguna fruslería interesante en un rastrillo, él tenía que encontrar algo mejor; y así todo. La madre de mi novio era de armas tomar, y cada año, justo antes de Navidad, pedía cita para que le hicieran una mamografía, a sabiendas de que no le entregarían los resultados hasta pasadas las fiestas. Así dejaba la remota posibilidad de un cáncer pendiendo sobre las cabezas de sus vástagos, a distancia pero próxima, como una ramita de muérdago colgada del dintel de una puerta, y se regodeaba con ello. Cuando toda la familia estaba reunida, dejaba caer como si tal cosa: «No quisiera ser aguafiestas, pero es posible que sean las últimas navidades que pasamos juntos». Otras veces, cuando alguno tenía algo que celebrar –una boda, una graduación–, programaba una cita para alguna prueba que requiriese cirugía exploratoria, lo que fuera con tal de reclamar y retener la atención de sus semejantes. Cuando por fin la conocí, ya no le quedaba un solo órgano que explorar clínicamente. «Dios mío –pensaba viéndola llorar en el sofá de nuestra sala de estar– la familia de mi novio aún está más hecha mierda que la mía.» A decir verdad, aquella disfuncionalidad me tenía bastante mosca.

Nuestra relación duró seis años, y cuando por fin cortamos, lo viví como un fracaso, como un divorcio. De pronto llevaba a cuestas lo que los manuales de autoayuda denominaban un «equipaje emocional», y tendría que arrastrar de él el resto de mis días. La única solución era conocer a alguien que cargara con un equipaje parecido, para que hiciéramos juego los dos, pero ¿dónde se encontraba a alguien así? Los bares quedaban descartados, de eso no me cabía duda. A mi primer novio lo había conocido en un local llamado Perversión, un nombre que no suscitaba precisamente ideas de fidelidad. Era como conocerse en un duelo a puñetazo limpio y luego quejarse de que el otro te saliera agresivo. Justo es decir que en verdad él nunca prometió ser monógamo. Esa era mi idea, y aunque intenté por todos los medios convertirlo a la causa, el embrujo del prójimo era superior a él.

La mayoría de parejas gay que yo conocía en aquellos tiempos había llegado a alguna componenda de algún tipo. El Novio A podía acostarse con otros siempre que no los llevara a casa; o siempre que los llevara a casa. Y el Novio B tenía libertad para hacer lo mismo. Un acuerdo idóneo para quienes gozaban con la diversidad y la excitación de la caza, pero a mí solo me inspiraba temor, además, me parecía de lo más trabajoso; como enviar solicitudes de trabajo cuando ya tienes trabajo. Yo con un novio ya tenía más que suficiente, no necesitaba más, la verdad sea dicha, y aunque a mí esa postura me parecía perfectamente natural, mis amigos la interpretaban como una forma de represión y me veían como todo un puritano. «¿Lo seré de verdad?», me preguntaba yo. Pero había reclinatorios que limpiar y piedras sobre las que hincar las rodillas, así que me sacudí las dudas de encima.

Necesitaba un novio tan convencional como yo, y tuve la suerte de encontrarlo; lo conocí una noche gracias a un amigo común. Yo tenía treinta y tres años, y Hugh acababa de cumplir los treinta. Al igual que yo, acababa de romper con su pareja y se había trasladado a Nueva York para empezar una nueva vida. Teníamos ciertas cosas prácticas en común, pero lo que verdaderamente nos unió fue nuestro mutuo temor al abandono y al sexo en grupo. Ya teníamos, pues, los cimientos, y construimos sobre ellos, añadiéndoles nuestro común miedo al sida y a los piercings en los pezones, a las ceremonias de compromiso y al descontrol. A veces en sueños descubro que en mi habitación del hotel me espera un apuesto extraño. Suele ser alguien a quien he visto durante el día, por la calle o en algún anuncio de televisión, pero que en ese momento se me aparece desnudo y atrayéndome seductoramente hacia la cama. Miro la llave, convencido de que me he equivocado de habitación, y cuando el extraño salta sobre mí y se lanza a mi bragueta, echo a correr hacia la puerta, indefectiblemente cubierta de serpientes o de brea caliente, cualquiera de esos desesperantes materiales difíciles de limpiar que se suelen usar en los sueños. El pomo de la puerta se me resbala, y mientras me afano por sujetarlo me disculpo tartamudeante por no atreverme a dar el paso. «Verás, es que tengo novio, y estoooo… estoy convencido de que me mataría si se enterara de que… bueno, de que le he sido infiel.»

Pero, a decir verdad, no es el temor al castigo de Hugh lo que me detiene. Recuerdo una vez yendo en coche con mi padre. Yo tenía doce años y estábamos los dos solos dentro, volvíamos del banco. Llevábamos un buen trecho en silencio, cuando, de pronto, sin venir a cuento, va y mi padre me suelta:

—Quiero que sepas que yo nunca he engañado a tu madre.

—Ah, vale —le dije.

Y a continuación encendió la radio y se puso a escuchar un partido de fútbol.

Años después, le conté el incidente a una amiga, quien conjeturó que me habría contado eso precisamente porque sí le había sido infiel. «Tendría mala conciencia», me dijo, pero yo sabía que estaba equivocada. El hombre seguramente estaría pasando una mala racha en el trabajo y necesitaba recordarse a sí mismo que no era un ser tan despreciable. Suena como esos reclamos que se leen en los carteles de las películas: a veces los pecados que no has cometido son lo único a lo que te puedes aferrar. Cuando uno está verdaderamente desesperado, es normal que necesite de algún asidero, por ejemplo: «Nunca he matado a nadie con un martillo» o «Nunca he robado a nadie que no se lo mereciera». Pese a todas sus imperfecciones, sin embargo, mi padre no necesitaba caer tan bajo.

Yo nunca le he sido infiel a ninguno de mis novios, y, al igual que le sucedía a mi padre, esa fidelidad ha entrado a formar parte del concepto que tengo de mí mismo. En mis frustrados sueños húmedos, puedo entrever cómo sería mi vida sin tan intachable historial o lo perdido que me sentiría sin ese atisbo de integridad, y el temor basta para despertarme. Una vez despierto, sin embargo, suelo quedarme tumbado dándole vueltas, preguntándome si no me habré equivocado de mala manera.

En el cine y la literatura, la infidelidad siempre se nos muestra como algo muy convincente, muy «correcto». Ahí tenemos a unos seres que desafían los vulgares convencionalismos y, como recompensa, gozan de los bocados más sabrosos de la experiencia humana. Nunca envejecen o sufren del atroz pánico que a mí me asalta siempre que Hugh se deja llevar por los impulsos y propone salir a comer fuera.

—¿A un restaurante? Pero y ¿de qué vamos a hablar?

—Yo qué sé —contesta—. ¿Qué más da?

Cuando estamos solos los dos, disfruto de nuestro amigable silencio, pero me aterra vernos a los dos sentados delante de todo el mundo, los dos envarados en nuestras respectivas sillas como momias. En alguna mesa cercana siempre tiene que haber una pareja de septuagenarios, sujetando la carta con las manos temblorosas y llenas de manchas.

—Con la sopa nunca se falla —dice ella, y él asiente o gruñe o juguetea con la copa de vino.

Al final él acaba tendiendo la vista hacia mi mesa, nuestras miradas se cruzan, y detecto en sus ojos un lúgubre reconocimiento.

Nosotros somos tu futuro, parece decirme.

Es tanto el miedo que siento a que Hugh y yo no tengamos nada que decirnos que ahora, antes de salir de casa, rebusco siempre en los periódicos y tomo nota de media docena de temas que den conversación al menos durante el primer plato. La última vez que comimos fuera, me preparé leyendo el *Herald Tribune* y *The Animal Finder's Guide*, una publicación trimestral sobre mascotas exóticas y sobre los chalados de sus dueños. El camarero nos tomó nota, y en cuanto se dio la vuelta, le dije a Hugh:

—¿Sabes qué por lo visto los monos se vuelven muy huraños cuando llegan a la edad de procrear?

—Bah, que me lo cuenten a mí —contestó—. Ahí tienes a mi pobre Maxwell.

Intenté animarlo un poco, pero Hugh se deprime cada vez que habla de aquel mono de su infancia. «Ay, Maxwell», suspira, y al minuto ya está llorando.

El siguiente tema en mi lista eran las cinco señales de aviso para detectar síntomas de depresión en los camellos que viven en cautividad, pero como no entendía mi propia letra, el tema se nos vino abajo estrepitosamente tras la advertencia número dos: la negativa del animal a agacharse y doblar las patas. En una mesa cercana, una anciana no hacía más que recolocarse la servilleta sobre la falda. Su marido estaba absorto en una maceta, y yo eché mano del *Herald Tribune*.

—¿Te has enterado de que han quemado a tres mujeres indígenas por brujas?

—¿Qué?

—Los vecinos las acusaron de practicar la brujería y las quemaron vivas.

—Pues qué horror —dijo Hugh, con un deje un tanto acusatorio, como si yo hubiera tenido algo que ver en ello—. Hoy día no se puede ir por ahí quemando viva a la gente.

—No, ya, pero…

—Es una barbaridad, qué quieres que te diga. Me acuerdo de una vez cuando vivía en Somalia que una mujer…

—¡Sí! —exclamé por lo bajo y luego miré hacia la pareja de ancianos, pensando: «¿Veis? ¡Estamos hablando de la quema de brujas!».

Pero la cosa requiere esfuerzo, y el esfuerzo siempre parte de mí. Si fuera por Hugh, nos quedaríamos sentados en silencio comportándonos como lo que somos: dos personas que se conocen tanto y tan bien como para llorar. A veces, cuando no consigo coger el sueño, me acuerdo de cuando nos conocimos, de la novedad de nuestros respectivos cuerpos y de mi impaciencia por saberlo todo sobre aquella persona. Mirándolo retrospectivamente, debería habérmelo tomado con más calma, habérmelo administrado poco a poco a lo largo de cincuenta años en lugar de zampármelo todo de golpe. Al mes de relación, Hugh había sido sometido a un interrogatorio tan exhaustivo que ya solo me quedaban las primicias, es decir, lo poco que hubiera sucedido en las escasas horas transcurridas desde que nos habíamos visto por última vez. Si él hubiera sido policía o médico de urgencias, quizá habríamos tenido montones de novedades que contarnos, pero, al igual que yo, trabaja solo, así que nunca había gran cosa de la que informar. «Me he comido una bolsa de patatas fritas», diría quizá, a lo que yo contestaría: «¿De qué marca?» o bien «¡Qué casualidad, yo también!». Pero las más de las veces, nos oíamos respirar al otro lado de nuestros respectivos auriculares telefónicos.

—¿Sigues ahí?

—Sí.

—Bien. No cuelgues.

—No.

En Nueva York dormíamos en un futón. Yo me acostaba en el lado izquierdo y me pasaba la noche en vela, mirando la puerta del armario. En París teníamos una cama de verdad que cabía con estrecheces en el dormitorio. Hugh caía dormido de inmediato, como siempre suele hacer, y yo me quedaba mirando la pared vacía, pensando en todos los que habrían ocupado aquella habitación antes que nosotros. Era un inmueble del siglo XVII, y yo fantaseaba con mosqueteros calzados con sus botas altas de piel de cabritilla, dando gusto a esa clase de mujeres que no se molestarían cuando las puntas de las espadas rajaran las sábanas. Veía a caballeros con chistera y gorro de dormir, a damas con cofias, papalinas y diademas de perlas, a un enjambre de copuladores fantasma que me miraban todos por encima del hombro y comparaban sus vidas con la mía.

Después de París vino Londres, y un dormitorio en un sexto piso cuyas ventanas daban a hileras perfectas de chimeneas eduardianas. Un amigo calificó la panorámica de «peterpanesca», y desde entonces ya no he sabido verla de otra manera. Desvelado sobre la cama, pienso en un sujeto con un gancho a guisa de mano, y luego, indefectiblemente, en la juventud, en si la habré desperdiciado o no. Veinticinco años atrás, yo era un muchacho con toda una vida sexual por delante. ¿Cómo era posible que hubieran transcurrido 9.125 días tan velozmente sin que prácticamente sucediera nada, y qué podía hacer yo para cambiar las cosas? Dentro de otros veinticinco años ya estaré chocheando, y otros veinticinco más tarde seré uno de esos fantasmas que pululan por mi dormitorio parisino. Y me pregunto yo: ¿será moralmente admisible ser infiel después de la muerte? ¿Se considera acaso infidelidad en ese supuesto? ¿Cuáles son las reglas? ¿Tengo que esperar cierto tiempo o puedo lanzarme directamente o, según el caso, infiltrarme?

Durante el tiempo que padecí aquel forúnculo, esas preguntas adquirieron una relevancia especial. El dolor siempre era peor a la caída del sol, y a la sexta noche pensé que me moría de verdad. Hugh ya hacía horas que se había dormido, y me sobresaltó oír su voz.

—¿Y si lo sajamos con una lanceta?

Luego encendió la luz.

—¿Desde cuándo sabes usar una lanceta?

—Desde nunca —contestó—. Pero podría probar con una aguja.

Si hubiera sido otro, me habría negado en redondo, pero a Hugh no se le pone nada por delante. Él mismo soldó con sus propias manitas las cañerías de su casa en Normandía, y luego bajó a la bodega para hacerse su propio queso. Confio más en él que en nadie, así que me arrastré cojeando hasta el cuarto de baño, ese quirófano de la cirugía doméstica, donde me bajé los pantalones del pijama e hice de tripas corazón agarrado al toallero, esperando a que esterilizara la aguja.

—Me duele más a mí que a ti —dijo.

Era su frase habitual, pero yo sabía que esa vez tenía razón. Lo peor no fue el forúnculo en sí, sino la porquería que salió de dentro, unas asquerosas natillas con trazas sanguinolentas. Lo verdaderamente ofensivo, y para él más todavía, fue el pestazo, un hedor espantoso que no se parecía a nada que hubiera olido antes. Ese, pensé, debía de ser el olor del mal. ¿Cómo se podía seguir viviendo con algo tan nauseabundo dentro? ¡Y tan abundante! La primera cucharada salió propulsada a chorro por sí sola, como si brotara de un géiser. El resto lo sacó Hugh apretando con los dedos.

—¿Qué tal por ahí atrás? —le pregunté, pero con las arcadas no pudo contestarme.

Una vez vaciado el forúnculo, me aplicó un poco de alcohol y lo tapó con un apósito, como si fuera un rasguño cualquiera, un corte al afeitarse, una rodilla pelada, algo normal y no recién ordeñado de una vaca muerta. Y aquello, para mí, equivalía como poco a cien de las ciento veinte noches de Sodoma. Ya de vuelta en la cama, lo llamé «Mi caballero Lancelot», siempre lanceta en ristre.

—Siempre, no —me dijo.

Era verdad, pero decirle «Mi caballero Lancelot», con la lanceta ocasionalmente en ristre no tiene mucha gracia.

—Además —le dije—, sé que si lo necesito volverás a hacerlo. Es lo que tiene ser una pareja monógama entradita en años.

El comentario tuvo a Hugh en vela toda la noche, y sigue teniéndolo. Nos metemos en la cama y él se queda con la vista fija en la ventana mientras yo duermo a pierna suelta a su lado, con mi forúnculo vendado supurando silenciosamente sobre las sábanas.

SECCIÓN FUMADORES

Parte I (Antes)

Uno

La primera vez que alguien me gorroneó un cigarrillo, tenía yo veinte años y hacía solo dos días que había empezado a fumar. Fue en Vancouver, British Columbia. Mi amiga Ronnie y yo nos habíamos pasado todo el mes anterior en Oregón recogiendo manzanas, y como recompensa decidimos hacer un viaje de una semana por Canadá. Estábamos hospedados en un apartahotel de tres al cuarto, y me recuerdo entusiasmado con mi cama empotrada. Había oído hablar de aquel invento, pero nunca había visto uno en persona. Mi mayor placer durante nuestra estancia allí fue plegar aquella cama y contemplar después el espacio vacío que quedaba. Sácala, métela, sácala, métela. Así me pasaba las horas, hasta que se me cansaba el brazo.

A una calle del hotel había una tiendecita donde compré mi primer paquete de cigarrillos. Los que me había fumado antes eran de Ronnie –Pall Mall, creo–, y aunque no me supieron ni mejor ni peor de lo que había imaginado, pensé que era mi deber singularizarme y decantarme por una marca propia, diferente. Algo que fuera con mi estilo. Carlton, Kent, Alpine…: era como escoger una religión, porque al fin y al cabo, ¿los que fumaban Vantage no eran acaso completamente distintos de los que habían escogido Lark o Newport? Lo que yo entonces no sabía era que uno podía convertirse, que estaba permitido. La persona Kent podía, con un ínfimo esfuerzo, transformarse en persona Vantage, aunque pasar de los mentolados a los normales, o del tamaño normal al extralargo era tarea más difícil. La excepción confirma la regla, ya se sabe, pero según lo veía yo entonces, la norma era la siguiente: Kool y Newport eran para negros y para blancos de clase baja. Camel, para los que siempre lo dejaban todo para más tarde, para los que escribían ripios infumables y para los que siempre postergaban el momento de escribir ripios infumables. Merit era para adictos al sexo, Salem para alcohólicos y More para los que se tenían por rebeldes pero no lo eran. A un fumador de Marlboro mentolado nunca se le debía prestar dinero; al de Marlboro normal, en cambio, podías fiarle porque solía devolvértelo. Las subsiguientes subclases de tabaco: suave, light y ultralight no solo vendrían a fastidiarlo todo, sino que además harían casi imposible garantizar la fidelidad a una marca; pero todo eso llegaría más tarde, junto con las advertencias impresas en las cajetillas y las marcas de tabaco natural y sin aditivos como American Spirit.

Lo que compré aquel día en Vancouver fue un paquete de Viceroy. Había observado que esos eran los cigarrillos que los dependientes de las gasolineras solían llevar en el bolsillo de la camisa, y sin duda pensé que me aportarían un aire viril, o al menos todo lo viril que uno se puede sentir con boina y pantalones de tela de gabardina abotonados al tobillo. Si al atuendo le añadías el foulard de seda blanco de Ronnie, todos los Viceroy eran pocos, y más en el barrio donde estaba aquel hotel.

Es curioso. Yo siempre había oído lo limpio y tranquilo que era Canadá, pero quizá se refirieran a otra parte del país, al centro quizá, o a aquellas rocosas islas de la costa este. Donde nosotros nos encontrábamos no había más que borrachos con mala pinta por todas partes. Los que estaban inconscientes no me preocupaban tanto, pero los que iban camino de estarlo —los que aún podían tambalearse y hacer aspas con los brazos— me hacían temer por mi vida.

Por ejemplo, el que me abordó nada más salir de la tiendecita aquella, un tipo con una larga trenza negra. No una de esas inofensivas trenzas tipo cuerda como las que llevan los que tocan la flauta, sino algo más bien parecido a un látigo: «una trenza carcelaria», me dije. Un mes antes quizá me hubiera encogido de miedo y punto, pero ese día me metí un cigarrillo en la boca, como quien está a punto de ser ejecutado. El sujeto aquel iba a robarme, a azotarme después con la trenza y a prenderme fuego; pero no fue así.

—Dame uno —me dijo, señalando el paquete en mi mano.

Le tendí un Viceroy, el tipo me dio las gracias, y yo le sonreí y le di las gracias a mi vez.

Fue, pensé después, como si yo hubiera llevado en la mano un ramo de flores y él me hubiese pedido una de mis margaritas. Al hombre le encantaban las flores, a mí me encantaban las flores, ¿y no era hermoso que aquella apreciación mutua trascendiera nuestras múltiples diferencias y pudiera en cierto modo unirnos? Seguramente pensé también que de haber sido al revés, a él tampoco le habría importado darme un cigarrillo, aunque mi teoría nunca se puso a prueba. Si bien es verdad que había sido boy scout tan solo dos años, la consigna se me había grabado a fuego: «Siempre preparado». Lo que no significa «Siempre preparado para gorronear al primero que pase», sino «Piensa y planifica de antemano, sobre todo en lo referente a tus vicios».

Dos

Cuando tenía diez años, mis compañeros de clase y yo hicimos una visita escolar a la planta que American Tobacco tenía en Durham, localidad cercana a Raleigh. Allí nos enseñaron el proceso de fabricación de los cigarrillos y nos regalaron unas cajetillas para que se las lleváramos a nuestros padres de recuerdo. Cada vez que lo cuento, la gente me pregunta qué edad tengo, como pensando, supongo, que fui al primer centro de primaria de la historia mundial, donde las pizarras eran paredes de caverna y los alumnos salíamos con los garrotes a cazar la merienda. Otra cosa que también me echa años encima es que en mi instituto hubiera una zona para fumadores. Estaba al aire libre, pero aun así, hoy día sería impensable encontrar algo así, ni siquiera en el colegio de un presidio.

Recuerdo que en algunas salas de cine y tiendas de comestibles había ceniceros, pero verlos nunca me hizo sentir ganas de fumar. De hecho, el efecto era justo el contrario. Una vez le perforé a mi madre el cartón de Winston con una aguja de hacer punto, una y otra vez, como si fuera una muñeca de vudú. Luego ella se lió a guantazos conmigo durante veinte segundos, momento en que se quedó sin resuello y paró, jadeando, para decirme: «No tiene… ninguna… gracia».

Unos años más tarde, sentados los dos a la mesa del desayuno, me ofreció una calada. Y la di. Luego corrí a la nevera y deglutí un cartón entero de zumo de naranja, con tanta fruición que la mitad se me derramó por la barbilla y me manchó la camisa. ¿Cómo podía mi madre, o cualquier ser humano, enviciarse con algo tan asquerosamente repugnante? Cuando mi hermana Lisa empezó a fumar, le prohibí que entrara en mi dormitorio con un cigarrillo encendido. Si quería dirigirse a mí, tenía que hacerlo desde el otro lado del umbral, y girar la cabeza hacia un lado cada vez que exhalara el humo. Y cuando empezó mi hermana Gretchen, lo mismo.

No era el humo sino el olor lo que me molestaba. Años más tarde dejaría de ser tan quisquilloso, pero en aquella época me parecía deprimente: el abandono, para mi gusto, olía así. En el resto de la casa no se notaba tanto, pero también es verdad que en el resto de la casa reinaba el abandono. Yo tenía la habitación limpia y ordenada, y de haber estado a mi alcance, habría olido como la carátula de un disco en el instante de retirarle el celofán. Es decir, que habría olido a ilusión.

Tres

A los catorce años, acompañé a un compañero de clase a un parque de Raleigh. Allí nos encontramos con unos amigos suyos y nos fumamos un porro bajo la luz de la luna. No recuerdo estar colocado, pero sí fingirme colocado. Inspiré mi reacción en los hippies colgados que salían en el cine y la televisión, es decir que, fundamentalmente, me reí mucho, tuviera gracia la cosa o no. Cuando llegué a casa, desperté a mis hermanas y les pasé los dedos por las narices para que me olieran.

—¿Oléis? Es marihuana, o «hierba», como la llamamos a veces.

Me sentía muy ufano por ser el primero de la familia en fumarse un porro, pero una vez conseguido dicho título, me convertí en un acérrimo detractor de las drogas, y así seguí hasta el primer año de carrera. A lo largo de todo el primer semestre, me dediqué a afearle la conducta a mis compañeros de residencia: el costo era para desgraciados. Te atrofiaba el cerebro y te retenía en universidades estatales de tres al cuarto como aquella.

Más adelante pensaría en lo regocijante que debió de ser para todos —lo bíblico casi— presenciar mi radical transformación. La madre superiora convertida en la puta del pueblo, el prohibicionista en borracho y yo en fumeta empedernido, ¡y para colmo de la noche a la mañana! Justo como en esas escenas que se ven en los telefilms:

SIMPÁTICO COMPAÑERO DE LA RESIDENCIA DE ESTUDIANTES: Venga, hombre. Que una calada no te va a hacer daño.

YO: ¡Y una porra que no! Tengo que estudiar.

APUESTO COMPAÑERO DE HABITACIÓN DEL SIMPÁTICO COMPAÑERO DE LA RESIDENCIA: Te paso el humo con la boca y ya está.

YO: ¿Con la boca? ¿Cómo que con la boca?

NUEVAMENTE EL APUESTO COMPAÑERO DE HABITACIÓN: Nada, tú te recuestas tranquilamente y yo te soplo el humo en la boca.

YO: ¿Dónde hay que recostarse?

Recuerdo volver a mi habitación esa noche y cubrir la lamparita con un foulard de seda. El escritorio, la cama, las pesadas y deformes vasijas pergeñadas en clase de cerámica: nada era nuevo, pero todo era distinto; todo había adquirido de pronto frescura e interés. Suponiendo que a un ciego se le concediera la capacidad de ver, su comportamiento posiblemente se parecería al mío de aquel día, avanzando a cámara lenta por la habitación maravillado ante todo lo que encontraba ante mis ojos: una camisa doblada, una pila de libros, un pedazo de pan envuelto en papel de aluminio. «Alucinante.» El tour terminó en el espejo, y yo ante él con la cabeza envuelta en un turbante. «Hombre, hola, cómo tú por aquí.»

Dejé que un compañero de universidad me soplara el humo en la boca, y los veintitrés años siguientes ya solo pensé en colocarme. Fue la marihuana, de hecho, lo que acabó conduciéndome al tabaco. Estábamos Ronnie y yo en el arcén de la autopista, camino de Canadá, y yo me lamentaba porque no tenía marihuana que fumar. Tanta monotonía me estaba sacando de quicio, y le pregunté si fumando tabaco tenías sensaciones distintas.

Ronnie encendió un cigarrillo.

—Bueno, un poco de mareo sí dan.

—¿Como si tuvieras náuseas?

—Algo así —dijo.

Y decidí que con eso me bastaba.

Cuatro

Al igual que con la maría, fue asombroso lo rápido que me aficioné al tabaco. Como si mi vida hubiera sido una obra de teatro, y la señorita encargada del atrezo se hubiera presentado por fin. De pronto había cajetillas a las que quitarles el celofán, cerillas que encender, ceniceros que llenar y ceniceros que vaciar. Mis manos se movían con absoluta destreza en la tarea, con la pericia de un cocinero o una costurera.

—Pues bonita razón para envenenarse —decía mi padre.

Mi madre, sin embargo, le vio el lado positivo.

—¡Ahora ya sabré qué regalarte para Navidad!

Lo mismo que me regalaría para Pascua: cartones enteros de tabaco. Quizá hoy esté mal visto que un joven deje que su madre le encienda un cigarrillo, pero en aquella época fumar tabaco no siempre era señal de algo. No siempre se veía como una proclama. Cuando yo empecé, todavía estaba permitido fumar en el trabajo, aunque el centro fuera un hospital infantil con niños sin piernas conectados a máquinas. El hecho de que un personaje televisivo fumara no lo hacía necesariamente débil o malvado. Era lo mismo que ver a alguien con una corbata a rayas o peinado con la raya a la izquierda: un detalle, pero no significativo.

No presté mucha atención a mis compañeros de vicio hasta mediada la década de los ochenta, cuando empezaron a acordonarnos. De pronto había zonas separadas en salas de espera y restaurantes, y yo a menudo me dedicaba a observar y valorar a los que terminaría considerando «mi equipo». Al principio me parecieron bastante normales, gente común y corriente, solo que con un cigarrillo en la mano. Luego la campaña antitabaco se recrudeció, y resultó que de los diez adultos que estaban en mi bando de la sala, al menos uno de ellos fumaba por un agujero en la garganta.

«¿Os sigue pareciendo muy moderno eso de fumar?», decía el otro bando. Para la mayoría de nosotros, sin embargo, la modernez no tenía nada que ver. Según la creencia popular, todo fumador ha sido víctima de un lavado de cerebro, absorbido por la publicidad y sus subliminales mensajes. Es un argumento muy práctico cuando se pretenden buscar culpables, pero no tiene en cuenta el hecho de que a menudo fumar es un placer. Para las personas como yo, propensas a los tics faciales y corporales, a los que no les sale la voz del cuerpo cuando se enfadan, el tabaco llega como una bendición del cielo. Pero es que, además, sabía bien, especialmente el primer cigarrillo de la mañana, y los siete u ocho que seguían inmediatamente a aquel. A media tarde, cuando ya había caído poco más o menos la cajetilla entera, solía sentir el pecho un tanto cargado, especialmente en la década de los ochenta, cuando estuve trabajando con sustancias químicas peligrosas. Debería haber usado una máscara de oxígeno, pero como interfería con el tabaco, tuve que descartarla.

Así se lo confesé en una ocasión a un patólogo forense. Estábamos en la sala de autopsias de un instituto forense, y él, a modo de respuesta, me tendió un pulmón. El órgano era de un señor de raza negra, si bien con la piel no demasiado oscura, obeso y a todas luces fumador empedernido, que yacía sobre una camilla a menos de un metro de distancia. Le habían cortado el esternón con un serrucho, y al ver la grasa que asomaba por la apertura practicada en la caja torácica, me hizo pensar en una patata asada al horno con su piel recubierta de requesón.

—¿Y qué me dices de esto, eh? —me preguntó el forense.

Él, obviamente, intentaba provocarme una epifanía, uno de esos momentos capaces de cambiar radicalmente tu existencia, pero no surtió mucho efecto. Si eres médico y te tienden un pulmón enfermo, es muy posible que tras examinarlo decidas introducir ciertos cambios radicales en tu vida. Por otra parte, si resultas no ser médico, es muy probable que hagas lo que yo hice, que fue quedarme allí plantado pensando: «Buf, hay que ver lo que pesa el puñetero pulmón este».

Cinco

Cuando en Nueva York prohibieron fumar en los restaurantes, dejé de comer fuera. Cuando la prohibición llegó a los centros de trabajo, dejé de trabajar, y cuando subieron a siete dólares la cajetilla de tabaco, agarré los bártulos y me fui a vivir a Francia. Allí la marca que yo fumaba no era fácil de encontrar, pero daba igual. Dos veces al año como mínimo viajaba a Estados Unidos. En el duty-free el cartón costaba solo veinte dólares, y antes de embarcar rumbo a París me compraba quince. A estos se sumaban los que me traían los amigos que venían de visita, haciendo de camellos, y los que seguía recibiendo como regalo de Navidad o Pascua, incluso después de fallecer mi madre. Siempre preparado caso que me sorprendiera un incendio o un robo, en mi momento cumbre llegué a hacer acopio de treinta y cuatro cartones de reserva, almacenados en tres ubicaciones distintas. «Mi inventario», lo llamaba, en el sentido de: «Lo único que se interpone entre mi persona y el colapso nervioso es mi inventario».

Ahora viene cuando me identifico como fumador de Kool Mild. Esto, para algunos, es como leer las confesiones de un enólogo y descubrir a mitad del libro que su bebida favorita es un vino de aguja peleón, pero qué le vamos a hacer. Fue mi hermana Gretchen quien me introdujo en el mundo de los cigarrillos mentolados. Había trabajado en una cantina cuando estaba en el instituto y se había aficionado a los Kool a través de un pinche de cocina llamado Dewberry. Nunca llegué a conocerlo, pero en aquellos primeros años, siempre que me quedaba sin respiración, pensaba en él y me preguntaba qué habría sido de mi vida si el amigo de mi hermana hubiera fumado Tareyton.

Durante un tiempo se dijo que los Kool llevaban fibra de vidrio, pero estoy convencido de que eran habladurías, iniciadas, muy probablemente, por los fabricantes de marcas como Salem o Newport. También se decía que el tabaco mentolado era más perjudicial que el normal, pero también eso sonaba dudoso. Justo cuando acababa de empezar con la quimioterapia, mi madre me envió por correo tres cartones de Kool Mild. «Estaban de oferta», dijo con voz ronca. Moribunda o no, debería haber sabido que yo fumaba Kool Mild Filter Kings, pero me quedé mirándolos y pensé «Bueno, al menos son gratis».

Para los no fumadores, un cigarrillo suave o *light* es como uno normal con un agujerito. Con los Kool la diferencia equivale a que te cocee un burro con o sin calcetines. Tardé un tiempo en acostumbrarme, pero antes de que incineraran a mi madre, ya me había convertido.

Seis

A lo largo de los años, se han reimprimido bastantes de mis ensayos en libros de textos. Cuando los lectores a los que van dirigidos son alumnos de instituto o más jóvenes, los editores a veces me piden que les permita introducir cambios o eliminar algún que otro término o expresión soez, lo cual, supongo, tiene su sentido. Lo que no tiene sentido, al menos para mí, es que soliciten un permiso similar para eliminar un cigarrillo, para censurarlo en definitiva. Igual que hacen hoy día con las fotografías, y con un efecto desconcertante. Ahí está Marlene Dietrich en actitud de reposo, con los dedos extrañamente abiertos y los ojos mirando fijamente la brasa ardiente de nada.

El libro de texto en cuestión estaba dirigido a adolescentes en la etapa final de la secundaria. *Horizontes* se llamaba, o *Perspectivas*, no sé. La frase que los editores pretendían borrar no decía que el tabaco tuviera glamour. Más bien lo contrario, de hecho. El cigarrillo en cuestión lo fumaba mi madre y yo me refería a él como algo exasperante, un agente invasivo que me había provocado dolor de cabeza. Supongo que podría haber sustituido el exasperante Winston por un exasperante petardo, pero la historia en principio era cierta y mi madre no acostumbraba meterse artículos pirotécnicos en la boca. Yo les rebatí aquella supresión con el argumento de que hay personas que fuman. Fumar forma parte de quienes son, y si bien es cierto que no tiene ciertamente por qué gustarte, parece un poco drástico cambiarle la identidad a una persona, especialmente cuando esa persona es tu madre y no concibes imaginarla sin un cigarro en la boca. «Imagínense que es un muñeco de cuerda y el pitillo la llavecita», repliqué.

Me parece un despropósito eliminar de los libros de texto a las madres fumadoras, pero dentro de unos años estarán prohibidas hasta en las películas. Una mujer puede arrojar a su bebé recién nacido desde lo alto de un rascacielos. Después puede recuperar el cadáver y pisotearlo mientras dispara contra las ventanas de una guardería infantil, pero celebrar esos crímenes prendiendo un cigarrillo es lanzar un mensaje pernicioso. Porque, claro, hay jóvenes presentes, y no queremos que se hagan una idea equivocada.

Se nos advierte una y otra vez sobre los peligros del tabaco para los fumadores pasivos, pero si realmente fuera tan perjudicial como dicen, yo habría muerto antes de cumplir el año. Y mis hermanos lo mismo; incluso puede que no hubiéramos nacido siquiera, puesto que nuestra madre ya la habría palmado antes por culpa de sus padres, fumadores también.

Mis abuelos paternos no fumaban, pero como propietarios de un quiosco de periódicos y expendedores de tabaco, sacaron provecho de que otros lo hicieran. Mi padre empezó a fumar al entrar en la universidad, pero lo dejó cuando mi hermana mayor y yo éramos pequeños. «Es un vicio asqueroso», decía cincuenta veces al día, pero tampoco le sirvió de mucho. Antes de que aparecieran aquellas advertencias impresas en las cajetillas, saltaba a la vista que fumar era malo. La hermana de mi madre, Joyce, estaba casada con un cirujano, y cada vez que me quedaba a dormir en su casa, me despertaba al amanecer por culpa de la tos perruna de mi tío, una tos horrorosa, que sonaba como si doliera e indicaba una muerte inminente. Luego, en la mesa del desayuno, veía a mi tío con un cigarrillo en la boca y pensaba: «Él sabrá, que para eso es médico».

El tío Dick murió de cáncer de pulmón, y pocos años más tarde mi madre desarrolló una tos prácticamente idéntica. Lo lógico sería pensar que, tratándose de una mujer, la suya debería haber sido más suave, un delicado carraspeo femenino, pero no. Recuerdo estar tumbado en la cama y pensar con vergüenza: «Mi madre tose como un hombre».

Cuando la vergüenza devino preocupación, comprendí que sermonearla no llevaba a ninguna parte. ¿Qué podía decirle si yo mismo me había aficionado al tabaco? Finalmente dejó los Winston y se pasó al tabaco light, y de este al ultralight.

—Es como aspirar por una cañita —se lamentaba—. Dame uno de los tuyos, anda.

Mi madre vino a verme dos veces mientras estuve viviendo en Chicago. La primera vez cuando terminé la carrera, y la segunda unos años más tarde. Ella acababa de cumplir los sesenta, y recuerdo tener que aflojar el paso cuando salíamos de paseo. Subir las escaleras del metro suponía hacer un alto aproximadamente cada cinco peldaños mientras ella resoplaba, escupía y se daba golpes en el pecho con los puños. «Venga, mujer —recuerdo que pensé—. Date prisa.»

Al final de sus días, consiguió estar dos semanas sin fumar.

—Es casi medio mes —me dijo por teléfono—. Increíble, ¿verdad?

Por aquel entonces yo vivía en Nueva York e intentaba imaginármela en su rutina diaria: acercándose en coche al banco, poniendo una lavadora, viendo la tele portátil en la cocina, todo sin otra cosa en la boca que la lengua y los dientes. En aquel tiempo, mi madre trabajaba a tiempo parcial en una tienda de compraventa de artículos de segunda mano. Easy Elegance se llamaba el establecimiento, y mi madre se apresuró a recordarme que allí no se compraba cualquier cosa. «Tiene que tener clase.»

El propietario había prohibido que se fumara en su tienda, de modo que mi madre salía cada hora por la puerta trasera a dar unas caladas. Creo que fue allí, plantada sobre la gravilla de aquel tórrido aparcamiento al aire libre, donde cayó en la cuenta de que fumar no tenía nada de sofisticado. Nunca la había oído hablar de dejarlo, pero el día en que me llamó por teléfono, después de dos semanas sin fumar, detecté un deje victorioso en su voz. «Lo peor son las mañanas —me dijo—. Y luego, claro, la copita de más tarde.»

No sé por qué volvería a engancharse: el estrés, el hábito o tal vez decidiera que ya era muy mayor para dejarlo. En aquel tiempo es muy posible que yo le hubiera dado la razón, pero ahora, evidentemente, ¿qué son sesenta y un años? Nada.

Habría otros intentos posteriores de dejar el tabaco, pero todos terminaron a los pocos días. Lisa me decía que mamá llevaba dieciocho horas sin encender un cigarrillo. Y luego, cuando mi madre me llamaba a mí, oía el clic del encendedor, y detrás, una carrasposa inhalación. «¿Qué te cuentas, hijo?»

Siete

En algún momento entre mi primer y mi último cigarrillo, me convertí en viajante de negocios. Mi negocio consiste en leer en público, pero aun así cubro un amplio territorio. Al principio me conformaba con cualquier hotel, ya fuera un Holiday Inn o un Ramada cerca del aeropuerto. Las colchas solían tener un tacto satinado y estampados de colores oscuros y sufridos para que no se notaran tanto las manchas. En los enmoquetados pasillos había bandejas mal colocadas por doquier, y en todas ellas siempre el bollo de pan de una hamburguesa o un trozo de tostada reseca. «Servicio de habitaciones –pensaba yo–, ¡menudo lujo!»

No tardé mucho en hacerme más exigente. Parece que cuando uno se paga el alojamiento de su propio bolsillo, cualquier cadena hotelera de tres al cuarto sirve. Pero si es otro el que corre con los gastos, uno como que solo se conforma con lo mejor. Los establecimientos que hicieron de mí el insufrible snob que soy iban de lo bueno a lo ridículamente bueno. Las sábanas chasqueaban como los billetes recién salidos de fábrica, y siempre había algún pequeño obsequio aguardándote en la mesita: fruta, quizá, o una botella de vino. Junto al obsequio, una nota manuscrita del director del hotel, que deseaba expresar lo grato que era para él tenerme como invitado. «Si desea cualquier cosa, sea lo que sea, le ruego se comunique conmigo a través del teléfono siguiente.»

La tentación era agarrar el auricular y pedir un poni –«Y dese prisa, hombre, que lo mismo cambio de opinión dentro de un momento»–, pero, evidentemente, nunca llamé. Demasiado tímido, supongo. Demasiado seguro de que molestaría a alguien.

Tras más de una década de esnobismo, sigo siendo reacio a incordiar a nadie. Una vez me enviaron un pastel a mi habitación, y en lugar de llamar a recepción y pedir que me subieran la cubertería de plata, corté el pastel con la tarjeta de crédito y me lo comí con los dedos.

Cuando empecé a viajar por negocios, todavía se podía fumar. No tanto como en los ochenta, pero aún se permitía en muchos sitios. Recuerdo lamentarme una vez por tener que ir andando hasta la otra punta de la terminal para poder fumarme un cigarrillo, pero mirándolo retrospectivamente eso no fue nada. En el transcurso de los noventa, mi vida se fue haciendo cada vez más difícil. Los bares y restaurantes de los aeropuertos pasaron a ser «zonas libres de humo», y en las pocas ciudades donde todavía permitían fumar se construyeron unas horribles peceras para dicho cometido.

Las del aeropuerto de Salt Lake City estaban limpias, pero las de Saint Louis y Atlanta eran como pocilgas de cristal en miniatura: los ceniceros nunca se vaciaban, había basura en el suelo, los conductos de ventilación colgaban sin encastrar de los parduzcos techos… Luego estaba la gente que hacía uso de ellas. Mi viejo colega del agujero en la garganta, y también su mujer, con una maleta en una mano y una bombona de oxígeno en la otra. Y junto a ella, la policía militar de Abu Ghraib, dos presos esposados a agentes federales y la steinbeckiana familia Joad. Era como un anuncio antitabaco en directo, y algunos, sobre todo familias con hijos, se detenían al pasar por delante y señalaban con el dedo. «¿Ves a esa señora con ese tubo que le sale por la nariz? ¿Eso es lo que quieres que te pase a ti?»

Una vez que entré a fumar en una de aquellas peceras, me senté al lado de una mujer cuyo hijo de dos años estaba confinado a una silla de ruedas. La escena atrajo la atención de esos que van por la vida blandiendo antorchas, y me pareció admirable que a aquella madre hiciera caso omiso. Se fumó tres cuartos del Salem aspirando con fruición, arrojó la colilla en dirección al cenicero y dijo: «Jo, qué bien me ha sabido».

Por desagradables que resultaran aquellas peceras, yo nunca les hice ascos. La otra alternativa era salir a la calle, lo cual se fue haciendo cada vez más complicado y trabajoso a partir del once de septiembre. En un aeropuerto de una urbe importante, te llevaba más de media hora llegar solo a la entrada, y luego encima te exigían que te alejaras primero diez, luego veinte y después treinta metros de la puerta. Por delante pasaban vehículos del tamaño de autocares escolares, y el conductor, a menudo el único pasajero a bordo, te miraba con aquella cara, como diciendo: «Usted, el del cigarrito, gracias por contaminar el aire que respiramos».

Entrado el nuevo siglo, el número de establecimientos completamente libres de humo fue en aumento. Entre ellos, los hoteles de la cadena Marriott. El hecho en sí no me afectaba directamente –que les den, pensé–, pero los Ritz-Carlton son propiedad de Marriott, y cuando ellos decidieron seguir su ejemplo, me senté encima de mi maleta y rompí a llorar.

No solo establecimientos, sino ciudades enteras han prohibido el tabaco desde entonces. No suelen ser los lugares más vitales del planeta, pero aun así pretendían hacerse oír. ¿Qué creías, que ibas a fumarte un cigarrito tan a gusto en sus bares o restaurantes? Pues ibas dado; y en las habitaciones de los hoteles, lo mismo. Supongo que sus habitantes descansaban algo más tranquilos por la noche sabiendo que el viajante forastero sentado al escritorio de su habitación en el Palookaville Hyatt no se metería un cigarrillo en la boca. Para mí eso marcó el principio del fin.

No sé por qué las malas ideas se propagan más rápidamente que las buenas, pero así es. A medida que la prohibición de fumar se hizo efectiva y generalizada, fui alejándome cada vez más del casco urbano, hasta acabar en esa omnipresente franja comercial que media entre el snack bar y el taller de chapa y pintura. Tal vez no se hayan fijado, pero ahí hay un hotel. Aunque no tiene piscina, su vestíbulo huele a cloro mezclado con cierto tufillo a patatas fritas. En caso de optar por dichas patatas de entre las opciones que ofrece la carta del servicio de habitaciones y descubrir que necesitan un poco más de ketchup, sírvanse de los restos pegados al auricular del teléfono o al mando del aparato del aire que cuelga de la pared. Allí encontrarán mostaza también si la precisan. Doy fe de ello.

Si desean una experiencia peor si cabe, pídanse una habitación para fumadores en dicho hotel. Con un poco de aire fresco tendrían un pase, pero nueve veces de cada diez, descubres que sus ventanas están soldadas. Y si no, solo se abren un milímetro, por si acaso te ves en la necesidad de arrojar una tostada a la calle. El viciado y estancado humo se limpia con unos toques de spray, con eficacia variable. En el mejor de los casos, huele a cenicero rebosante de colillas empapadas en un charquito de limonada. En el peor, a momia en llamas.

Los hoteles a los que me vi abocado tenían anuncios colgados en los ascensores. «¡Pruebe nuestra pizza hipersupermegagrande!», rezaba uno de ellos. Otros ofrecían barritas de ternera o «aperitivos creativos» a partir de las 10.00, en establecimientos con nombres como Perspectivas u Horizontes, anunciados siempre como «¡Lo más in de la ciudad!». Subes a la habitación, y allí te aguardan otras tantas fotos de comida, la mayoría impresas en folletos tridimensionales apoyados contra el teléfono o el radiodespertador. El beicon nunca ha sido muy fotogénico que digamos, pero cuando lo ves en tu mesita de noche, todavía te lo parece menos. Lo mismo puede decirse de los nachos. Salen feísimos en las fotos.

Cuando la habitación está en la planta baja, la ventana da a un tráiler de dieciocho ruedas aparcado enfrente, pero si te hospedas unas plantas más arriba a veces divisas el aparcamiento del snack bar, y la autopista al fondo. El paisaje vendría a describirse como «hostil para el peatón». Es inútil pretender dar un paseo, así que me quedo encerrado en la habitación barajando la posibilidad de pegarme un tiro. En un hotel decente siempre tienes la ilusión de darte un baño, pero en el antedicho antro, la bañera apenas tiene profundidad y suele estar hecha de fibra de vidrio. Cuando el tapón brilla por su ausencia —como suele ocurrir—, obstruyo el sumidero embutiéndole una bolsa de plástico. El agua caliente se agota aproximadamente a los tres minutos, y allí me quedo, agarrado a una pastilla de jabón tamaño galletita que huele igual que la moqueta.

Si para poder fumar había que alojarse en sitios así, qué remedio, me decía yo. A la porra con los Ritz-Carlton y con los ayuntamientos puritanos. Si había pasado sin sábanas decentes casi cuarenta años, podía seguir haciéndolo. Mi resolución duró hasta el otoño de 2006, aunque nunca fue muy firme. El día que me encontré un burujo de semen en los botones del control remoto, ya había empezado a plantearme lo impensable.

Ocho

Si el primer paso para dejar de fumar consistía en mentalizarme, el segundo era llenar el vacío subsiguiente. Odiaba dejar un hueco en el mundo fumador, así que convencí a alguien para que ocupara mi puesto. He sido muy recriminado por ello, pero estoy convencido de que aquella chica se hubiera dado al vicio de todos modos, sobre todo si optaba por ingresar en el ejército en lugar de hacer formación profesional.

Una vez hube tachado «sustituto» de la lista, me enfrenté al paso número tres. Según los entendidos, el mejor modo de dejar el tabaco es cambiar de ambiente, romper un poco la rutina diaria. Quienes tienen un trabajo serio y responsabilidades serias que atender, tal vez deban conformarse con cambiar el sofá de sitio o acercarse al trabajo en coche de alquiler. Pero para los que no tenemos ni una cosa ni la otra, la solución pasaba por huir unos cuantos meses: nueva vista, nuevo horario, vida nueva.

Mientras yo buscaba un destino en el atlas, Hugh abogaba a favor de los territorios donde había pasado sus años mozos. Lo primero que sugirió fue Beirut, donde había hecho el parvulario. Su familia dejó aquella ciudad a mediados de los sesenta para trasladarse al Congo. Después saltarían a Etiopía, y de allí a Somalia, todos estupendos destinos en su opinión.

«Mejor dejamos África y Oriente Medio para cuando me quite del vicio de la vida», repliqué.

Finalmente, optamos por Tokio, donde habíamos estado de visita el verano anterior. Tokio es una ciudad muy recomendable en muchos aspectos, pero a mí lo que me cautivó principalmente fue el aspecto dental. Daba la impresión de que sus gentes se hubieran pasado la vida masticando tuercas oxidadas. Cuando veías un diente entero, o bien estaba salido hacia fuera o enganchado con un alambre a algún estrafalario aparato dental. Yo en Estados Unidos siempre tengo que sonreír con la boca cerrada. Incluso en Francia e Inglaterra siento complejo, pero en Tokio conseguí sentirme normal por primera vez en muchos años. Me encantaron también sus grandes almacenes y el curioso saludo con el que los dependientes se dirigían a la clientela: «Irrasshimase!». Sonaban como gatos, y cuando un grupo entero de japoneses lo exclamaba al unísono, se armaba un guirigay fantástico. Cada vez que pensaba en aquella breve visita nuestra de tres días, recordaba más que nada detalles anecdóticos: una chica disfrazada de bucólica pastorcilla, un hombre montado en bicicleta con una bandeja en la mano. El hombre llevaba encima un cuenco con caldo de fideos, y aunque iba lleno hasta los topes, no se le derramó ni una gota.

Antes de llegar a Japón, tenía aquel país por un paraíso para los fumadores, pero, al igual que en el resto del mundo, las restricciones habían ido en aumento. En gran parte de Tokio, está prohibido andar por la calle con un cigarrillo encendido en la mano. Eso no quiere decir que no se pueda fumar, sino que no se permite andar y fumar al mismo tiempo. Se han habilitado zonas con ceniceros en la calle, y aunque no se ven tantas como uno desearía, al menos existen. La mayoría vienen marcadas con letreros metálicos, en japonés e inglés, y acompañadas de simples ilustraciones: «Por favor, no olvide sus buenas maneras», «No tire colillas al suelo», «Use ceniceros portátiles en consideración a los que le rodean».

En un punto habilitado para fumadores del barrio de Shibuya, los mensajes, así como las ilustraciones que los acompañaban, daban más que pensar: «Llevo una llama a 370° en la mano y ¡hay personas andando alrededor!». «Antes de soltar ventosidades, miro detrás de mí, en cambio, no me molesto en hacerlo cuando estoy fumando», «Un cigarrillo encendido se sujeta a la altura de la cara de un niño».

Todos los mensajes hacían referencia al civismo. Fumar ensucia las calles. Fumar puede causar quemaduras o dejar parcialmente ciego a los que te rodean. Nada de dedos admonitorios como se ven en Estados Unidos, nada de recriminarte por hacer algo malo a sabiendas ni afearte la conducta con reproches que a fin de cuentas encienden más cigarrillos de los que apagan.

En lo tocante a restricciones, en Japón ocurría justo lo contrario que en el resto del mundo. En lugar de largar a los fumadores a la calle, los conducían en manada hacia establecimientos donde se les pudiera sacar el dinero. En las cafeterías y los restaurantes, en los taxis, las oficinas y las habitaciones de hotel, la vida era como en las películas en blanco y negro. Si comparabas con Estados Unidos, la normativa chocaba escandalosamente, pero comparada con Francia la diferencia no llamaba tanto la atención; la diferencia más significativa con este país radicaba en las advertencias impresas en las cajetillas de tabaco. En Francia te dicen «FUMAR MATA», en letras tan grandes que se divisan desde el espacio. En Japón eran más discretos, tanto en los rótulos como en el mensaje: «Fumar en exceso podría ser perjudicial para su salud».

Ninguna mención al cáncer o al enfisema y, por supuesto, nada de imágenes de órganos enfermos. Eso es algo que hacen en Canadá, y no sé si animará a los fumadores a dejar el vicio, pero los paquetes quedan horrorosos de feos.

Con aquella permisividad para fumar en espacios interiores, se diría más bien que Japón había dado un salto atrás. Parecía el lugar idóneo para empezar a fumar, pero cuando finalmente decidí dejar el tabaco, pensé en Tokio. Su cultura me resultaba tan ajena que pensé que me ayudaría a olvidarme de mí mismo y me permitiría concentrarme en otra cosa aparte de mi sufrimiento.

Nueve

Nos decantamos por Tokio a principios de noviembre, y antes de que pudiera echarme atrás, Hugh ya había encontrado un piso en el barrio de Minato-ku. El edificio era un rascacielos, y la mayoría de sus inquilinos estaban allí de paso. La agencia inmobiliaria nos envió unas fotos, que yo contemplé con ambivalencia. Me hacía ilusión vivir en Tokio, pero pensar en no fumar —en la idea de llevar a cabo mi propósito— me tenía un tanto angustiado. Nunca había pasado más de doce horas sin un cigarrillo en la boca, y eso durante un vuelo, así que probablemente no contaba.

En un día normal solía fumar un paquete y medio, más si estaba borracho o colocado, y más todavía cuando pasaba la noche en vela, trabajando contrarreloj para cumplir con alguna entrega. Al día siguiente me despertaba con una especie de resaca de nicotina, la cabeza embotada, la lengua como una zarrapastrosa alpargata; aun así volvía a la carga como si nada en el instante en que saltaba de la cama. Tiempo atrás aguantaba sin fumar hasta que tenía una taza de café en la mano, pero a principios de los noventa, dicha costumbre ya había pasado a mejor vida: la única regla era estar despierto.

A fin de prepararme para dejar el vicio, empecé a cuestionar cada cigarrillo que encendía. Descubrí que en ciertos casos hay una necesidad pura y dura —esos cigarrillos que uno enciende en cuanto sale de la consulta del dentista o del cine—; otros cigarrillos, en cambio, servían más bien como una especie de salvaguardia. «Solo si enciendo este cigarrillo aparecerá el autobús», me decía. «Solo si enciendo este cigarrillo, el cajero automático me dará billetes pequeños.» Algunos se encendían porque sonaba el teléfono, o porque sonaba el timbre; incluso el paso de una ambulancia podía servir de pretexto. En Tokio seguro que también habría timbres y sirenas, pero dudaba mucho de que alguien llamara a nuestra puerta. Y dada la diferencia horaria, tampoco esperaba recibir muchas llamadas telefónicas. Cuando no estaba en pleno ataque de pánico, a veces me felicitaba por la genial idea de aquel traslado.

Diez

En el verano de 2006, poco antes de aquella visita de tres días que hicimos a Tokio, me había comprado un cedé para aprender japonés. Lo básico, «Buenos días», «¿Podría traerme un tenedor?», cosas por el estilo. La persona que traducía al inglés hablaba a un ritmo normal, pero la japonesa, una mujer, era sorprendentemente lenta y vacilante. «Koooonniiiichiii waaa —decía—. Ooooohaaaayooooo gooooo... zaimassssuuu.» Yo me aprendí todas las frases de memoria y llegué a Japón muy ufano. En el hotel, un botones nos escoltó a Hugh y a mí hasta nuestra habitación, y fui capaz de decirle, con toda soltura, que me gustaba la estancia. «Korrreee gaaa sukiii desssu.» A la mañana siguiente intercambié las cortesías de rigor con el portero, quien con mucha educación me advirtió que estaba hablando igual que una señora, una rica señorona, al parecer. «No es necesario hablar tan despacio», me dijo.

Suscité muchas risas con mis pinitos en japonés durante aquel viaje, pero en ningún momento tuve la impresión de que se burlaran de mí. Más bien parecía que acabaran de presenciar un truco de magia, algo un tanto retorcido y sorprendente, como si me hubiera sacado una salchicha de la oreja. La primera vez que estuve en Francia, ni abría la boca del miedo que me daba, pero en Tokio era divertido ponerse a prueba. El puñado de frases que había memorizado antes de llegar resultó muy útil, y me fui del país deseando aprender más.

Eso me llevó a comprar un segundo, y mucho más serio, programa lingüístico: cuarenta y cinco cedés, en lugar de uno. Los locutores eran dos jóvenes, un chico y una chica, y no hablaban despacio para que los entendieras. La idea era escuchar y repetir —nada de escribir—, pero a mí ese plan me parecía demasiado facilón. Si bien el programa no lo recomendaba, al final de cada lección yo copiaba en unas fichas las palabras y expresiones nuevas que había aprendido. Así podía repasar y, mejor aún, pedirle a alguien que me tomara la lección. Hugh no tiene paciencia para esas cosas, así que recurrí a mis hermanas Amy y Lisa. Las dos habían venido a pasar la Navidad en París, y al final del día le tendía a una u a otra mi montoncito de fichas.

—Vale —decía Lisa, por ejemplo—. Pregúntame si soy maestra de primaria.

—Eso aún no me ha salido. Si no viene escrito en las fichas, no lo puedo saber.

—¿Ah, no? —Lisa escogía entonces una ficha del montón y la miraba arqueando una ceja—. Vale, a ver ahora: «¿Y esta tarde qué vas a hacer?».

—*Gogo wa, nani o shimasu ka?*

—Di en japonés: «¿Qué has hecho esta tarde?».

—Eso no me lo sé, porque…

—¿No eres capaz de decir que has ido a ver una película mala con tu hermana mayor en la que salía un dragón? ¿Sabrás decir «dragón» por lo menos, no?

—No.

—Ya —dijo, y alcanzó otra ficha.

Cada vez me sentía más inútil.

Cuando Amy me tomó la lección, aún fue peor.

—¿Cómo le pedirías un cigarrillo a alguien?

—No lo sé.

—¿Cómo dirías: «He intentado dejarlo, pero no hay forma»?

—Ni idea.

—Di: «Si me das un cigarro, te hago una mamada».

—Venga, sigue las fichas y déjate de bromas.

—Di: «¡Dios, qué gordo me he puesto! Es increíble lo que he engordado desde que dejé de fumar».

—¿Sabes qué te digo? Creo que será mejor que me tome yo mismo la lección.

Once

En los meses anteriores a nuestro viaje a Japón, hablé con bastante gente que había dejado de fumar o al menos lo había intentado. Algunos llevaban años sin probar el tabaco, y de pronto se les moría la abuela o al perro se le retorcía un colmillo, y volvían a engancharse.

—¿No crees que en realidad estabas buscando una razón para volver a fumar? —les preguntaba yo.

Todos me contestaban que no.

El mensaje era que nunca podías considerarte verdaderamente fuera de peligro. Una década entera sin fumar, y de pronto… ¡zas! Mi hermana Lisa volvió a engancharse a los seis años de dejarlo y me dijo, como me habían dicho otros, que el segundo intento era mucho más difícil.

Cuando preguntaba qué habían hecho para superar la abstinencia en las primeras semanas, muchos mencionaban los parches. Otros hablaban de chicles y caramelos, de acupuntura, de hipnosis y también de un nuevo medicamento del que todos habían oído hablar pero cuyo nombre ninguno recordaba. Luego estaban los libros. El problema de eso que han dado en llamar manuales de deshabituación tabáquica es que las palabras «fumar» y «tabaco» no se puedan repetir constantemente. La clave está en alternarlas, no en recurrir a un diccionario de sinónimos. Me molesta leer que fulanito «inhaló un palito cancerígeno» o que «succionó un tornillo del ataúd», y toda esa serie de expresiones que se han sacado de la manga para alarmarte contra los peligros del tabaco.

El manual que me regalaron recurría a esas y otras muchas. Después de leer las primeras cien páginas, se lo resumí a Hugh en una frase: «Este dice que meterse esas cochinadas en el pulmón es un vicio sucio y asqueroso».

–Que va –replicó él.

Después de haberse pasado años abriendo las ventanas de par en par y quejándose de que oliera a casino, me dio la impresión de que Hugh no quería que dejara de fumar.

–Lo único que tienes que hacer es fumar menos.

No siendo él fumador, era incapaz de comprender la agonía que eso suponía. Con el alcohol me había sucedido lo mismo; mucho más fácil dejarlo por completo que ponerme a prueba día tras día. En cuanto a borracheras se refiere, yo no era ningún cosaco que digamos. Solo sabía que bebía para emborracharme, y eso había logrado hacer noche tras noche durante más de veinte años. Mi hábito, por lo general, era bastante predecible y burgués: nunca empezaba a beber antes de las ocho de la tarde, y casi siempre lo hacía en casa, normalmente sentado a la máquina de escribir. Lo que empezó a los veintidós años con una cerveza por noche acabó en cinco, seguidas de dos whiskys bien cargados, todo ello con el estómago vacío y en el espacio de noventa minutos. La cena me despejaba un poco, y una vez terminaba de cenar, empezaba con la maría.

Lo peor de todo era lo tedioso que resultaba, noche tras noche la misma rutina. Hugh no fumaba porros, y aunque de vez en cuando se tomaba algún cóctel y quizá una copita de vino con la cena, nunca he visto en él señal de dependencia. Hablabas por teléfono con Hugh a las once de la noche y sonaba poco más o menos lo mismo que a mediodía. A mí en cambio si alguien me llamaba a las once, al minuto o así ya no recordaba con quién estaba hablando. Y luego, cuando me venía el nombre a la cabeza, lo celebraba colocándome otro poco. Y si era yo el que hacía la llamada, todavía peor.

—¿Oiga? —decía—. ¿Podría ponerme con… esteee…, el del pelo castaño, ese que tiene una furgoneta con el nombre grabado?

—¿Eres David?

—Sí.

—¿Querías hablar con tu hermano Paul?

—Paul, eso. ¿Le puedes decir que se ponga, por favor?

La mayoría de las noches me quedaba levantado hasta las tres de la mañana, balanceándome en la mecedora y pensando en todas las cosas que podría haber hecho de no estar tan hecho polvo. Hugh se acostaba a medianoche, y cuando él ya estaba durmiendo, yo cenaba otra vez. No era hambre lo que tenía, sino la gazuza del porro reclamando comida a voz en grito. «Fríeme un huevo», exigía. «Hazme un bocata.» «Córtame un trozo de queso y échale la primera salsa que pilles en la nevera.» Los condimentos no duraban en casa más de una semana, por malos o extravagantes que fueran.

—¿Dónde está la salsa tica-tica Oomafata nigeriana que nos trajeron de Lagos el martes pasado? —preguntaba Hugh.

–¿Salsa tica-tica? No sabía que tuviéramos de eso en casa. En Nueva York, conseguía la marihuana a través de una agencia. Llamabas a un número, dabas una contraseña y veinte minutos más tarde, un joven estudiante de la Universidad de Nueva York con rubicundas mejillas se presentaba en tu puerta. En la mochila llevaba ocho variedades distintas de maría, cada una con su ingenioso nombre y sabor característico. Colocarse en Thompson Street era lo más fácil del mundo; en París, en cambio, no tenía idea de dónde localizar a ese joven universitario. Sabía de ciertos barrios donde había gente acechando entre las sombras. El modo en que susurraban y reclamaban tu atención para venderte la mercancía me era familiar, pero siendo extranjero no me atrevía a correr el riesgo de que me detuvieran. Por otra parte, lo que vendían seguramente era musgo o crin vegetal para tapicería. Da miedo pensar en las porquerías que he llegado a comprar a los camellos.

La abstinencia de marihuana no es igual a la de las anfetas o la de la coca. El cuerpo no la echa en falta, pero el resto de tu persona, por descontado que sí. «¿Qué me parecería esto si estuviera colocado?» Me repetía la pregunta veinte veces al día, ya estuviera ante la catedral de Notre-Dame como ante las altas vigas de nuestro recién estrenado apartamento. La maría multiplicaba por diez el interés de las cosas ordinarias, así que quién sabe lo que haría con las extraordinarias.

Si logré sobrevivir en París sin colocarme, fue solo gracias a que aún tenía la ilusión de beber. En Francia el tamaño de las botellas es menor que en Estados Unidos, pero la graduación alcohólica de su contenido es mayor. Nunca se me han dado bien las matemáticas, pero según mis cálculos, cinco cervezas americanas equivalían a nueve francesas. Eso significaba que no podía descuidarme con el reciclaje. Si me saltaba un día, daría la impresión de que había tenido a media Bélgica de visita en casa.

Con el tiempo comprendí que aquel cupo no haría sino aumentar, y seguir aumentando. Quería dejarlo antes de llegar a ese punto, pero siempre había una razón práctica que me lo impedía. Cuando el trabajo y el alcohol iban de la mano, era fácil sentarse al escritorio noche tras noche. Pero sin alcohol, ¿quién podía escribir? ¿Qué incentivo había? Y encima el rollo de dejarlo: el centro de desintoxicación con el compañero de cuarto contándote su vida, tener que darse la manita en las reuniones de Alcohólicos Anónimos.

Al final, lo dejé sin ayuda de nadie. Pasé una noche sin tomarme la copa de rigor, luego dos, y así sucesivamente. Las primeras semanas fueron un tanto durillas, pero más que nada por mi talante melodramático. En cuanto a escribir, lo que hice fue cambiar de horario y trabajar de día en lugar de por las noches. Cuando bebían alrededor, intentaba alegrarme por ellos, y cuando se caían al suelo de la borrachera, no tenía ni que intentarlo. La alegría era auténtica, no tenía que forzarla. «Esto es lo que me estoy perdiendo», me decía.

En Estados Unidos cuando rechazas una copa no tienes que dar más explicaciones, el otro capta el mensaje a la primera. «Oh —dicen, avergonzados por haber supuesto lo contrario—. Entiendo. Yo también debería… dejarlo.» En Europa, sin embargo, no eres un alcohólico a menos que vagabundees por la calle medio en cueros, amorrado a un zapato viejo lleno de anticongelante. Todo el que no llegue a ese extremo es simplemente un tipo «muy animado» o un «juerguista». Tapa la copa con la mano en Francia o Alemania —o peor en Inglaterra—, y verás como el anfitrión te pregunta, en tono así como de ofensa además, que por qué no bebes.

—Ah, porque esta mañana no tengo ganas.

—¿Por qué no?

—Porque, no sé, no me apetece.

—Tómate esto y verás como te entran ganas, anda. Toma. Bebe.

—No, gracias, de verdad.

—Pruébalo nada más.

—Es que, el caso es… es que tengo un problema.

—¿Media copita, entonces?

Estaba yo en una boda en Francia hace unos años, y al llegar el momento de brindar por los recién casados, la madre de la novia se acercó a mí con una botella de Veuve Clicquot.

—No, gracias —le dije—. Ya tengo agua.

—¡Pero, hombre, hay que brindar con champán!

—No, en serio —repliqué—. Ya estoy bien así.

—Pero…

Justo en ese momento se hizo el brindis. Levanté la copa, y en el instante de llevármela a los labios alguien me metió un dedo mojado de champán en la boca. Era la madre de la novia.

—Lo siento —dijo—, pero son las reglas. No se puede brindar con Perrier.

En Estados Unidos estoy convencido de que puedes denunciar a alguien por eso. La mujer, sin embargo, lo hizo con su mejor intención, y al menos no tenía las uñas largas. Desde entonces, he aprendido a aceptar la dichosa copa de champán. Mejor pasársela disimuladamente a Hugh que montar el numerito. Pero salvo en circunstancias como esa, ya apenas pienso en el alcohol. Y tampoco en las drogas, excepto cuando surge una nueva, algo que nunca llegué a probar. Lo que vengo a decir, supongo, es que conseguí dejarlo. Y si había conseguido dejar el alcohol y las drogas, tal vez fuera capaz de dejar también el tabaco. El truco consistía en no hacer un drama, porque bastante mala fama tiene la abstinencia ya de por sí.

Doce

El último cigarrillo me lo fumé en un bar del aeropuerto Charles de Gaulle. Fue un 3 de enero, miércoles por la mañana, y aunque había previsto un cambio de avión en Londres y una espera de casi dos horas hasta hacer la conexión, pensé que era mejor dejarlo con tiempo por delante.

—Bueno —le dije a Hugh—. Ha llegado el momento de la verdad, este es el último.

Seis minutos más tarde saqué el paquete y volví a decir lo mismo. Y luego volví a repetirlo.

—Ahora sí. Esta vez va en serio.

Todos alrededor fumaban con placer: la rubicunda pareja irlandesa, los españoles con sus cervezas. Los rusos, los italianos, incluso algún que otro chino. Juntos formábamos un pequeño y fétido cónclave: las Naciones Ahumadas, la Hermandad del Vicio. Aquella era mi gente, y estaba a punto de traicionarla, de volverles la espalda justo cuando más me necesitaban. Mucho me gustaría poder decir lo contrario, pero en verdad soy bastante intolerante. Cuando veo a un borracho o a un drogadicto mendigando, no pienso «A cualquiera podría sucederle», sino «Si yo he sido capaz de dejarlo, tú también. Aparta ese platillo de mi cara».

Una cosa es dejar de fumar, y otra ser exfumador. En eso pasaría a convertirme en el momento que saliera de aquel bar, así que prolongué la espera un poco más, contemplando mi chabacano encendedor de usar y tirar y aquel asqueroso cenicero de aluminio. Cuando por fin me levanté dispuesto a salir de allí, Hugh me recordó que todavía me quedaban cinco cigarrillos en el paquete.

—¿Vas a dejarlos ahí tirados en la mesa?

Yo le contesté con una salida que aprendí años atrás de una alemana. Se llamaba Tini Haffmans, y aunque a menudo se disculpaba por su pobre dominio del inglés, a mí me hubiera gustado que nunca mejorara. Conjugaba los verbos a la perfección, pero de vez en cuando metía la pata con alguna palabra. La frase, sin embargo, no por eso perdía sentido, sino al contrario, lo ganaba. Una vez le pregunté si su vecino fumaba, y ella se quedó pensando un momento y luego dijo: «Karl ha… terminado con el tabaco».

Lo que Tini quiso decir, evidentemente, era que su vecino lo había dejado, pero a mí la versión fallida me pareció mucho más interesante. «Terminado» sonaba como si el tal Karl tuviera adjudicados un número finito de cigarrillos, trescientos mil, pongamos, del que se le hubiera hecho entrega el día de su nacimiento. De haber empezado a fumar un año más tarde o más despacio, tal vez aún seguiría con el vicio, pero así las cosas, se los había ido cepillando uno tras otro hasta el último, y luego había continuado con su vida. Así lo veía yo, pensé. Cierto, en aquel paquete de Kool Milds todavía quedaban cinco cigarrillos, además de un alijo de veintiséis cartones en casa, pero todos ellos estaban de más, habían sido un error de cálculo. Yo había terminado con el tabaco.

Parte II (Japón)

5 de enero

Después de aquel primer vuelo a Tokio, salí corriendo a la calle nada más cruzar la aduana. Llevaba medio día sin llevarme un cigarrillo a la boca, y casi me caigo redondo con el que me fumé en la acera. A muchos la sensación podrá sonarles desagradable, pero para un fumador no hay nada mejor: es como el primer cigarrillo de la mañana pero multiplicado por diez. Aquella siempre fue mi recompensa después de un viaje, y sin ella no sabía qué hacer. Después de cruzar la aduana en este último viaje a Japón, dejé la maleta en el suelo y miré a Hugh: «¿Y ahora qué?», le pregunté. Y él, sin más miramientos, me condujo directamente hacia el tren.

Eso fue ayer por la mañana, y parece que hayan transcurrido unos cuantos meses. Hace treinta y ocho horas que me fumé mi último cigarrillo, y he de decir que, si bien no ha sido coser y cantar, la experiencia está resultando más llevadera de lo que imaginaba. Yo esperaba la debacle total, pero curiosamente es Hugh quien está más malhumorado e irritable. Tal vez no haya experimentado grandes cambios gracias al parche que me coloqué a las tres horas de vuelo. No había pensado recurrir a ellos, pero hace unos días cambié de opinión al pasar por delante de una farmacia y me compré ochenta. Nunca los había usado, porque para mí fumar supone justamente eso: exhalar humo. Los parches no satisfacen ese deseo imperioso de meterse algo en la boca y prenderle fuego, si bien provocan un efecto extrañamente placentero. Ya que estaba en la farmacia, compré también cinco cajas de pastillas de nicotina. Aún no las he abierto, pero quizá también me calme un poco saber que las tengo a mi disposición.

Creo que, antes que ese arsenal farmacéutico, lo que ayuda es que todo alrededor sea tan nuevo y tan distinto: el váter eléctrico de casa, por ejemplo. El asiento lleva integrado un panel de control, con una docena de botones. Cada uno de ellos con su correspondiente etiqueta en japonés y acompañados por una sencilla ilustración. Lo que parece una «w» minúscula en realidad es un trasero. Una «Y» mayúscula es una vagina. Si tienes ambas cosas, puedes pasarte horas ocupado, pero incluso para un varón hay entretenimiento de sobra. «¿Le importa que se lo limpie?», pregunta el váter en silencio. «¿El agua cómo le gustaría, prefiere el chorro continuo o el estallido intermitente? ¿A qué temperatura? ¿Le interesaría también mi servicio de secado con aire caliente?» Y así sucesivamente.

El conserje nos ha llamado la atención sobre el váter eléctrico, así como sobre el resto del apartamento. Super-san, le he puesto por nombre. Es unos centímetros más bajito que yo y parece que lo único que sabe decir en inglés es «hello». Gracias a los dos meses con los cedés de japonés, me he sentido con arrestos para hacer las consabidas presentaciones y comentar el tiempo tan agradable que hacía cuando nos hemos montado en el ascensor para subir al piso veintiséis.

YO: Ii o tenki desu ne?
ÉL: So desu ne!

Nada más cruzar el umbral de nuestro apartamento, Super-San se ha quitado las zapatillas. Hugh ha hecho lo mismo y luego me ha dado una patada.

—Está prohibido entrar con zapatos.

—Pero si el apartamento es nuestro —le he dicho por lo bajo.

—Da igual.

Al fondo del exiguo vestíbulo, justo en el arranque de la moqueta, hay un zapatero metálico en forma de arbolito del que cuelgan unas zapatillas. Son nuevas y flamantes, y las hay tanto de señora como de caballero, con las etiquetas todavía pegadas a las suelas. Super-san se ha calzado las más pequeñitas y a continuación nos ha hecho un recorrido por el que va a ser nuestro hogar en los próximos tres meses.

He podido decirle que el apartamento era grande, y que estaba bien, pero no que olía a nuevo ni que me recordaba un aparthotel de esos de categoría media. En la sala de estar hay dos fotografías enmarcadas. Parecen esas muestras de color que te dan en las tiendas de pinturas, solo que sin nombre, y en blanco mate. Están colgadas sobre una consola vacía, delante de una estantería vacía. Hay también una vitrina vacía, y dos sofás, una mesa con unas sillas y un televisor un tanto enrevesado a primera vista. Aunque el apartamento es más bien anodino, tiene unas vistas estupendas. En la sala de estar hay un balcón bajito, desde el que se divisa la Torre de Tokio. Y en el dormitorio otro balcón que da a una red de canales, sobre algunos de los cuales se ven barquitas flotando. Luego hay un parque ferroviario y, más allá, una planta para el reciclaje de basuras y residuos.

—Bien, bien —le he dicho a Super-San—. La casa está bien.

Él nos ha sonreído, y nosotros le hemos sonreído. Él nos ha hecho una reverencia, y nosotros le hemos hecho una reverencia. Y cuando ha salido por la puerta, hemos cogido sus zapatillas y las hemos colgado del arbolito metálico.

6 de enero

Nuestro rascacielos está situado en una calle muy transitada pero agradable con hileras de edificios de altura similar, algunos de oficinas y otros residenciales. Tenemos una oficina de correos a un lado, y al otro un restaurante que forma parte de una cadena. Delante del portal se alzan unos árboles decorados con luces navideñas, y en la acera de enfrente hay una tienda abierta las veinticuatro horas que se llama Lawson. En Japón cuando tienen que escribir un término en un idioma extranjero, emplean el alfabeto katakana, pero el letrero de dicho establecimiento, al igual que el del 7-Eleven, está en inglés. En Lawson tienen mi marca de cigarrillos, pero si los necesitara con urgencia, podría comprarlos en el Peacock, un supermercado bastante bien surtido que hay en el sótano de nuestro bloque. Su letrero también está en inglés, aunque no entiendo por qué. Si pretendes hacerte con una clientela occidental, lo primero que necesitas son clientes occidentales. Pero aparte de Hugh y de mí, no se ven occidentales por ninguna parte, ni en la calle, ni mucho menos en el Peacock. Ayer bajamos dos veces a comprar y nos sentimos totalmente perdidos. La leche la reconocí por el tetra-brik rojo y por la pequeña silueta de la vaca, ¿pero cómo sabes cuál es la salsa de soja cuando todo lo que ves en las estanterías parece salsa de soja? ¿Cómo distingues el azúcar de la sal, o el café normal del descafeinado?

En París los cajeros del supermercado te atienden sentados y no de pie. Pasan los artículos que compras por el lector de código de barras y te exigen que les des el cambio exacto. Según ellos, porque no hay euros suficientes en el mercado. «Toda la Unión Europea está escasa de monedas.»

Y yo les digo «¿Ah, sí?», porque en Alemania tienen más que de sobra. Ni en España, ni en Holanda, ni en Italia me han pedido nunca el cambio exacto, de modo que más bien será un problema de los cajeros parisinos que, por decirlo sucintamente, son una partida de vagos. Aquí en Tokio no solo trabajan por demás sino que encima son simpáticos a rabiar. En el Peacock de abajo, las monedas fluyen como el agua del grifo. Las cajeras te hacen reverencias, y con eso no quiero decir que hagan una leve inclinación con la cabeza, como se suele hacer cuando uno se cruza con alguien en la calle. No. Las cajeras del Peacock juntan las palmas de las manos y se doblan por la cintura. Y luego te sueltan algo que a mis oídos vendría a decir: «Nosotras, las dependientas de este establecimiento, los adoramos como adoraríamos a un Dios».

7 de enero

Una japonesa a la que habíamos conocido en París vino ayer a casa a hacernos una visita y se pasó varias horas explicándonos el funcionamiento de los electrodomésticos. El microondas, el hervidor de agua, la bañera eléctrica: todo parpadea, pita y reclama atención en mitad de la noche. Yo estaba muy intrigado con la alarma de la arrocera, y Reiko nos explicó que llevaba un temporizador incorporado y no estaba haciendo otra cosa que anunciarnos su presencia y disposición inmediata para la tarea. Al igual que el hervidor. La bañera eléctrica, sin embargo, lo que hacía era el imbécil porque nos había despertado sin ningún motivo.

8 de enero

Anoche me arranqué el parche y vi, asqueado, la repugnante mancha que me había dejado en la piel. Parece que me hubiera puesto un adhesivo como esos de los parachoques. Mejor no vuelvo a repetir, a ver qué pasa. El arsenal de pastillas aún no lo he catado, y dudo mucho que lo haga. Lo que sí he probado han sido cilindros de papel que voy haciendo con las fichas. Me meto uno en la boca cuando me siento a escribir, y luego lo hago papilla con los dientes hasta que me lo trago. Voy por seis al día y estoy pensando si pasarme a un papel más ligero y sin pautar.

9 de enero

En la sección de frutas y verduras de los almacenes Seibu, he visto un pollo entero que costaba el equivalente a cuarenta y cuatro dólares. Un precio que me ha parecido desorbitante, hasta que, en otros grandes almacenes, he visto una cestita con catorce fresas a cuarenta y dos dólares. Eran bastante gordas, pero aun así. Cuarenta y dos dólares: casi el precio de un pollo.

10 de enero

Hoy he entrado en una academia de idiomas a preguntar por clases de japonés, y la chica que estaba en la recepción me ha sugerido que, de paso, por qué no hacía una prueba de acceso. «¿Por qué no? —me ha dicho—. ¡Hoy es un día tan apropiado como cualquiera!» Yo no pretendía entretenerme mucho tiempo, pero me lo ha puesto tan fácil y tan divertido que me he dejado llevar. ¡Un examen! ¡En japonés! ¡Justo lo que venía pensado!

Un minuto más tarde ya estaba sentado en una pequeña salita blanca, tras una puerta cerrada.

P: Ueno koen ⸺ ⸺ desu ka?
R: Asoko desu!

Me había sentido perfectamente durante toda la mañana: antes de salir de casa, en el metro, mientras hacía cola en la oficina de correos. No como si nunca hubiera fumado, pero al menos había relegado el «no fumar» a un segundo plano. De pronto, sin embargo, con los nervios de contestar a docena y media de preguntas, habría sido capaz de dar un ojo por un cigarrillo de buena gana, aunque no fuera de mi marca. He notado que mordisquearme suavemente la lengua ayuda, aunque solo funciona con los síntomas de abstinencia regulares. Y el mono que yo tenía en ese momento era como para liarse a mordiscos con la lengua de otro y arrancársela de cuajo.

Mientras estaba sentado en aquella calurosa salita, he pensado que ojalá hubiera seguido el consejo de mi amiga Janet, que llenó un potito de comida para bebés con dos dedos de agua y metió dentro media docena de colillas. Iba con el potito en el bolso a todas partes, y cuando le entraban ganas de fumar, desenroscaba la tapa y olisqueaba aquel aroma que hasta el más empedernido de los fumadores hubiera calificado de hediondo. En momentos de debilidad, es fácil olvidar qué te ha llevado a dejar de fumar. Tendría que haberme quedado con el mando de aquel hotel. Aunque el semen se secara y descascarillara, creo que me habría refrescado la memoria.

«Inspira. Expira.» Me ha llevado unos minutos, pero he conseguido recuperarme y me he dado cuenta de que, gracias a los cedés aquellos, era capaz de responder a bastantes preguntas, al menos de la sección en que te pedían rellenar los espacios en blanco. Luego me han salido unas cuantas preguntas tipo test, y he tenido que contestarlas al buen tuntún. De remate, me han puesto una redacción con el tema: «Mi país, una introducción».

«Soy americano, pero ahora vivo en otros países a veces —he escrito—. Estados Unidos es muy grande y no muy caro.»

Luego me he quedado sentado en la silla con los brazos cruzados hasta que ha entrado una profesora y me ha acompañado a recepción. En menos de un minuto me han dado la nota, y la chica que estaba detrás del mostrador me ha asignado a la clase de principiantes; yo he fingido sentirme muy halagado, como si existiera el nivel de subprincipiantes, y acabaran de decidir que yo estaba muy por encima.

12 de enero

En lo tocante al estrés y su conexión con el tabaco, quizá las academias de idiomas no sean la mejor solución. En eso iba yo pensando ayer por la mañana camino de mi primera clase. La lección se prolongó desde las 9.00 hasta las 12.45, y durante ese tiempo tuvimos dos profesoras distintas, ambas mujeres y ambas amables en extremo. Con Ishikawa-sensei empezamos por lo más básico: Hola. Encantado de conocerte. Me llamo Lee Chung Ha, Keith, Matthieu, etcétera. De diez alumnos, cuatro son coreanos, tres franceses, dos norteamericanos y uno indonesio. Afortunadamente, no soy el más viejo de la clase. Esa distinción se la lleva Claude, un señor que es catedrático de historia en Dijon.

Es triste, la verdad. Cinco minutos en un aula, y todo vuelve: el peloteo, la envidia, las ansias de ser el primero, y la triste realidad de ver que no doy la talla. «Cállate la boca —apunto en mi libreta—. Acabas de empezar, es el primer día. No atosigues a la gente.»

Me cae muy bien Sang Lee, la coreana de diecisiete años que se sienta en la segunda fila. Bueno, quizá eso de que me «cae muy bien» no sea la expresión apropiada. Más que me caiga bien es que la necesito, necesito a alguien que sea peor que yo, alguien a quien poder mirar por encima del hombro. Tratándose de una clase para principiantes, yo había dado por sentado que nadie conocería el alfabeto hiragana. Tal vez un par de caracteres sueltos, pero nada más. Cuando descubrí que toda la clase, excepto yo y la pobre infeliz de Sang Lee, se lo sabía, se me vino el mundo encima.

—¿Dónde lo aprendiste? —le pregunté a uno de los franceses.

Y él va y me contesta, tan campante:

—No sé, lo he ido pillando por ahí.

—Por ahí se pilla un resfriado —repuse—. O la letra de una canción en una lengua como el español, por ejemplo. Pero un alfabeto de cuarenta y seis caracteres no se aprende como no sea a base de empollar y de muchos codos.

«Lo he ido pillando por ahí.» ¡Y un cuerno! Yo me sé dos caracteres. Nada más. Solo dos. Eso ya me coloca por delante de la encantadora infeliz de Sang Lee, aunque no sea mucha ventaja que digamos.

13 de enero

Las clases prosiguen, y con ellas el desfile de profesoras nuevas. Ayer vinieron dos distintas, Ayuba-sensei y Komito-sensei. Ambas pacientes y entusiastas, pero ninguna de ellas llegó a las cotas de exaltación de la del jueves, Miki-sensei. En un momento dado, me preguntó cómo se decía «seis» en japonés Yo dudé un momento, y ella, entre dientes, susurró: «Roku».

—¿Cómo dice?

Miki-sensei volvió a apuntarme la palabra, y cuando por fin la repetí, se lanzó a aplaudir con aparente sinceridad y me dijo que muy bien, pero que muy, muy bien.

16 de enero

Hoy me desperté poco antes de las tres de la mañana y noté que la cama se movía. «¡Terremoto!», exclamé a voz en grito. Hugh se incorporó de un salto, y los dos nos quedamos boquiabiertos contemplando el leve vaivén de las cortinas. No había tiempo de saltar de la cama, ni mucho menos de correr para ponerse a cubierto, pero recuerdo haber recordado lo injusto que sería morir dos semanas después de haber dejado el tabaco.

17 de enero
Ayer estaba con Christophe-san en la sala donde hacemos el receso entre clases, y nos pusimos a hablar de máquinas expendedoras, no solo de las que teníamos delante, sino de las que se ven en la calle también.

—Es increíble —me dijo—. Ahí las tienes, en el metro, en plena calle, y como nuevas, nadie las destroza.

—Es verdad.

Nuestro compañero indonesio se acercó y, tras escucharnos un momento, intervino para preguntar que qué tenía eso de particular.

—Pues que en Nueva York o París la gente las haría papilla —aclaré.

El indonesio enarcó las cejas.

—Quiere decir que las destrozarían —aclaró Christophe—. Que romperían el cristal y las llenarían de pintadas.

El indonesio nos preguntó por qué, y no supimos darle ninguna explicación.

—¿Por pasar el rato? —apunté.

—Mejor leer un periódico, ¿no? —repuso el indonesio.

—Sí —dije yo—, pero con eso no se satisface la necesidad primaria de hacer algo pedazos.

Al final terminó diciendo «Ah, vale», como suelo hacer yo cuando más que entender lo que quiero es pasar a otra cosa. Luego volvimos todos al aula.

Al salir de clase, mientras avanzaba a toda prisa por un paso elevado que conecta dos estaciones ferroviarias, me puse a cavilar sobre aquella conversación. A ambos lados de las cintas transportadoras hay ventanas, con macetas en los alféizares. A nadie se le ocurre arrancarles los pétalos a esas plantas. Nadie tira basura en las macetas, ni en el suelo. Qué aspecto tan diferente ofrece la vida cuando la gente se comporta civilizadamente: ventanas sin barrotes, paredes sin barnices antigrafiti. Y aquellas máquinas expendedoras, al aire libre, en fila sobre la acera como viajeros esperando el autobús.

18 de enero

En mi manual para dejar de fumar, el autor dice que la comida no sustituye al tabaco. Lo dice como en unas treinta ocasiones, venga a repetir lo mismo una y otra vez, como si fuera un hipnotizador. «La comida no es un sustituto del tabaco. La comida no es un sustituto del tabaco…» Yo también me lo digo cuando hurgo en el frigorífico, torciendo el gesto al ver las disparatadas viandas que Hugh trajo a casa el día anterior: cosas como palitos encurtidos, por ejemplo, o al menos es lo que parecen. Todo es de color marrón oscuro y flota en una especie de turbio jarabe. Luego está el pescado envuelto en papel. Se supone que el pez está muerto, pero no puedo quitarme de encima la idea de que lo hayan inmovilizado simplemente. En los últimos días me he aficionado a un local que se llama Cozy Corner, una cafetería al estilo occidental que está junto a la estación ferroviaria de Tamachi. El sábado pasado le señalé a la camarera de la barra un pastelito que estaba en la vitrina, y ella me identificó el manjar: «kapukkeki». Luego caí en la cuenta de que se refería a una *cupcake*.

19 de enero

Ayer nos pusieron un dictado de examen, y me entraron ganas de llorar. No solo soy el peor de la clase, sino que salta a la vista que soy el peor de la clase, que estoy a mil leguas de la antes tonta de la clase, Sang Lee. Lo que todavía lo hace más difícil de soportar es la amabilidad de la profesora, que ha terminado apiadándose de mí. «Deja el libro abierto si quieres», me dijo Miki-sensei, pero ni por esas. En lugar de *kyoshi* he escrito *quichi*. En lugar de *Tokyo*, *doki*, como en *tokidoki*, que significa «a veces». «No pasa nada —dijo Miki-sensei—. Ya lo pillarás algún día.»

Después del dictado, abrimos los libros para hacer una lectura en voz alta. Mae Li leyó de corrido, al igual que Indri y Claude. Luego me tocó a mí.

—Quién... de quién... es... libro.

—Este libro —me chivó en un susurro Sang Lee.

—¿De quién es este libro? —dije.

—Bien —me felicitó la profesora—. Ahora la línea siguiente.

Oí a la clase entera rezongar por lo bajo.

—Es... tu... ¿tuyo?

Comprar un bote de champú y descubrir más tarde que en realidad era aceite hidratante para bebés es una vergüenza, pero al menos la humillación es privada. Esta, en cambio, es pública, y afecta a todo el mundo. «No le pregunte a David-san, no le pregunte a David-san», siento que piensan mis compañeros de clase. Cuando se nos pide que formemos grupos para hacer algún ejercicio, enseguida detecto esa miradita como diciendo: «No es justo. A mí ya me tocó la última vez ponerme con él».

Cuando estudié francés, pasé por lo mismo, aunque entonces no era consciente de lo fácil que lo tenía. De acuerdo que tienen letras que no se pronuncian, pero al menos compartimos un mismo alfabeto. Además, entonces era más joven, y, claro, tenía más capacidad de recuperación. Ayer salí de clase con un objetivo en mente: encontrar un rincón apartado donde sentarme y llorar a moco tendido. Desgraciadamente, estamos en Tokio, y aquí no existen rincones apartados: no hay iglesias en las que esconderse, ni bancos en los parques ocultos entre las sombras.

Tampoco contribuyó nada que me apeara en la estación de metro de Shinjuku. Dos millones de personas pasan diariamente por esa estación. Luego se dispersan hacia rascacielos de oficinas y grandes almacenes, hacia calles atestadas y centros comerciales subterráneos mal iluminados. Por donde quiera que voy siempre intento hacer comparaciones con

Times Square, pero luego, kilómetro y medio más adelante, me encuentro con otro barrio si cabe más bullicioso. Voy saltando de uno a otro y cada vez me siento más insignificante. Es como contemplar un firmamento poblado de estrellas con la certeza de que todas ellas están no solo habitadas sino superpobladas, e inferir el siguiente mensaje: eres menos que nada.

A fin de cuentas, quizá mejor que no encontrara dónde echarme a llorar. Muchos piensan que el alcohol y el tabaco van de la mano. «Son inseparables», insisten. Supongo que yo siento lo mismo respecto a las lágrimas. A menos que una buena llantina vaya seguida de un cigarrillo, no merece la pena soltar el trapo.

21 de enero

De vez en cuando se me olvida que he dejado de fumar. Estoy en el metro o en una tienda y pienso: «Ahora me fumo un cigarrito y asunto resuelto». Luego meto la mano en el bolsillo y, tras el pánico inicial al palpar el vacío, recuerdo que he dejado de fumar y siento como un bajón. Es como si te dieran una malísima si bien no trágica noticia, no «El bebé se va a morir» sino «El bebé perderá gran parte del pelo». Me pasa como unas diez veces al día. Se me olvida y de pronto me vuelve a la memoria.

23 de enero

«Si quieres dejar el tabaco tienes que volver a ser el que eras antes de empezar a fumar.» Eso me dijeron hace unos meses, y me lo tomé a broma. Ahora me doy cuenta de que, me guste o no, cada vez me parezco más al veinteañero que fui, al menos académicamente. Ayer por la mañana nos pusieron un examen de hiragana. Sobre una puntuación máxima de cien puntos, saqué treinta y nueve: la peor nota de la clase. La profesora, sin embargo, me estampó en el papel un vistoso adhesivo con el mensaje: «¡Ánimo!».

–Es muy mala nota –me dijo Claude-san.

Él había sacado un 100 redondo, y mientras se alejaba a fumar para celebrarlo, lo miré y pensé: «Pobre desgraciado».

25 de enero

Según el manual que estoy leyendo, después de tres semanas sin fumar uno se siente eufórico. «¡Yuuuuju! —debería pensar—. ¡Soy libre!» Ayer se cumplió dicho aniversario, pero en lugar de jubiloso me sentí débil y me abrí a la posibilidad de fumarme uno. «Solo uno —pensé—. Solo para demostrarme a mí mismo que no saben tan bien como recuerdo.»

Luego pensé en el supermercado del sótano y en la tienda abierta las veinticuatro horas de la acera de enfrente. Podría comprar un paquete de Kool Milds, coger un solo cigarrillo y tirar luego la cajetilla. Solo de imaginarme su sabor —aquella sensación rasposa casi terapéutica al fondo de la garganta— se me hizo literalmente la boca agua, y por primera vez desde que lo había dejado, me asaltó la desesperanza. Dejas de fumar y ¿luego qué? ¿Te pasas el resto de esta triste vida deseando encender un cigarrillo? Con el alcohol no me había ocurrido lo mismo, pero también es cierto que uno tiene una vida que atender y cosas que hacer, y estar borracho se había convertido en un impedimento. A diferencia del alcohol, el tabaco no es ningún estorbo inmediato. Tanto si fumas uno como cinco o veinte, no solo puedes seguir funcionando con normalidad, sino mejor; a menos, claro está, que en ese momento estés talando árboles o resucitando a alguien, dos cosas que ya no suelo hacer casi nunca. «Un cigarrillo nada más —pensé—. Solo uno.»

Vergüenza me da decirlo, pero si logré resistir la tentación fue gracias al recuerdo del Hotel Four Seasons de Santa Barbara. Tienen unas habitaciones que son una preciosidad, pero las casitas privadas son mejores todavía. Una vez me hospedé en una de ellas, en la época cuando todavía se podía fumar en los hoteles, y me quedé asombrado de lo a gusto que me sentía, como si estuviera en mi casa. Los hoteles por lo general suelen ser bastante espartanos. Dado que cualquier cosa que no esté clavada es susceptible de robo, te ponen solo una cama, una mesita, la consabida litografía abstracta atornillada a la pared: lo básico. Las casitas del Four Seasons, sin embargo, parecen mansiones en miniatura para gente bien. Mantitas de cachemira, cuencos de aire modernista; no es que sea mi estilo precisamente, pero ¿y qué? En la mía había una chimenea y, si no recuerdo mal, también un atizador y unas tenazas de hierro forjado colgando del soporte junto al hogar. Es una mariconada de recuerdo —las tenazas de la chimenea del Four Seasons—, pero qué le vamos a hacer. Un par de minutos pensando en ellas y se me quitó la ansiedad de fumar, cosa que también me habían advertido en el manual: hay que resistir.

26 de enero

Es difícil describir con exactitud nuestro vecindario. Embutidos entre los rascacielos de oficinas hay bastantes edificios residenciales. Pero no sé muy bien qué clase de inquilinos los habitan. ¿Gente rica? ¿Clase media? Es fácil cruzarse a una señora con un vestido andrajoso y dos pantalones distintos por debajo, pero para mí que salido de Comme des Garçons, quizá de la temporada anterior, pero caro y elegante de todos modos. Los canales están flanqueados por viviendas sencillas de dos o tres plantas. En Estados Unidos, podrías espiar disimuladamente por las ventanas, pero aquí cuando por casualidad se han dejado abiertas las cortinas, no vislumbras más que la parte trasera de una cómoda o una estantería. Incluso las casas que dan al parque suelen tener las ventanas tapadas. O los cristales esmerilados. Y por lo que pude ver durante una escapada, en el campo hacen lo mismo. Un pueblo con veinte casitas, y ni una en la que poder curiosear.

Con los libros pasa otro tanto: los forran con estampados y fundas decorativas para que no veas lo que están leyendo. En el resto del mundo, si alguien te inspira curiosidad, no tienes más que seguirle los pasos un rato. A los pocos minutos le suena el móvil y te enteras de más de lo que quisieras. Aquí, aunque mis impedimentos lingüísticos sean considerables, tampoco es que dominar el idioma pudiera servirme de gran cosa. Llevo tres semanas en el país y todavía no he oído a una sola persona hablar por el móvil en el metro o el autobús. De vez en cuando se ve a alguien por la calle, pero susurrando y tapándose la boca con la mano libre. Siempre que me cruzo con alguno, pienso: «¿Qué estarás ocultando?».

27 de enero

Tal vez a los japoneses no les extrañe tanto, pero yo, como extranjero, me siento abrumado por la amabilidad y la deferencia de la gente de este país. La florista del barrio, por ejemplo. Le pedí que me indicara cómo se llegaba al tren monorraíl, y tras darme ella pacientemente las indicaciones pertinentes, decidí comprarle un ramo Hello Kitty. O lo que es lo mismo, un clavel con orejas puntiagudas. Añades dos puntitos de plástico a modo de ojos y otro a modo de nariz, y ya tienes un gato de veinte dólares.

—Una monada —le dije, y al ver que la florista estaba de acuerdo, hinché el cumplido—: Monísimo.

—Domina el idioma —me dijo.

Embelesado por tamaño halago, comenté entonces el buen tiempo que hacía. Ella me dijo que efectivamente, hacía buen tiempo, y tras pagar me dirigí a la puerta. En el resto del mundo, cuando salgo de una tienda o un restaurante, me despido diciendo adiós. En Japón, sin embargo, empleo una frase que aprendí gracias a mi cedé:

—Me estoy yendo —anuncio, y todos se ríen alrededor, quizá por la obviedad.

30 de enero

Después del descanso de media mañana, la profesora me abordó en el pasillo.

—David-san —me dijo—, creo que tus deberes están *chotto*...

La palabra «chotto» significa «un tanto» y se emplea cuando uno no desea ofender a su interlocutor.

—¿*Chotto* qué? —le pregunté—. ¿*Chotto* mal, quiere decir?

—No.

—¿*Chotto* chapuceros? ¿*Chotto* descuidados?

La profesora juntó las palmas de las manos y se las quedó mirando un momento antes de proseguir.

—Puede... ah... puede que no entienda demasiado —me dijo.

Antes me burlaba de esa manera tan indirecta que tienen los japoneses de decir las cosas, pero ahora comprendo que hay que tener una gran habilidad, no solo para emplearla, sino para interpretarla. A las 11.00 cambiamos de profesora. Miki-sensei entró cargada de libros y vídeos y se dispuso a explicarnos cómo se pedían las cosas. Por ejemplo, si quieres que alguien te preste dinero, primero tienes que preguntarle si tiene. Si quieres saber qué hora es, tienes que preguntarle al otro si tiene reloj.

Levanté la mano.

—¿Por qué no se puede preguntar simplemente qué hora es?

—Demasiado directo —respondió Miki-sensei.

—Pero dar la hora es gratis.

—Quizá. Pero en Japón, feo.

Después de clase, fui al Cozy Corner con Akira, que vivió durante muchos años en California y ahora trabaja como traductor literario. Ambos pedimos unos «kapukkeki» y, mientras dábamos cuenta de ellos, observamos que, a diferencia del inglés, el japonés es un idioma que exige saber escuchar.

—Lo que no se dice suele ser más importante que lo que se dice.

Luego le pregunté cómo se podía hacer un cumplido a alguien que, por ejemplo, lleva una camisa bonita.

—¿Qué tengo que decir «Me gusta esa camisa que llevas» o «Me gusta tu camisa»?

—Ni una cosa ni la otra —respondió—. El objeto directo no cuenta, hay que decir «Me gusta» y dejar que el otro deduzca a qué te refieres.

Nuestras profesoras de japonés nos daban poco más o menos el mismo consejo. Frase que decías, frase a la que inmediatamente le cribaban la paja.

—No hace falta poner el «Yo» delante, puesto que está claro que eres tú el que habla —decían.

El próximo curso de japonés empieza el ocho de febrero, y acabo de decidir que no me matricularé. ¿Debiera anunciarlo por adelantado quizá o sería demasiado explícito y directo? Quizá mejor que me despida a la francesa y no vuelva más. Me sentiré culpable un par de días, pero ya se me pasará. A mi entender, yo a lo que he venido aquí es a dejar de fumar. Eso es lo primero, y siempre que no vuelva a caer, podré considerarme si no un campeón, al menos no un completo fracaso.

31 de enero

Cuatro semanas sin probar un cigarrillo.

Dado mi nivel de japonés, parece un poco injusto criticar el uso del inglés que me he ido encontrando por ahí. En la fachada de un salón de belleza veo un letrero que reza lo siguiente: «Tinta de pestañas», pero en lugar de echarme a reír, debería agradecerles lo afortunado de la frase. Lo que me asombra son los errores a escala nacional, los de Lawson, por ejemplo, una red de establecimientos abiertos las veinticuatro horas que se encuentran por todo el país, y en cuyos sándwiches descubres etiquetas como la siguiente: «Tenemos sándwiches que los pueden disfrutar en gustos distintos. Para que disfrute de sus favoritos de nuestros sándwiches. Esperamos que pueda escoger el mejor para su gusto».

No es que sean errores garrafales, pero lo lógico sería pensar que alguien, algún directivo de la cadena, dijera: «Tengo un primo que vive en Estados Unidos. ¿Qué les parece si lo llamo y que le eche un vistazo antes de que lo imprimamos en diez millones de envoltorios?». Pero no.

Entre los regalos de cumpleaños de Hugh se encontraban dos tacitas hechas a mano que compré en los almacenes Mitsukoshi. Dentro de la caja venía un papelito con el perfil biográfico de su creadora, una alfarera cautivada desde hace tiempo por «la calidez de Roza». Yo pensaba que se refería a otra alfarera, su estimada Roza-sensei, pero Hugh dedujo que lo que habían querido decir era «loza», «la calidez de la loza». El párrafo al completo decía así: «Estando cautivada por la calidez de Roza y la tradicional de alfarería por el periodo hasta ahora desempeña partes activas como coordinadora que no solo produce y diseña sus propias cerámicas primeramente sino sugiere llenar el agujero de la vida humana con diversión y espíritu alegre».

5 de febrero

Al lado del Palacio Imperial, hay un parque con un gran estanque repleto de koi. Ayer estábamos Hugh y yo acercándonos a la verja de dicho parque, cuando nos abordaron un par de chicos.

—Sí. Hola. Un minuto, por favor.

Eran los dos estudiantes universitarios y nos preguntaron si queríamos que nos enseñaran la ciudad.

—No por dinero —aclaró el más corpulento de los dos—, sino para mejorar nuestro «Engarish».

—Casi mejor que no —dijo Hugh, y el que se había dirigido a nosotros, y que luego resultó llamarse Naomichi, se volvió a su amigo.

—Quiere decir «No, gracias».

Entonces intervine yo:

—¿Y por qué no? —le dije a Hugh—. Venga, hombre, será divertido.

—¿Quiere decir que «Sí, por favor»? —preguntó Naomichi. Y le dije que sí.

Durante los primeros cinco minutos de nuestra visita guiada hablamos de los edificios en ruinas.

—Si esto es lo que queda de la caseta del guarda, ¿qué ha sido de lo que guardaban los guardas? —pregunté.

—Se quemó —me contestó el Estudiante n.° 2.

A excepción de unas cuantas paredes, todo parecía haber sido pasto de las llamas.

—¿Por qué no hacían los edificios de piedra? —pregunté, como si estuviera leyéndole la cartilla a uno de los tres cerditos–. Si había problemas de incendios, como salta a la vista, ¿por qué no se pasaron a los materiales ignífugos?

–No es nuestro estilo –contestó Naomichi.

–No teníamos entonces los conocimientos –añadió su amigo.

Llegados a ese punto, perdimos el interés por el parque y nos pusimos a preguntarles por su vida. «¿Qué carrera estáis haciendo?» «¿Vivís con vuestros padres?» «¿Cuánto tiempo lleváis estudiando inglés?» Mientras Hugh y Naomichi hablaban de la decreciente popularidad del sumo, el Estudiante n.º 2 y yo departimos sobre la majestuosidad de la naturaleza.

–¿Qué animales salvajes tenéis en Japón?

–¿Salvajes?

–¿Tenéis ardillas?

No hubo respuesta.

Hice como si me llenara los carrillos de nueces, y el chico dijo enseguida:

–¡Ah, *sukaworra*!

Luego pasé a las serpientes y le pregunté si le daban miedo.

–No. Me parecen muy graciosas.

«Seguro que me ha entendido mal», me dije.

–Serpiente –repetí, retorciendo el brazo como una cobra en pleno ataque–. Horrible. Peligrosa. Serpiente.

–No –dijo él–. Yo solo le tengo miedo a los tritones.

–¿A las pitones querrás decir?

–No, a los tritones. A lo mejor lo estoy pronunciando mal: «tritones». «Tritones.»

Me disponía a fingir haberlo entendido cuando el chico sacó un diccionario electrónico y tecleó la palabra que estaba buscando, «toriton», que se traducía, curiosamente, como «tritón».

–¿Le tienes miedo a los tritones?

El chico asintió y torció un poco el gesto.

–Pero si nadie le tiene miedo a los tritones.

–Yo sí –dijo en voz baja y miró atrás, como con miedo a que alguien nos estuviera escuchando.

—¿Y los renacuajos también te dan miedo? —le pregunté.

El chico ladeó la cabeza.

—El renacuajo, hermano gemelo del tritón —aclaré—. ¿También tienes miedo de que te ataque?

Al oírme decir eso, Hugh se volvió.

—¿De qué demonios estáis hablando?

Y el Estudiante n.º 2 contestó:

—De los salvajes.

6 de febrero

Antes de llegar a Tokio mi intención era salir a dar un paseo todas las tardes con el Ipod y las fichas. Es lo que hacía en París, y ahora, siempre que uso determinada expresión, la asocio con el lugar donde la aprendí. Ayer por la mañana, por ejemplo, cuando me encontré con Super-san, y le pregunté cuántos hijos tenía, pensé en el Boulevard Daumesnil, justo cuando cruza con el Viaduct des Arts. El día que aprendí la Lección n.º 13 había llovido copiosamente, y las hojas tardías de la estación, rojizas y grandes como manoplas de cocina, se pegaban a la acera como si las hubieran encolado y cubierto de barniz. Aquella tarde estuve dos horas andando, y las frases que aprendí se me han quedado grabadas, al menos hasta la fecha. Creo que el tabaco también ayudó. En diciembre, podía encender un cigarrillo sin pensar. Ahora no enciendo ninguno y pienso tanto en lo que me estoy perdiendo que no me queda sitio para nada más.

Pero el mayor inconveniente es lo difícil que resulta pasear en esta ciudad, al menos tal como acostumbro hacerlo en Londres o París. Véase el caso de Ginza, por ejemplo, un barrio de tiendas de marca y grandes almacenes, uno de esos sitios que me avergüenza reconocer que me gustan, de esos donde te ofrecen la carta en inglés. Hay un kiosco donde venden helados de color negro y otro con pizzas en cucurucho. Los domingos por la tarde, la calle principal está cortada al tráfico y la gente pasea por allí vestida con sus mejores galas.

Ginza está a un kilómetro y medio de casa, y para llegar allí tengo que atravesar infinidad de vías de circulación, utilizando en muchos casos puentes peatonales. Luego están las carreteras y vías férreas elevadas, las vías de salida de la autopista y las obras. Y no solo en Ginza, en todas partes por donde voy. La disposición de los edificios también es bastante caótica; no es raro encontrar un cubo de cristal encajado entre un rascacielos y una casa de una sola planta hecha a base de tablones ensamblados.

De niño, vi en una ocasión una hormiga que trazaba una tortuosa senda por el sótano de casa. Me disponía a abrirle la puerta para que saliera, cuando se me ocurrió algo mejor: tirarla por la rejilla de ventilación de la parte trasera del televisor. Lo que aquella hormiga vio entonces y lo que yo veo ahora seguramente guarda un gran parecido: una caótica visión del futuro, repleta de maravillas, pero extrañamente desprovista de encanto. Ni lagos, ni parques, ni arboladas avenidas, y extendida hasta el infinito.

7 de febrero

Me probé un traje de baño en uno de los grandes almacenes de Ginza y cometí el error de entrar en el enmoquetado probador con los zapatos puestos. La dependienta me llamó la atención enseguida. Era la primera vez que alguien me levantaba la voz en Tokio. «No. ¡Un momento! ¡Los zapatos!»

No se me ocurrió quitármelos, aunque con la de días que llevo aquí, ya tendría que haberlo sabido. La semana pasada entré en una tienda de barrio y me obligaron a ponerme unas zapatillas para echar un vistazo a una vitrina. Luego volví a calzarme, y luego otra vez a descalzarme para subir a la planta de arriba, zona designada como libre de zapatos.

Luego está nuestra reciente visita al Museo Asakura Choso, la restaurada vivienda y estudio del difunto y afamado escultor. Al entrar, te obligan a ponerte unas zapatillas y luego a cambiártelas por otras para salir al patio. Para subir a la primera planta, te las tienes que quitar, pero para acceder a la segunda, te las tienes que volver a poner, y cambiártelas otra vez para salir a la terraza de la azotea. Las esculturas del artista están repartidas por toda la vivienda, y si bien su producción es notable, seguro que la habría duplicado de no haber tenido que cambiarse los dichosos zapatos cada tres minutos.

8 de febrero

Ayer fue mi último día de clase, y volví a cambiar de parecer respecto a mi plan de desertar. Primero vino Ayuba-sensei, una de mis profesoras favoritas. A ella le gusta mucho hacernos repetir, cosa que a mí me viene de perlas. Hablar es lo único que se me da bien, y de vez en cuando se me cae algún tímido cumplido: «Ii desu», que quiere decir «Bien».

Al final de la clase, Ayuba-sensei se pasó los dedos por las mejillas, como haciendo que se le caían lágrimas. Enseguida pensé que había dicho alguna barbaridad, pero luego vino el descanso, seguido por una clase de dos horas con Miki-sensei. Miki es una mujer encantadora, pero se me cayó el alma a los pies cuando vi que se ponía a repartir hojas de papel pautado por la clase: quería que hiciéramos una redacción con el título «Watashi No Nihon No Seikatsu» («Mi vida en Japón»).

Me quedó una simpleza de redacción, pero al menos no copié y la redacté toda en hiragana. «Mi vida en Japón es divertida pero muy ajetreada. Vivo en un edificio alto, de veintiocho pisos, y siempre estoy en el ascensor. A veces voy al cine con mi amigo Hugh-san. Todos los días hago deberes pero siempre saco malas notas. Ahora me iré a Inglaterra y hablaré inglés. Quizá estudie japonés después.»

9 de febrero

Para celebrar que había terminado el curso, Hugh y yo salimos a cenar fuera. Yo pedí el menú degustación, que consistía en ocho platos, tan frugales los ocho que ninguno de ellos habría llenado un platillo de postre. El segundo —un rábano escuálido pelado en forma de flor, un trocito de pescado y una patata como una canica de grande— llegó servido en una caja de madera bastante honda y acompañado de una notita caligrafiada a mano. La presentación era preciosa, cada plato con un tamaño, una forma y una textura distintas. Y la comida era buena también. Solo que escasa.

Comimos sentados a la barra, no lejos de un caballero que estaba terminando justo en ese momento una botella de vino.

—¿Les importa si me fumo un cigarrillo? —nos preguntó.

—Adelante —le dije—. Fúmese tres si quiere, y échenos el humo.

Creo que él se lo tomó como un comentario sarcástico, pero yo se lo había dicho con toda sinceridad. Cuando era fumador, muchas veces me molestaba el humo ajeno. Pero por alguna extraña razón, ahora me encanta. Especialmente mientras como.

12 de febrero

Ayer a última hora de la mañana, Hugh y yo cogimos nuestros flamantes bañadores y fuimos a un centro municipal que hay cerca de casa. En la séptima planta del edificio han instalado una piscina olímpica. Me gustó poder ver nuestro apartamento a través de las cristaleras, alzadas desde el suelo hasta el techo por detrás del puesto del socorrista. También me gustaron los vestuarios y el silencio con el que se movía todo el mundo. Lo único que no tuvo mucha gracia fue lo de nadar en sí.

A diferencia de Hugh, que siempre tiene un gorro y unas gafas de natación secándose en el cuarto de baño, yo hacía treinta años que no nadaba un largo completo. En bicicleta todavía aguanto, pero en el agua, a las tres brazadas ya tengo la sensación de que me va a estallar el corazón. Me costó lo suyo, pero finalmente logré atravesar la piscina de punta a punta. Luego volví a repetir la operación, una y otra vez, rematándola en cada ocasión con un prolongado aullido. Quien me viera resoplar y jadear agarrado al borde de la piscina con los ojos apretados pensaría que era un simio a punto de palmarla. De entre toda la gente que había en la piscina, el único peludo era yo. Tener vello en el pecho ya es malo de por sí, pero si encima también lo tienes en la espalda, no puedes evitar sentir que te miran con asco.

14 de febrero

Hace solo seis semanas que dejé de fumar, pero ya me ha cambiado el color de la tez. Antes era gris, y ahora es gris con algo de rosa. También he observado que subir escaleras, correr para que no se me escape el autobús, en fin, moverme en general, me resulta mucho más fácil. He oído más de una vez comparar el tabaco con los amigos. Un amigo no puede prestarte dinero, pero en cierta manera, puedes contar con él, con ese silencioso consuelo siempre dispuesto a levantarte el ánimo. Justo lo mismo que yo siento ahora con las nueces de macadamia, y con esas extrañas galletitas saladas que últimamente me ha dado por comprar. No consigo descifrar todos sus ingredientes, pero saben ligeramente a pene.

15 de febrero

El dato ya es oficial: no existe un solo lugar en todo el planeta donde no te encuentres una banda peruana. Anoche, al salir de la estación de Tamachi, llegó a mis oídos la conocida melodía de «El cóndor pasa» de Simon and Garfunkel. Fue subir las escaleras mecánicas y allí que estaban: cinco sujetos vestidos con sus ponchos, tocando las flautas de Pan por unos micrófonos sin cables. «¿No os he visto en Dublín? —me dieron ganas de preguntarles—. Ah, no, un momento, creo que fue en Hong Kong, Oxford, Milán, Budapest, Toronto, Sioux Falls, Dakota del Sur.»

16 de febrero

Ayer, cuando volvía del parque, decidí parar un momento en la barbería a cortarme el pelo. El barbero estaba aburrido viendo la tele cuando entré, y me invitó a dejar las bolsas en cualquiera de las tres sillas vacías. Luego me indicó con un gesto que tomara asiento. Eso hice, pero cuando me echó la capa por encima, descubrí que aquel hombre tenía caca en las manos, una zurrapita o lo que fuera, en la palma de la mano lo más probable. El olor era inconfundible, y cada vez que el hombre levantaba las tijeras, yo me inclina hacia atrás asqueado. De haber visto la mierda me habría tranquilizado un poco, pero como el hombre estaba tan atareado y con algo en la mano casi todo el tiempo, era difícil ver nada. Además, la conversación me tenía también bastante entretenido, porque requería mucha concentración.

Con caca o sin caca, hay que reconocer que era un barbero de lo más simpático y, por si fuera poco, habilidoso. Al principio de su carrera, había ganado una especie de concurso. Lo sé porque me mostró una fotografía: él, con cincuenta años menos, en el momento de la entrega de la medalla.

—Campeón númelo-o uno —dijo.

Alzó entonces el índice, y yo aproveché para inclinarme y mirarlo detenidamente.

—¿No númelo-o dos?

Según mis cálculos, el hombre sabía ocho palabras en inglés, y una vez empleadas todas, nos pasamos exclusivamente al japonés.

—Anoche cené carne de cerdo —le dije—. ¿Y usted?

—*Yakitori* —contestó, pero no supe cómo preguntarle si aquel *yakitori* no habría vuelto, en su versión digerida, para rondarle.

—*Mimi* —dije entonces, señalándome la oreja.

—Muy bien. —Luego se señaló la suya—. *Mimi!*

A continuación me toqué la punta de la nariz.

—*Hana.*

—Sí, señor, *hana* —dijo el barbero, y se tocó la nariz.

Luego levanté la mano, abrí los dedos, e hice unos giros de muñeca, como si exhibiera unas alhajas en el canal de teletienda.

—*Te.*

—Perfecto —dijo el barbero, pero, en lugar de imitar mis movimientos con la mano, se limitó a levantarla ligeramente.

Así siguió la cosa durante veinte minutos, y cuando terminó de cortarme el pelo, me envolvió la cabeza con una toalla húmeda. A continuación procedió a aporrearme las orejas. Me lo he pensado dos veces antes de usar el término, temiendo que sonara demasiado fuerte, pero no creo, la verdad. No me partió el cráneo ni se rompió los nudillos en el proceso, en ningún momento echó atrás el brazo como para coger impulso, pero daño me hizo, y mucho.

—Vaya —dije, pero él se rió sin más y luego procedió a aporrearme la sien derecha, justo por encima de la *mimi*.

Menos mal que tenía allí la toalla, que si no, además de hacerme daño me habría obsesionado con que me estaba embadurnando de mierda el pelo recién cortado. Luego me lo lavé, claro está; dos veces, además. Hugh fue a cortarse el pelo hace unas semanas, y cuando volvió le pregunté si su barbero le había aporreado la cabeza también.

—Cómo no —me respondió.

O sea que en ese aspecto al menos era normal.

19 de febrero

Según Helen Ann, una amiga de mi hermana Amy, dejar un hábito lleva treinta días, y dejar un vicio, cuarenta y cinco. El día en que cumplí los cuarenta y cinco días sin fumar, estaba en Kioto y no me acordé del tabaco hasta que, a la salida de un templo, vimos a un corrillo de hombres en torno a un cenicero instalado en la calle. Eso fue a las 4:00 de la tarde aproximadamente, durante una breve pausa en la lluvia.

Habíamos ido allí en un viaje organizado de fin de semana: billete de tren y dos noches de alojamiento en un hotel de tres al cuarto. No sé si será habitual en Japón, pero todos los botones del establecimiento eran mujeres. Ninguna de ellas debía de pesar más de cuarenta kilos, y se me hizo bastante raro poner en sus manos la maleta. Así como no dejarles propina, pero, según Reiko, en Japón nunca se dejaba.

El hotel no estaba muy lleno, y el relativo vacío aún lo hacía más deprimente. El desayuno occidental se servía en la planta baja, en un vulgar y mal iluminado salón de banquetes. Allí fue donde vi a una señora comer un cruasán con palillos. Por la mañana había desayuno bufet, pero quién sabe con quién habrían consultado antes de decidir el menú. Con los huevos y las salchichas acertaron, así como con las tostadas, y con los cereales y la fruta. ¿Pero ensalada? ¿Quién desayuna ensalada? ¿Alguna vez han visto a alguien desayunar crema de champiñón, sopa de maíz o brócoli al vapor? El día siguiente optamos por otro salón, tan triste como el anterior, y pedimos el desayuno japonés, que nos sirvieron unas jovencitas vestidas con kimono. Pero aquello fue otra especie de pesadilla, y mientras me estremecía contemplando las viandas, imaginé a la típica madre reprendiendo a su retoño: «El desayuno es la comida más importante del día, así que no saldrás de casa hasta que te hayas terminado los pepinillos. Muy bien, y ahora las algas. Luego quiero que te tomes ese huevo escalfado y frío que está nadando en consomé y, como mínimo, la mitad de ese pescado que te está mirando con ojos bizcos».

22 de febrero

Mientras estaba tumbado en la cama esta mañana, he caído en la cuenta de que desde que salimos de París no he visto a nadie con patines por la calle. Tampoco con esos patinetes eléctricos que estuvieron de moda un tiempo en todas partes del mundo y que, inexplicablemente, continúan haciendo furor en Francia. Aquí el problema son las bicis, que circulan por la acera en lugar de por la calzada. En otras urbes los ciclistas se creen en su derecho a invadir el espacio de los peatones —«¡Eh, tú, apártate de mi camino!»—; en Tokio en cambio se conforman con circular por detrás de ti silenciosa y lentamente. «No te preocupes por mí», parece que digan. También he advertido que entre los cientos de bicicletas aparcadas junto a la boca del metro, casi ninguna tiene candado. Me pregunto si los japoneses cerrarán con llave el coche o la puerta de casa.

23 de febrero

Cada vez que vuelvo de hacer la compra en el supermercado del sótano, Hugh me pregunta qué música tenían puesta. Yo no comprendía a qué venía tanto interés, hasta que empecé a prestar atención y descubrí lo fascinante de la cuestión. Hace unos días, mientras hacía cola en la caja, escuché una versión en inglés de «Porque es un chico excelente». Desde entonces he oído «Rock-a-bye Baby», «Supercalifragilisticoespialidoso», «El oso subió a la montaña» y algo así como el Coro del Tabernáculo Mormón cantando «Hi-ho, hi-ho, a casa vuelvo yo».

27 de febrero

En los impolutos servicios de la estación de Tamachi, me fijé en que junto a cada mingitorio había un gancho para colgar el paraguas. Es uno de esos detalles que te hacen volver a este país una y otra vez.

3 de marzo

En el vestíbulo de nuestro bloque, hay cuatro sofás de cuero y dos mesitas bajas. De vez en cuando ves a alguien allí sentado, pero no es muy frecuente. «Quizá sea por esto», me dijo Hugh ayer, apuntando hacia una hoja en japonés con una serie de normas. Que estaba «prohibido fumar» quedaba bien claro: un cigarrillo cruzado con una raya. Luego dedujimos que estaba «prohibido beber leche envasada en tetra-brik» y algo que no estaba claro si decía «prohibido comer caramelos con forma de corazón» o «prohibido enamorarse».

4 de marzo

Yo siempre me había tenido por un fumador responsable, pero anoche, mientras veía en las noticias un edificio en llamas, recordé la tarde en que provoqué un incendio en una habitación de hotel. Me precipité al vaciar el cenicero, eso fue lo que ocurrió. Alguna colilla mal apagada debió de prender en el enorme montón de papeles con los que había llenado la papelera. Las llamas lamieron el borde del escritorio y, si no llegó a actuar con rapidez, se habrían apoderado también de las cortinas.

Otra vez, en Normandía, mientras daba un paseo, rocé el puño del abrigo con la punta del cigarrillo encendido. De pronto sentí calor en la muñeca, y un instante después me vi como el Espantapájaros de *El mago de Oz*. Las llamas saltaron de la manga y me puse a dar brincos de un pie a otro, intentando sofocarlas a golpes a la vez que pedía auxilio a gritos.

Con la alteración, se me cayó el cigarrillo y fue a parar al arcén. Cuando logré apagar las llamas y medio había recuperado la calma, recogí el cigarro, le sacudí la tierra y me lo metí de nuevo en la boca, feliz de seguir con vida.

6 de marzo

Ayer tomé el tren a Yokohama y en la parada de la estación de Shinagawa una pareja con un niño que no tendría más de año y medio subió a nuestro vagón. Durante los primeros minutos la criatura se quedó sentadita en la falda de su madre. Luego empezó a impacientarse y dio a entender bien claramente que quería mirar por la ventana. El padre le respondió algo que, por el tono, sonó así como «Ya miraste por la ventana hace dos días». Luego suspiró y se agachó para descalzar al niño. La madre, entretanto, hurgó en el bolso y extrajo una toallita, que extendió sobre el asiento. El niño se plantó sobre la toalla en calcetines y contempló el paisaje con las palmas abiertas pegadas al cristal. «Ba», decía, y me pregunté si aquello sería una palabra o un simple sonido. «Ba, ba.»

Seguimos viaje tranquilamente unos diez minutos y, poco antes de que el tren se detuviera en la estación donde aquella familia tenía previsto bajarse, el padre volvió a calzar al niño. Su mujer devolvió la toalla al bolso y, luego, con una toallita húmeda especial, limpió las marcas de los dedos que había dejado su retoño en el cristal. Viniendo de Francia, donde es costumbre que los pasajeros suban los pies a los asientos de los trenes, y de Estados Unidos, donde no solo aporrean los cristales, sino que graban en ellos sus iniciales, el despliegue de consideración mostrado por aquella familia rayaba en lo estrafalario. Desde entonces he decidido que «Ba» equivale en japonés a «Observa atentamente, y haz como nosotros».

7 de marzo

Cuando llevaba cuatro horas viendo *Los mil cerezos de Yoshitsune*, me pregunté cómo había logrado sobrevivir tantos años sin kabuki. Supongo que los pequeños radiotransmisores que alquilamos contribuyeron a que disfrutáramos tanto. El de Hugh y el mío venían con doblaje en inglés, pero en el de Akira hablaban en japonés. La representación era en japonés también, pero los actores declamaban con una afectación tal que no había forma de entenderlos. El equivalente, en inglés, vendría a ser Margaret Hamilton en su papel de Bruja Malvada del Oeste, gritando que se abrasaba, solo que más lentamente, y haciendo constantes pausas.

Aunque no hubiera tenido aquel radiotransmisor, me habría conformado perfectamente con admirar los decorados y el espectacular vestuario. Habría observado que la mayoría de las actrices eran más bien feotas, algunas feísimas incluso, pero sin saber que eran hombres quienes desempeñaban aquellos papeles, como al parecer dictan las normas del teatro kibuka: prohibido para mujeres, igual que en los tiempos de Shakespeare.

El argumento de *Los mil cerezos de Yoshitsune* era tan simple como complejo. Simple en el sentido de que nada cambia: los seres humanos son por sistema o bien celosos o reservados o aguerridos. En cuanto a lo demás, todo se resumía en una serie de equívocos, como los que nos pueden ocurrir a cualquiera. Das por sentado que el cubo de sushi está lleno de monedas de oro, cuando lo que en realidad contiene es la cabeza de Kokingo. Piensas que lo sabes todo sobre tu fiel seguidor, y resulta que es un zorro que se quedó huérfano y puede cambiar de forma a voluntad. De él partió precisamente mi frase favorita de la función, cinco palabras que transmitían a la perfección lo maravilloso y sorprendente que en el fondo es eso del kabuki: «Ese tambor son mis padres».

Hubo muchos llantos en la función de anoche. Mucho rechinar de dientes, mucha muerte. Por los radiotransmisores nos explicaron que los dramaturgos deseaban poner punto final con una nota dramática, de modo que al término del sexto acto, después de que Kakuhan revele que es Noritsune y jure encontrarse algún día con Yoshitsune en el campo de batalla, sube una escalera de dos peldaños, se vuelve al público y bizquea. Entre el puño en alto y aquel tocado que le daba un aire a alabardero de la Torre de Londres no podías por menos que reírte, pero también al mismo tiempo emocionarte. Y esa, en mi opinión, es la esencia de una buena función.

9 de marzo

Montado en el tren de alta velocidad —el Shinkansen—, camino de Hiroshima, se me ocurrió que para el visitante recién llegado todas las ciudades francesas deben de parecerse, o las alemanas o las norteamericanas. Posiblemente para un japonés Kobe y Osaka sean tan distintas entre sí como Santa Fe y Chicago, pero no para mí, desde luego. Yo solo veo hormigón, a veces gris y a veces pintado de un blanco tan cegador que da dolor de cabeza. De vez en cuando pasas por delante de un árbol, pero arboledas, raras veces. El Shinkansen circula a una velocidad tal que es imposible fijar la atención. La sensación es vertiginosa, antes de que te des cuenta ya has dejado atrás una ciudad y estás entrando en otra.

Si fuera del tren el mundo discurre fugaz y lúgubre, en el interior la sensación es justo la contraria. La jovencita uniformada que empuja el carrito de los refrigerios por el pasillo es encantadora, y las otras dos, con uniforme más vistoso y más corto, que pasan de vez en cuando para recoger tan contentas la basura, lo mismo. Nadie habla por el móvil, ni escucha el iPod a todo volumen. Tampoco se ven zarrapastrosos. En el primer tramo del viaje, delante teníamos a un señor que rondaría los cincuenta y cinco. Llevaba la parte inferior del rostro oculta por una mascarilla, de esas que se pone la gente cuando está resfriada. Pero iba todo engominado y pulcramente peinado. Llevaba un traje negro, zapatos negros a juego y unos calcetines amarillo canario que parecían de lana y no de algodón. Era una tontada, lo de los calcetines, pero yo no podía apartar la vista de ellos.

—Hugh, ¿tú crees que yo estarías bien con calcetines amarillos? —le pregunté.

Hugh se quedó pensando un momento.

—No —contestó, sin un ápice de duda, como si acabara de preguntarle si estaría guapo con un body de cuerpo entero.

10 de marzo

Después de decir que en Japón hay muchas ciudades que parecen la misma, no pude evitar constatar que Hiroshima era a todas luces distinta: más verde, más abierta. Cogimos un taxi en la estación, y tras indicarle la dirección al conductor, le expliqué que mi amigo y yo éramos europeos, que vivíamos en París y estábamos allí de visita.

—Ah —dijo el conductor—. Eso está lejos.

—Sí, muy lejos —convine.

El trayecto hasta el hotel nos llevó unos diez minutos, y Hugh y yo nos pasamos gran parte del viaje hablando en francés. En Hiroshima nos dio por hablar en francés casi todo el tiempo, sobre todo en su museo conmemorativo, que fue una tortura. Justo cuando creías que no ibas a poder soportar más tristeza, te encontrabas ante otro expositor, como por ejemplo ese del letrerito que reza: «Uñas y cabellos de un niño de doce años». Aquel niño, según supimos, se había quemado en el bombardeo, y de resultas de las quemaduras le entró tanta sed que intentó beberse el pus de sus dedos infectados. El niño falleció, y su madre guardó las uñas y la piel que las rodeaba para mostrárselas a su marido, que había salido a trabajar el día que soltaron la bomba y aún no había regresado.

El museo estaba repleto de historias así, relatos que concluían con las palabras: «Pero murió». Ese fin terminó pareciéndonos una bendición del cielo, sobre todo después de pasar por el diorama. Estaba hecho con figuras tridimensionales a tamaño real y mostraba un grupo de civiles con la ropa hecha jirones, niños en su mayoría, que avanzaban tambaleantes entre las ruinas. El cielo que los enmarcaba ardía con un rojo incandescente, y por sus brazos y rostros caían colgajos de piel quemada. Parecía inconcebible que pudieran tenerse en pie, y no digamos andar. Ciento cuarenta mil personas perdieron la vida en Hiroshima, y otras muchas fallecieron después aquejadas por horribles enfermedades.

Alrededor de una docena de expositores estaban dedicados a las secuelas de la radiación, y en uno de ellos, sobre un pedestal, habían expuesto un par de barras terminadas en curva, de unos seis centímetros de longitud cada una y del grosor de un lápiz. Al parecer un joven tenía el brazo asomado por la ventana en el momento de la explosión, y un tiempo después, cuando la mayor parte de sus heridas ya habían sanado, en lugar de uñas le salieron esas barras negras por las yemas de los dedos. Pero lo peor es que dentro tenían vasos sanguíneos, y al romperse dolieron y sangraron y al final terminaron sustituyéndoselas por dos barras nuevas. El texto explicativo era bastante breve, no más de un párrafo, de manera que muchas de mis preguntas quedaron sin respuesta.

Aquel día el museo estaba atestado de gente, pero no se oían más que susurros. Descubrí a dos occidentales contemplando la fotografía de unos cadáveres calcinados, pero dado el mutismo en el que se hallaban sumidos, ignoro de qué país vendrían. Tras la visita a la exposición principal, salimos a un alegre pasillo repleto de dibujos y pantallas de vídeo. Los dibujos eran obra de los supervivientes y al final resultaron más impactantes que cualquiera de las botellas fundidas o las prendas quemadas expuestas en las demás salas. «Cadáveres de alumnos de primaria apilados como troncos», rezaba la nota al pie de uno de ellos.

11 de marzo

En la habitación del hotel nos han dejado un folleto con un apartado sobre medidas de seguridad que lleva el farragoso título: «Mejores conocimientos sobre la prevención de daños ocasionados por catástrofes y favores que solicitar del cliente». Detrás vienen tres párrafos, cada uno con su respectivo epígrafe en negrita: «Cuando se registre en el hotel», «Cuando vea fuego» y, mi favorito, «Cuando lo envuelvan las llamas».

Más frases disparatadas que he ido recogiendo estos días:

- En un delantal estampado con un perrito dormido en una cesta: «Me alegro de haberte pillado hoy. Disfruta de mamá».
- En unas elegantes bolsas de papel para guardar obsequios: «Cuando pienso en la vida a mi manera necesito conversaciones amables».
- En otra bolsa de regalo: «Hoy es un día especial para ti. He pensado qué artículo de regalo podría ser bonito para hacerte feliz. Ahora te toca abrirlo, ¿vale?».
- En otra bolsa de regalo: «Solo influyendo no fluyendo influyendo». (Esta última, de hecho, acabó provocándome dolor de cabeza.)

12 de marzo

El sábado nos pusieron para cenar unos trocitos de caballo crudo servidos sobre hielo picado. No era la primera vez que comía caballo, ni tampoco caballo crudo, a decir verdad, pero sí la primera que lo degustaba ataviado con el traje típico del país, con dos trajes de hecho, porque el primero era un simple taparrabos. La camarera que nos sirvió era una joven más bien entrada en carnes, con los dientes grandes y torcidos. Tras conducirnos hasta nuestra mesa en el suelo, nos tendió unas toallitas calientes y luego miró a Hugh, después me miró a mí y luego lo miro a él otra vez. «¿Es su hermano?», me preguntó. Yo hice memoria: eso venía en la lección 8 de mi cedé de japonés.

—Es mi amigo —respondí.

El mes pasado nos ocurrió lo mismo en unos grandes almacenes. «¿Hermanos de vacaciones?», nos preguntó la dependienta.

Los occidentales por lo general piensan que todos los asiáticos se parecen, pero uno no repara en lo ridículo de esa impresión hasta que se encuentra en la situación contraria. En mi país, Hugh y yo no podríamos pasar por hermanastros siquiera.

19 de marzo

Ayer hacía frío, y después de comer, armados de una guía de viaje obsoleta, Hugh y yo fuimos a la estación de Shinjuku y luego cambiamos de tren. El barrio al que fuimos a parar se suponía repleto de tiendas de antigüedades, pero eso, seguramente, sería en los ochenta. Ahora quedan cuatro tiendas como mucho, y la mayoría vende artículos importados de Francia e Italia: jarritas con el logotipo de Campari, cosas por el estilo. Pese a todo, la excursión mereció la pena. Pocos edificios sobrepasaban los tres pisos. Arquitectónicamente no tenían mucho interés, pero su escala otorgaba a la zona un aire acogedor, casi familiar.

Deambulamos por el barrio hasta que empezó a oscurecer y cuando ya volvíamos a la estación de metro, pasamos por delante de una especie de garaje. La puerta estaba abierta, y apoyado contra un mostrador, vimos un cuadro naif de un castor, pero no un castor a cuatro patas, construyendo una presa o algo por el estilo, sino un simpático animalito, como de tebeo, vestido con camisa y pantalones. Acababa yo de acercarme a mirarlo cuando apareció un señor y se llevó una varita electrónica a la garganta. Su voz emitió un sonido completamente monocorde, tanto en tono como en volumen. Robótico, supongo que se definiría. Marciano. Como sonaban los alienígenas en las películas cuando exigían ser conducidos a presencia del líder del nuestro planeta.

Al principio no logré apreciar si estaba hablando en inglés o japonés. Intuí, no obstante, que me preguntaba algo y, sin ánimo de ofender, convine en ambas lenguas: «Yes» y «Hai».

El hombre debía de rondar los setenta, pero tenía aspecto juvenil. Llevaba una gorra de béisbol y un abrigo de piel sin cuello que le dejaba la garganta al descubierto y expuesta al frío. Señalé de nuevo el cuadro del castor, y al decirle lo mucho que me gustaba, me trajo un catálogo. La sobrecubierta estaba ilustrada con la misma caricatura del castor, solo que el animalito era más pequeño y no tan gracioso.

–Aaaah. Ya –observé.

Era difícil saber qué clase de tienda era aquella. Una de sus paredes estaba completamente abierta a la calle, y la mayoría de los estantes estaban repletos de lo que a simple vista parecían trastos: periódicos viejos, bolsas de compra, un trofeo de plástico.

–Mi hija –dijo en inglés con voz monocorde y levantó aquella copa de plástico y la agitó ligeramente en el aire–. Ella gana.

A continuación me mostró una foto de un gordo y risueño sujeto con el pelo recogido en un moño.

–Campeón de sumo amateur –aclaró.

Y yo le dije, en japonés:

–Es un chico fuerte.

El señor asintió, y mientras devolvía la foto a la estantería, le pregunté qué vendía.

–Ah –dijo–. Sí. Mi negocio.

Luego me condujo a la calle y señaló al tejado de la tienda, donde había un letrero escrito a mano que rezaba: «Cáncer Fuera Té».

–Tengo cáncer –anunció.

–¿Y se lo ha curado a base de té?

Hizo una mueca que yo interpreté como: «Bueno… más o menos».

Iba a preguntarle qué tipo de cáncer había padecido, pero cambié de opinión. Cuando mi madre enfermó, la gente a menudo le tiraba de la lengua. Era su manera de quitarle hierro al asunto, de decir: «¿Ves? Lo estoy asumiendo. No me da miedo sacar el tema». Pero cuando se enteraban de que lo suyo era cáncer de pulmón, a menudo cambiaban de actitud, cosa que no habría ocurrido de tratarse de un tumor en el pecho o en el cerebro.

Dada la varita electrónica aquella, supuse que el hombre habría padecido cáncer de laringe. También supuse, injustamente tal vez, que por culpa del tabaco. Lo impresionante es que yo, mientras estaba en aquel gélido garaje, tuviera la certeza de que a mí eso nunca iba a pasarme. Es curioso cómo somos los seres humanos. Dos meses sin fumar, y ya estoy convencido de que el daño se ha reparado. Puede que contraiga la enfermedad de Hodgkin o un carcinoma renal, pero nada relacionado con el tabaco. Tal y como yo lo veo, mis pulmones son como jerséis en un anuncio de detergente, con un antes y un después tan radicalmente distintos que constituyen un milagro. Nunca pensé realmente que fuera a morir como mi madre, pero ahora ni siquiera se me ocurre como posibilidad remota. Soy un hombre de mediana edad y, por primera vez en treinta años, me siento invencible.

Parte III (Después)

Uno

En el vuelo de regreso a Francia, saqué la libreta y me puse a hacer cálculos. Contando los billetes de avión, los tres meses de alquiler del apartamento, las clases de japonés y los parches y las pastillas de nicotina que no había usado, dejar de fumar me había salido por casi veinte mil dólares. Eso son dos millones de yenes y, si las cosas siguen como hasta ahora, unos dieciocho euros.

Teniendo en cuenta que la mayor parte del tabaco que fumaba lo compraba en el duty-free, y que me costaba anualmente alrededor de mil doscientos dólares, para amortizar el coste tendría que vivir otros diecisiete años, y para entonces ya me habría plantado en los sesenta y ocho y estaría con un pie en la tumba. No es descabellado aventurar que antes de 2025 se puedan adquirir armas en máquinas expendedoras, pero no se permitirá fumar en ningún lugar de Estados Unidos. No creo que en Europa se pueda tampoco, al menos en la occidental. En los meses que llevaba fuera del país, Francia había instaurado la prohibición de fumar en edificios públicos. En un año la ley se aplicaría a todo tipo de bares y restaurantes, tal como había ocurrido en Irlanda. Italia, España, Noruega; país tras país, el continente estaba cayendo.

Hugh y yo volamos con British Airways tanto a la ida como a la vuelta de Tokio. La mayoría de los auxiliares de vuelo eran ingleses y, al ver pasar a una azafata con el carrito por el pasillo, le hice una seña.

—Normalmente suelo comprar tabaco —le dije—. Pero esta vez, no, porque lo he dejado.

—Ah —respondió ella—. Bueno, no se preocupe.

Iba a darse la vuelta, pero la detuve otra vez.

—Tres décadas llevaba fumando. Pero se terminó.

—Estupendo.

—Y lo he dejado a pelo, aguantando el mono.

—Fantástico —dijo, y enfiló pasillo abajo a toda prisa.

—¿Por qué has hecho eso? —me preguntó Hugh.

—¿El qué? —respondí, y volví a la película que estaba viendo.

El caso, evidentemente, es que buscaba el elogio. Me había privado de algo. Había hecho algo muy difícil, y pretendía que todo el mundo me felicitara por ello. Lo mismo que en 2000, cuando perdí casi diez kilos. «¿Me notas algo distinto?», decía, y eso a gente que me estaba viendo por primera vez.

Dos

Una cosa era dejar de fumar y otra declararse no fumador —definirse formalmente como tal—, algo que no me vi obligado a hacer hasta mi regreso a Estados Unidos. En el momento de aterrizar, llevaba exactamente tres meses sin fumar un cigarrillo, casi una estación completa. Había reservado habitación en un hotel y, al llegar, el recepcionista me confirmó la reserva, diciendo: «Era "matrimonio no fumador", ¿verdad?».

La primera palabra hacía referencia a la cama, pero yo di en interpretarlo como un título.

Ahora cuando voy de viaje me gusta que el hotel tenga piscina o, mejor aún, concierto con el YMCA local. Es algo que le debo a todo esto: un nuevo hobby, algo con lo que reemplazar mis desganados estudios de japonés. Todavía no he aprendido a disfrutar de la natación en sí, pero me gusta todo lo que conlleva. Buscar una piscina que te permita hacer largos, descifrar el funcionamiento de las taquillas. Y luego está el protocolo a la hora de adelantar a tus compañeros de calle, de compartir un tiempo junto a ellos en el agua.

Una vez en Tokio alabé el grácil estilo de un compatriota occidental que nadaba de espaldas. «Parece que se haya criado entre nutrias», le dije, y a tenor del ademán que me dirigió y de su paso a la calle contigua de la piscina deduje que había traspasado algún límite fundamental. Lo mismo ocurre en los vestuarios, al parecer. Por mucho que alguien lleve una sanguijuela pegada al culo, si el bicho no habla y no te hace una pregunta directamente, mejor no abrir la boca.

Me encontraba en El Paso una tarde, cambiándome el traje de baño, cuando un chico me abordó diciendo: «Perdone, ¿usted no es…?». Cuando digo que estaba cambiándome quiero decir que estaba desnudo. Sin calcetines, ni camiseta, ni nada. Con los calzoncillos en la mano, nada más. Supongo que el chico me reconocería por la solapa de alguno de mis libros. Por la del desnudo de cuerpo entero en la contracubierta de mis ediciones en braille.

La otra experiencia desagradable me ocurrió en Londres, en una piscina pública que solía frecuentar. Era un sábado por la tarde y el recinto estaba hasta los topes. Acababa de terminar un largo y estaba sacando la cabeza para respirar, cuando oí un silbato y observé que era el único nadador que quedaba en el agua.

—¿Qué pasa? —pregunté, y el socorrista me contestó algo que no conseguí entender—. ¿Qué?

—Caca —repitió—. Todo el mundo fuera mientras se limpia la piscina.

Iba ya hacia los vestuarios, cuando vi a otro socorrista pescar los zurullos. Había cuatro, con el tamaño y la forma de esas bolas de pelo que hacen los gatos.

—Es la tercera vez que pasa hoy —me dijo el encargado.

En la piscina a la que voy ahora, suelo encontrarme con una señora que tiene síndrome de Down. Es bastante gordita y lleva un bañador a la antigua, de esos con faldón de volantes. Además de un gorro de natación atado bajo la barbilla con florecitas de caucho. No sé por qué será, pero encuentro una gran satisfacción en ganarle.

—Le he ganado tres largos de cuatro —le dije a Hugh la primera vez que ella y yo nadamos juntos—. Un palizón en toda regla.

—A ver si lo entiendo —dijo Hugh—. La mujer es obesa. Tiene la misma edad que tú. Además de síndrome de Down, ¿no?

—Sí, pero he ganado yo. ¿A que es genial?

—Pero ¿sabía ella que estabais echando una carrera?

No lo soporto cuando se pone así. Cualquier cosa con tal de aguarme la fiesta.

Cuando gano a los mayores ni se lo cuento. A los mayores que yo, me refiero; a las septuagenarias y octogenarias. Luego están los niños. Una vez, en el YMCA de un pueblo de Washington, un niño se metió en la calle donde yo estaba nadando y asomó la cabeza, a lo foca, por el agua. Luego supe que tenía nueve años, pero en aquel momento no era más que un niño, algo rollizo, con un adusto corte de pelo. Como si le hubiera llevado al barbero una foto de Hitler de muestra, así de severo era. Nos pusimos a hablar y, al decirle que yo no nadaba muy bien, el crío me retó a echar una carrera. Pensaría, supongo, que como buen adulto, no me tomaría muy en serio el reto y lo dejaría ganar, pero no sabía con quién se las veía. Toda la seguridad en mí mismo que pueda conseguir es poca, y me vale cualquier victoria. Así que eché a nadar como si me fuera la vida en ello y le gané. Yo pensaba que ahí se acababa el asunto —el crío aceptaría la derrota y volvería a lo suyo—, pero cinco minutos más tarde, volvió a cortarme el paso y me preguntó si creía en Dios.

—No —le dije.

—¿Por qué?

Me quedé pensando un segundo.

—Porque tengo pelos en la espalda y hay muchos por ahí matando, robando y haciéndole la vida imposible al prójimo que no los tienen. Si existiera un Dios de verdad no permitiría que ocurrieran cosas así.

Yo daba por zanjada la cuestión, pero él siguió obstruyéndome el paso.

—Si me ha ganado esa carrera ha sido gracias a Dios —me dijo—. Porque Dios le ha tocado la pierna para que fuera más rápido, por eso me ha ganado.

De pronto, con aquellos ojos encendidos como ascuas, se me pareció muchísimo a Hitler.

—Si Dios sabe que no creo en él, ¿por qué iba a molestarse en ayudarme? —pregunté—. Puede que haya intervenido para que tú perdieras y no para que yo ganara. ¿No se te había ocurrido esa posibilidad?

Dicho esto, seguí nadando, pero al final del siguiente largo, volvió a interrumpirme.

—Acabará en el infierno —me dijo el crío.

—¿Todo esto viene porque te he ganado?

—No —me dijo—. Es por Dios, y como no creas en Él, arderás en el infierno toda la eternidad.

Agradecí la advertencia y seguí con mis largos, pensando en la suerte que había tenido de que la misa fuera en griego cuando yo era pequeño. Ni mis hermanas ni yo teníamos idea de lo que decía el cura, y cuando se es joven quizá sea lo mejor. Aquel pequeño Hitler tenía solo nueve años y ya estaba planificando la otra vida. Y la mía de paso también. Mientras me quitaba el bañador, pensé que quizá había sido un error llevarle la contraria. Es absurdo discutir sobre religión con un crío. Y más en una piscina del YMCA. Pero me indignó su empeño en que le había ganado injustamente, solo gracias a que Dios había intervenido y me había empujado a la meta. Qué desfachatez. Como si servidor no pudiera ganarle solito a un niño.

Tres

Cuando vuelvo la vista atrás y pienso en todos los años que pasé fumando, lo único que lamento verdaderamente es toda la basura que llegué a generar, los cientos de miles de colillas que mis zapatos restregaron en la vía pública. Cada vez que veía a un conductor vaciar el cenicero del coche en el asfalto me indignaba. «¡Vaya un cerdo!», pensaba. Pero en realidad hacíamos lo mismo, solo que uno poquito a poco, y el otro a lo bestia. Cuando vives en una urbe te dices que ya pasará alguien a limpiar, alguien que no tendría un puesto de trabajo de no ser por las colillas que tú vas tirando por ahí. En ese sentido, estás siendo un buen ciudadano, estás ayudando. Por otra parte, no sientes que sea basura de verdad, no como si tiraras al suelo una bombilla rota, por ejemplo. Nadie iba a cortarse el pie con una colilla, además, con ese color terroso que tienen se disuelven prácticamente en el paisaje, igual que cáscaras de cacahuete. O sea, que aquellas colillas eran algo «orgánico» o «biodegradable», cualquier calificativo políticamente correcto.

Yo no dejé de tirar las colillas al suelo hasta que, a mis cuarenta y ocho años, me detuvieron por ello. Fue en Tailandia, para mayor bochorno. Si cuentas por ahí que estando en Bangkok te trincó la policía, supondrán con toda lógica que tras mantener relaciones sexuales con una menor de ocho años, le sacaste las entrañas y las asaste a la brasa, con el agravante que esto último supone en Tailandia, donde cocinar sin licencia está penado por ley. «Aquí todo vale», pensaba yo, así que cuál no sería mi sorpresa al ver a aquella pareja de policías venir hacia mí. Uno me agarró por el brazo derecho, el otro por el izquierdo y me condujeron hacia una especie de tienda de campaña de color marrón. «¡Hugh!», exclamé, pero como de costumbre, Hugh iba veinte pasos por delante y no advertiría mi ausencia hasta diez minutos más tarde. Los agentes me sentaron a una mesa larga y me indicaron por gestos que no me moviera de allí. Luego desaparecieron y yo me quedé allí pensando en qué demonios habría hecho de malo.

Antes de mi encontronazo con la policía, Hugh y yo nos habíamos dado una vuelta por el museo de criminología de la ciudad, una pobretona y rudimentaria exposición cuya pieza más destacada consistía en el cadáver de un hombre suspendido en el interior de una caja de cristal del que goteaba un líquido ambarino que caía en una bandeja esmaltada. El letrero, escrito en tailandés y traducido al inglés, rezaba, simplemente, «Violador y asesino». La misma catalogación que se le habría dado a una cobra disecada o escabechada en un museo de historia natural, como diciendo: «Aquí tienen la caracterización del animal. Ojo por si se topan con él».

Salvedad hecha del fluido ambarino, el violador-asesino en realidad tenía un aspecto bastante agradable, muy similar al de los policías que me habían detenido y al del hombre que nos había servido la comida poco antes. Aquel día la temperatura exterior solo rozaba los doscientos grados, de modo que al salir del museo a Hugh se le ocurrió que nos tomáramos una sopita bien caliente en una especie de caldero ambulante. El puesto no disponía de sillas, así que nos sentamos sobre unos cubos vueltos del revés, con los cuencos achicharrándonos las rodillas. «¡Venga, vamos a sentarnos bajo este sol de justicia y abrasarnos la lengua hasta que se nos caiga a pedazos!» Lo que los Hamrick entienden por pasar un buen rato, vaya.

Después de comer, habíamos ido a visitar un majestuoso palacio. No me había parecido muy interesante, pero en ningún momento me quejé ni insulté a la familia real. Tampoco robé nada, ni pintarrajeé las paredes, así que, me pregunté una vez más, ¿qué había hecho yo para merecer aquello?

Cuando los policías regresaron, me dieron un bolígrafo y me pusieron un papel delante. El documento estaba en tailandés, idioma cuyo alfabeto me recuerda la decoración de una tarta.

—¿Qué he hecho de malo? —les pregunté, y los dos señalaron por detrás de mí, hacia un letrero que anunciaba una multa de mil baht por ensuciar la vía pública—. ¿Ensuciar yo? —pregunté, y uno de ellos, el más guapo, se llevó un cigarrillo invisible a los labios y lo arrojó al suelo.

Me entraron ganas de preguntarle si en lugar de ponerme la multa no podía tal vez zurrarme con una palmeta, pero me pareció recordar que eso se hacía en Singapur, no en Tailandia, y no quise quedar como un ignorante. Al final estampé mi firma en el documento, les entregué el equivalente a treinta dólares y al salir a la calle busqué el cigarrillo de marras, que finalmente encontré tirado en la alcantarilla, entre la cabeza decapitada de un pato y una bolsa medio llena de leche de coco con un enjambre de moscas alrededor.

«Di que sí —pensé—. Las sanciones para los occidentales.» Pero, a fin de cuentas, ¿acaso no era yo tan culpable como el que más? O eres de los que ensucian el paisaje o de los que no, y yo claramente formaba parte del Grupo A, un contingente que en mi opinión, tal vez injusta, siempre había estado integrado por inmigrantes o incivilizados. Esa impresión se la achacó a mi abuela griega. Yiayia vivió un tiempo en casa con nosotros cuando éramos niños y, en lo que a ensuciar la vía pública se refiere, se llevaba la palma de todas todas. Latas, botellas, gruesos periódicos dominicales, cualquier cosa que cupiera por la ventanilla del coche era susceptible de ser arrojada a la vía pública. «Pero ¡qué demonios haces! —decía a voz en grito mi padre—. En este país no se tira mierda a la carretera.»

Yiayia lo miraba parpadeante a través de sus gruesas lentes. Luego contestaba «Ah», y a los dos minutos volvía a repetir la operación, convencida de que el resguardo de la compra del supermercado era basura, pero la revista *Time*, no. Para mí que se guardaba los kleenex usados y los frascos vacíos de medicinas en el bolso para cuando íbamos de viaje en la ranchera.

«Es lo que tienen los griegos —decía nuestra madre, y añadía que a la suya, en cambio, jamás se le ocurriría tirar nada por la ventanilla del coche—. Ni un hueso de melocotón siquiera.»

Durante el tiempo que la abuela vivió en casa, la basura estuvo muy presente en nuestras vidas, en parte por influencia de la televisión. Los anuncios de «Mantenga limpia América» mostraban a un indio llorando, con el rostro demudado ante el cauce de un riachuelo repleto de basura.

—¿Lo ves? —le decía yo a Yiayia—. Está muy mal tirar basura y porquerías, fíjate lo que pasa con el agua.

—Me parece que estás perdiendo el tiempo —me decía Lisa—. Ni se ha enterado de que el hombre del anuncio es indio.

A nuestro padre le preocupaba que la abuela fuera un mal ejemplo para nosotros, pero, a decir verdad, más bien actuó como revulsivo. A ninguno se nos ocurrió nunca tirar nada por la ventanilla de ningún coche, salvedad hecha de las colillas, claro, que no son solo basura, si no basura incandescente. «Qué pena que se haya incendiado el monte ese —decíamos—. ¿Cómo podrá haber gente así por el mundo? Tienen que estar mal de la cabeza.»

No puedo decir que tras lo ocurrido en Bangkok nunca más volviera a apagar un cigarrillo con la suela del zapato. Pero sí que nunca más volví a hacerlo sin mala conciencia. Si había una papelera a mano, recurría a ella y si no, guardaba la colilla entre el dobladillo de los pantalones o procuraba esconderla bajo lo que fuera, una hoja de árbol, por ejemplo, o un papel tirado; como si a la sombra fuera a desintegrarse más rápido.

Desde que he dejado de fumar, me ha dado por recoger basura; no a toneladas, sino un poco cada día. Si, por ejemplo, veo una botella de cerveza tirada en el banco de un parque, la cojo y la deposito en la papelera más cercana, que no suele estar muy lejos. Luego me digo para mis adentros: «El gandul de mierda ni siquiera se ha molestado en retirar el puto casco»

Desearía cumplir mi penitencia dignamente, pero no lo veo fácil. La gente que me vea recogiendo basura se imaginará, con razón, que me pagan por ello. No queriendo dejarme sin trabajo, tiran el tenedor de plástico al suelo, con lo cual aún me dan más trabajo. Bolsas vacías de patatas fritas, vasos de papel, billetes de autobús usados… es curioso, pero lo único que no recojo jamás son las colillas. Pero no por aprensión a los microbios, sino simplemente por temor a que, con una colilla entre los dedos, de pronto me vuelva a la memoria, con toda claridad, lo bien que sabría un cigarrillo en ese instante